U0534921

中国人民大学科学研究基金
（中央高校基本科研业务费专项资金资助）
项目成果

"新阶段，新认知"系列

杨 东 徐信予 著

数字经济理论与治理

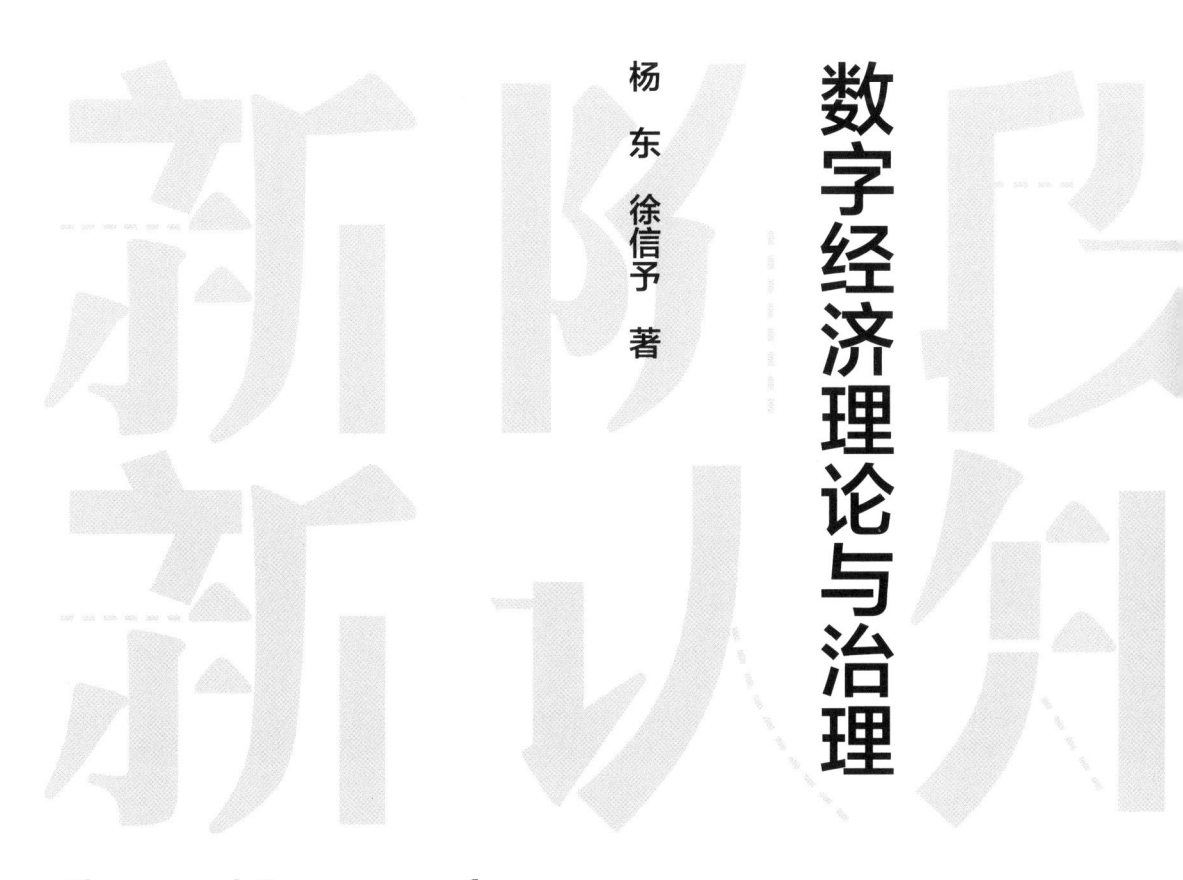

Theory and Governance of
Digital Economy

中国社会科学出版社

图书在版编目（CIP）数据

数字经济理论与治理 / 杨东，徐信予著 . —北京：中国社会科学出版社，2021.11

ISBN 978 - 7 - 5203 - 8611 - 1

Ⅰ.①数… Ⅱ.①杨…②徐… Ⅲ.①信息经济—研究 Ⅳ.①F49

中国版本图书馆 CIP 数据核字（2021）第 109511 号

出 版 人	赵剑英
项目统筹	王　茵
责任编辑	马　明
责任校对	许　惠
责任印制	王　超

出　　版	中国社会科学出版社
社　　址	北京鼓楼西大街甲 158 号
邮　　编	100720
网　　址	http://www.csspw.cn
发 行 部	010 - 84083685
门 市 部	010 - 84029450
经　　销	新华书店及其他书店

印　　刷	北京明恒达印务有限公司
装　　订	廊坊市广阳区广增装订厂
版　　次	2021 年 11 月第 1 版
印　　次	2021 年 11 月第 1 次印刷

开　　本	710×1000　1/16
印　　张	17
插　　页	2
字　　数	201 千字
定　　价	89.00 元

凡购买中国社会科学出版社图书，如有质量问题请与本社营销中心联系调换
电话：010 - 84083683
版权所有　侵权必究

总　　序

2020年伊始，百年不遇的新冠肺炎疫情开始席卷全球。疫情暴发后，以习近平同志为核心的党中央充分发挥社会主义集中力量办大事的制度优越性，采取各种坚决有力的措施，成功地遏制了疫情蔓延，以人民至上、生命至上的抗疫精神写就了伟大的抗疫史诗。中国在统筹疫情防控和经济社会发展取得重大成果、决战脱贫攻坚取得决定性胜利的同时，面对世界百年未有之大变局，明确主张各国应当走团结合作、共克时艰之路。新冠肺炎疫情给世界各国人民生命、财产造成巨大损失，也暴露出当前全球治理体系的一系列问题：强权政治、冷战思维沉渣泛起，单边主义、保护主义逆流横行，以联合国为核心的国际秩序遭受冲击与挫折；个别国家领导层不是设法出台有效政策加强防控，而是竭力向外推卸责任；民粹主义、排外主义和反智主义思潮甚嚣尘上；等等。面对少部分国家将疫情政治化、病毒标签化的错误行径，中国坚定回击任何对中国制度与中国道路的造谣抹黑，坚定推动构建人类命运共同体。

今天，我们强调要讲好"中国故事"，既不能仅仅满足于以中国共产党一次又一次的成功、一个又一个的成就来讲述"中国就是能"，也不能脱离中国实践空谈不切实际的学术理论。要讲好中国故事，既要从理论上逻辑严谨地回答"中国道路为什么行"，又要讲清中国实践操作与理论的一致性及其细节细微之处蕴含的道理学理哲理。只有这样，才能阐述清楚"中国共产党为什么'能'""马克思主义为什么'行'""中国特色社会主义为什么'好'"，中国发展模式与发展道路才能成为有志于建立国际政治经济新秩序的国家心甘情愿学习与借鉴的对象。

回顾历史，我们认为抗击疫情是对中国特色社会主义制度的总体检阅，体现出中国特色社会主义道路、新型举国体制有着其他国家不可比拟的制度优势。基于历史发展规律与中国的探索，深入总结中国抗疫经验，有助于我们不断增强"四个意识"，坚定"四个自信"，做到"两个维护"。

第一，坚持马克思主义理论的科学指引，坚持中国共产党的正确领导。习近平总书记在纪念马克思诞辰200周年大会上的讲话中指出，"马克思主义不仅深刻改变了世界，也深刻改变了中国"[①]。马克思主义深刻阐释了人类社会发展的普遍规律和必然趋势，指明了无产阶级实现自由和解放的道路。百年来，中国共产党正是坚持马克思主义的指导，坚定马克思主义的信仰，不断推进马克思主义基本原理同中国实际相结合，成就了百年伟业。信仰信念任何时候都至关重要，在习近平新时代中国特色社会主义思想的指引下，中国取得抗疫的伟大胜利，取得了全面脱贫攻坚的伟大胜利，取得了全面建设小康社会的伟大胜利。习近平新时代中国特色社会主义思想是马克思主义中国化的最新成果，不仅丰富和发展了马克思主义，实现了理论和实践的良性互动，展现了马克思主义的科学属性和真理力量，也诠释了马克思主义理论

---

① 习近平：《在纪念马克思诞辰200周年大会上的讲话》（2018年5月4日），人民出版社2018年版，第11页。

强大的引领力和阐释力,并成为中国人民能够战胜疫情的精神力量。

第二,坚持以人民为中心,坚持生命至上。中国共产党一直把坚持群众路线,一切为了群众,一切依靠群众,从群众中来,到群众中去作为干事创业的基本准则。中国政府的所有决策,都是为了人民的长远利益,为了引导、促进、发挥群众追求解放的主观能动性。中国共产党始终将人民利益放在第一位,将增进人民福祉作为治国理政的目标。中国共产党来自于人民,党的根基和血脉在人民,为人民而生,因人民而兴,始终同人民在一起,为人民利益而奋斗,是我们党立党兴党强党的根本出发点和落脚点。① "人民立场是中国共产党的根本政治立场,是马克思主义政党区别于其他政党的显著标志"②,大疫面前,习近平总书记坚定地指出,"人民至上、生命至上,保护人民生命安全和身体健康可以不惜一切代价"③,"人民至上"也成为中国成功控制疫情,快速恢复社会、经济秩序的制胜法宝。

第三,坚持走中国特色社会主义道路,发挥社会主义制度优越性。中国特色社会主义道路是历史的选择、人民的选择,适应了中国的实际情况。中国特色社会主义制度和国家治理体系始终把整体利益置于首位,集中力量办大事的新型举国体制让中国在面临如新冠肺炎疫情的危机时临危不乱,渡过难关。历史经验告诉我们,在相似的生产力水平之下,人类组织的竞争力就体现为其组织水平,在人类面临如同新冠肺炎疫情这样的危机或要解决

---

① 参见习近平《在党史学习教育动员大会上的讲话》,《求是》2021年第7期。
② 习近平:《在庆祝中国共产党成立95周年大会上的讲话》,人民出版社2016年版,第18页。
③ 《习近平在参加内蒙古代表团审议时强调:坚持人民至上,不断造福人民,把以人民为中心的发展思想落实到各项决策部署和实际工作之中》,《党建》2020年第6期。

的生产力问题比较明确时，中国特色社会主义制度就有其必然的优越性。中国特色社会主义制度是新中国成立后数十年取得西方发达国家几百年成就的内在动因，也是中国抗疫行动取得战略性胜利的原因。在中国特色社会主义指引下，需要以正确的方式方法、执行手段，将这种制度优势落实到具体问题的解决进程之中。中国制度的优越性体现在政策制定导向的方方面面，教育与科技以人为本、基建与科研以发展为目标、金融支持实体经济、充分调动市场、发挥有为政府与有效市场作用等都是中国政策导向的体现。

同时，新冠肺炎疫情的溯源是一个科学问题，要由科学家群体按科学规律进行相关科研工作。新冠肺炎疫情给人类社会造成重大伤害——经济停滞乃至倒退、人口减少、国际社会交流冻结等，这是对各国制度体制进行总体检验的大事件。疫情暴发后，各国基于本国社会制度、文化心理、经济与科技发展水平等现实条件，出台了相应的财政金融政策、各项应急法律制度，开发与综合运用大数据技术、算法，基于生物医药技术开发疫苗，制定并实施了多项疫情防控模式。对各国疫情防控模式进行比较，对各项政策措施、科技运用体制进行对比分析，从中发掘面对重大外部冲击与危机时不同应对方式的优势劣势，有助于人类未雨绸缪，在和平年代做好应对危机的准备，这就是本套丛书出版的基本出发点。

2021年是中华民族伟大复兴进程中具有历史性意义的一年，既是中国共产党成立100周年，也是中国"十四五"规划的开局之年。当前，全球大国进入科技与体制全面竞争的年代，人类命运共同体是人类文明璀璨的未来。本套丛书的出版，有助于人们从根本上理解中国道路、理解中国共产党的执政历程及方针政策，也为回答"为什么中国能、为什么中国共产党能""为什么中国、中国共产党过去能，而且将来仍然能"等问题提供了相应的解释。以中国实践为指南构筑人类命运共同体，必将给世界各国带来一种真正以人为本、追求人类全方位发展与解放的全新的全球化道路。

编委会

2021 年 9 月 10 日

序一　数字经济开辟人类文明新形态

2014年11月19日，习近平主席在首届世界互联网大会的致辞中指出，"当今时代，以信息技术为核心的新一轮科技革命正在孕育兴起，互联网日益成为创新驱动发展的先导力量，深刻改变着人们的生产生活，有力推动着社会发展"[①]。在世界范围内，互联网、大数据、云计算、人工智能、区块链等技术加速创新，日益融入经济社会发展各领域全过程，数字经济发展速度之快、辐射范围之广、影响程度之深前所未有，正在成为重组全球要素资源、重塑全球经济结构、改变全球竞争格局的关键力量，人类社会正在从工业经济时代步入数字经济新时代。

党的十八大以来，党中央高度重视发展数字经济，实施网络强国战略和国家大数据战略，拓展网络经济空间，支持基于互联网的各类创新，推动互联网、大数据、人工智能和实体经济深度融合，建设数字中国、智慧社会，推进数字产业化和产业数字化，打造具有国际竞争力的数字产业集群，我国数字经济发展较快、成就显著。特别是新冠肺炎疫情暴发以来，数字技术、数字经济在支持抗

---

① 《习近平向首届世界互联网大会致贺词：强调共同构建和平、安全、开放、合作的网络空间，建立多边、民主、透明的国际互联网治理体系》，《人民日报》2014年11月20日。

击新冠肺炎疫情、恢复生产生活方面发挥了重要作用。

从根本上讲，数字技术、数字经济可以推动各类资源要素快捷流动、各类市场主体加速融合，帮助市场主体重构组织模式，实现跨界发展，打破时空限制，延伸产业链条，畅通国内外经济循环。数字经济具有高创新性、强渗透性、广覆盖性，不仅是新的经济增长点，而且是改造提升传统产业的支点，成为构建现代化经济体系的重要引擎，推动构筑国家竞争新优势。

然而也应看到，伴随着数字经济的快速发展，数字平台崛起引发"垄断之忧"。如何利用好大数据、人工智能、区块链、云计算等新一代信息技术，扬其长、避其短、增益其所能，是我们必须面对并有效破解的现实难题。这所有的问题，都需要把数字经济的边界、领域、范围、本质等基本理论问题阐明和界定清楚。

2021年10月18日，中共中央政治局就推动中国数字经济健康发展进行第三十四次集体学习。习近平总书记在主持学习时强调，要规范数字经济发展，坚持促进发展和监管规范两手抓、两手都要硬，在发展中规范、在规范中发展。要健全市场准入制度、公平竞争审查制度、公平竞争监管制度，建立全方位、多层次、立体化监管体系，实现事前事中事后全链条全领域监管。要纠正和规范发展过程中损害群众利益、妨碍公平竞争的行为和做法，防止平台垄断和资本无序扩张，依法查处垄断和不正当竞争行为。要保护平台从业人员和消费者合法权益。要加强税收监管和税务稽查。要完善数字经济治理体系，健全法律法规和政策制度，完善体制机制，提高我国数字经济治理体系和治理能力现代化水平。[①]

[①] 参见《习近平在中共中央政治局第三十四次集体学习时强调：把握数字经济发展趋势和规律，推动我国数字经济健康发展》，《光明日报》2021年10月20日第1版。

理论是政策的先导。杨东教授在深入国内实际开展调查研究和学术研讨的基础上，学习和借鉴国外最新研究成果，撰写了《数字经济理论与治理》一书，对于数字经济时代的组织模式、生产要素和技术力量等基础理论问题进行深入思考和剖析，对于新冠肺炎疫情防控、政府管理模式变革、司法信用体系升级、法定数字货币研发等重大现实问题开展评估、预判和研究，为数字经济研究开辟了新视角，为数字经济治理提出了新方案。

　　数字经济正在将人类社会塑造成一个崭新的世界，为中国特色社会主义新时代创造人类文明新形态奠定基础和开辟道路。希望全社会都来关注数字经济发展，期待杨东教授的这部专著为推动中国数字经济发展贡献智慧和力量。

　　是为序！

鲁　昕
全国政协委员
中国职业技术教育学会会长
2021 年 10 月 20 日

序二　三维结构理论助力数字经济健康发展

近年来，互联网头部平台凭借数据和资本的垄断优势，建立了庞大的数字生态系统，取得了巨大的市场竞争优势。数字经济经常在一定时期内出现平台寡占甚至独占的竞争格局。与传统工业经济不同，数字经济中出现的寡占和独占现象一定程度上有利于资源的配置。数字经济平台利用互联网等数字技术提供信息、搜索、金融、社交等服务，具有信息中介功能。平台可以自发组织市场，具有企业和市场的双重属性。因此，大型平台意味着大型市场，统一的没有分割的大市场能够聚合各类交易主体和交易行为，极大地提升交易效率，高效地配置资源。但平台的发展壮大必然是一体两面。在利益的驱使下，平台的私权利属性可能放大，侵蚀其他市场主体的权利。遏制数字经济平台利用垄断优势实施垄断行为仍是今后一段时期政策的重点。

数据在数字经济中具有极其重要的生产要素地位，可以推动生产力不断向前发展。在数据方面，必须要解放思想，创造宽松的监管环境，打破数据垄断，使数据促进先进生产力的发展。数据既包含个人隐私，更有涉及国家安全层面的内容，从传统的所有权的角度考虑数据归属在理论上具有非常大的难度，但是在符合数据安全、个人信息安全等法律法规的要求下促进数据互联互通对发展数字经济具有重大意义。

平台利用算法等先进技术力量收集、分析数据，实现基础数据的价值升华。就整个市场而言，算法降低了供需两端的匹配成本，提升交易的效率，帮助企业降低经营成本和竞争成本，极大地提高了企业决策的水准。与此同时，平台用算法强化其对数据和流量入口的控制，取得竞争优势，提高市场的进入壁垒。在支持平台创新竞争的同时防止平台利用算法设置过高的市场进入壁垒妨碍或限制竞争，是反垄断工作的重点内容。

当前，中国经济与世界经济的相互依存度越来越高。数字经济领域反垄断要具备全球视野和未来眼光。与发达国家相比，中国互联网企业的规模仍然偏小。因此，要鼓励中国的互联网企业做大做强，大力扶持、大力支持，放开手脚让企业公平竞争；对企业的监管要着眼于企业是否利用垄断地位欺压消费者，而不是只关注企业规模；要平衡企业创新发展和反垄断之间的关系，促进数字经济持续健康发展。

数字经济的治理是目前全世界面临的重大难题，但也要认识到挑战背后的机遇。数字经济的发展一日万里，正深刻改变全球经济的竞争格局，为中国变道赶超西方国家提供了难得的历史机遇。在数字经济领域规划大数据战略，加快大数据发展核心技术研发，推进开放、共享以及安全方面的相关立法与标准制定，建设"互联互通、共享共治"的制度体系是大势所趋。唯此才能真正抢占新的全球科技革命和产业革命的战略机遇期，重构国家综合竞争优势。

张 穹

国务院反垄断委员会专家咨询组组长、

原国务院法制办公室副主任

2021 年 10 月 18 日

序三　数字经济是国际竞争的新舞台

21世纪是一个技术高速发展的时代，技术驱动变革，人类世界时刻都可能出现下一个时代里程碑式的节点。当社会还在热烈地讨论"互联网＋经济"的未来时，"数字经济"已经悄然登上时代的大舞台，并且在不经意之间成为足以撼动整个社会结构的巨浪。

着眼于国内，党和国家高度重视数字经济发展，早在2018年12月中央经济工作会议，就提出了要加快5G的商用步伐，加强人工智能、工业互联网、物联网等新型基础设施建设。《中华人民共和国国民经济和社会发展第十四个五年规划和2035年远景目标纲要》中更是提出，要打造数字经济新优势、构建高水平社会主义市场经济体制、激发各类市场主体活力。①

综合国际国内大环境来看，数字经济的大趋势不可阻挡。作为一种全新的经济模式，其配套的基础设施与监管法律、法规体系都还不够完善，因此各国都在调动各方力量去抢占先机，旨在占领新经济时代的金融高地。数字经济时代，数据成为一种全新的生产要素，如何利用数据去创造价值，如何为数据赋能，成为不同主体共

---

① 参见《中共中央关于制定国民经济和社会发展第十四个五年规划和二〇三五年远景目标的建议》，人民出版社2020年版，第46、56页。

同关注的焦点。除此之外，与其他传统的生产要素相同，数据生产要素的利润分配问题以及利润分配的根源，即生产要素所有权的归属都是亟待解决的难题。由此可见，数字经济时代较之传统模式，它的基础框架还处于不完整的状态，在国家、社会以及个体层面都需要进行各方面的填补工作。数据并非是一个近几年才出现的新概念，事实上数据作为一种信息的载体，在20世纪就已经出现。之所以数据在几十年后的今天才成为一种被广泛认可的生产要素，追本溯源是由于技术革命。互联网技术的发展创造出极大规模的数据，为数据成为生产要素做出了量的准备。然而，仅仅有规模是不够的，如何利用如此规模的数据去创造价值是互联网技术无法解决的问题。正如同历史上曾经发生的那样，一个人或一群人因为某种无法清楚描述的动机创造出一种技术，而这些看似"无因"的技术承担起了推动历史进步的使命。

《数字经济理论与治理》一书，是杨东教授在美国、英国、澳大利亚、日本等地区不断访学调研的最新成果，也是其长期躬耕于中国数字经济第一线实践的集大成者，本书充分吸收了世界各国在数字经济实践中的经验教训，更为今天数字经济研究领域开辟了新视角，在这样一个充满机遇与挑战的时代，中国必须紧跟大趋势，大力发展数字经济。本书中提出的观点呼应时代需求，兼顾理论高度与实务价值，相信在社会各界的共同努力之下，中国的数字经济将会以高速且健康的态势持续发展下去！

国际欧亚科学院院士
中国科技体制改革研究会理事长
2021年10月18日

序四 为数字世界提供中国解决方案

新技术不断颠覆与发展社会的同时，也昭示着数字时代的到来。《数字经济理论与治理》以区块链技术为切入点，探寻新冠肺炎疫情对数字经济发展的影响以及数字时代市场体系的建构与治理。本书提及的"数字经济"一词，容易使人联想起大数据、人工智能、区块链、互联网等一些名词。数字经济是什么？数字经济是人类通过大数据的识别—选择—过滤—存储—使用，引导、实现资源的快速优化配置与再生、实现经济高质量发展的经济形态。这是一个相对宽泛的概念，凡是直接或间接利用数据来引导资源发挥作用，推动生产力发展的经济形态都可以纳入其范畴。毋庸置疑，数字经济平台正在高速发展。目前席卷全球的数字经济浪潮，实际上是技术与制度厚积薄发的结果。这一波大潮将会持续很长时间，但恣肆到极致后也终会消退，由于理论探索和技术创新的高难度性，我们尚难以设想下一波大潮会在什么时候奔涌而至。所以，当下我们必须把握好这次难得的机遇，紧抓数字经济给整个人类社会的馈赠。

疫情暴发以来，数字经济领域中的竞争和发展态势较为明显。在经济发展方面，各地政府利用已经出现的各类数字平台以及区块链等新技术手段，出台各类帮扶政策以及消费补贴活动，推动当地 GDP 发展，可以说数字经济有效对冲了经济下行压力，展现出强劲的活力和广阔的发展前景。疫情促进了大量线上活动交易的产生，使得各电商平台的交易额以数字支付的形式实现了巨大的成长。各种无接触式数字服务大大便利了人们在疫情期间的生活。在疫情防控方面，各平台对新冠肺炎患者的行动进行实时追踪，对社会公众进行分类管理。在社会生活方面，各平台也在在线教育、餐饮外卖、线上办公等领域发挥了非常重要的作用。珠玉在前，我们可以想象各类数字经济平台将一点点渗透进人类的日常生活，就像手机、互联网、第三方支付一样，给日常生活、社会经济带来深远的影响，并迎来其高光时刻。与此同时，我们需要意识到新技术带来的不止是改变和机遇，还有相应的挑战，即对规范制度提出了更高更全面的要求。

疫情的出现也为数字货币提供了更大的发展空间。实际上在今天的中国，支付平台已经完成了后台的结清算基础设施建设，在前端发挥着缓解疫情和推动社会生产力进步的作用，而这些都将会加速数字化的发展。央行对于法定数字货币的构想正印证了如今数字化的高速发展。

面对数字经济的高速发展，我们必然会提出新的问题——数字经济背景下的政府管理模式变革和司法信用体系构建。疫情在很大程度上促进了互联网创新活力的不断迸发，数字经济也在不断衍生出新模式新业态，那么，我们在经营规范和权益保护方面不可避免会遇到新问题新挑战。互联网并不是"法外之地"，不能游离于金融监管之外。线上服务交易出现后，也应有相应的制度法规和有效监管。政府和市场要各归其位，有关部门需要与时俱进地调整法律法规的内容和监管的形式，推动治理向科学化、规范化迈进。

杨东教授的研究成果立足于中国国情，不仅把研究和文章写在中国大地之上，更是吸收了国内外数字经济发展的最新实践成果。其理论获得了联合国国际电信联盟，英国央行、金融服务局，日本央行、金融厅，澳大利亚证券与投资委员会、联邦储备银行（澳大利亚央行）、贸易委员会等政府机构的认可，与哈佛大学、耶鲁大学、斯坦福大学、牛津大学、剑桥大学、东京大学、一桥大学、墨尔本大学等世界一流高校开展了课题合作，这也为本成果奠定了坚实的理论研究基础，并在此基础上开展了充分的推广应用。

我很荣幸有机会推荐中国人民大学杨东教授和徐信予博士共同写的新书《数字经济理论与治理》，我相信本书将会为数字经济的发展提供一个更为完整的图景。在当今世界数字经济市场日益扩大、许多国家和地区在面临类似问题，试图寻找更佳途径之时，本书对数字经济发展现状和经验的深入探析对我们所有人都将大有裨益。

全国社保基金理事会原副理事长
2021 年 10 月 18 日

序五　从理论的高度认识数字经济三维结构

党的十八大以来，党中央和国务院保持着对数字经济发展的高度关注。数字经济平台对国民经济具有支撑性和稳定性的作用，同时具有较为特殊的公共属性。当下数字经济正多维渗透入人类社会，数字经济平台已经通过多元途径积累了相当数量的公共数据。伴随着数字经济的迅猛发展，政府、行业协会、公益组织和各类数字经济平台等开展多方面多层次的合作，在国家和社会治理特别是民生方面具有举足轻重的意义，为数字中国的实现作出了积极贡献。

在权力数字化实践中，积极探索大数据监督，更好发挥云计算、区块链、互联网监督的作用，让反腐倡廉工作插上高科技的翅膀。在党领导中国人民从站起来、富起来到强起来的重要历史时刻，我们党把"海晏河清、朗朗乾坤"作为一个重大的政治目标。数字经济时代下，政府掌握着大规模的数据生产要素，通过综合运用人工智能、大数据、云计算、区块链等技术满足其对反洗钱、反逃税、反行贿、反恐怖融资等犯罪活动的监管需求。好像摄像头面前无小偷一样，凭借可追溯的技术优势，数字经济让贪腐行为暴露于光天化日之下，让腐败分子在党内没有藏身之地，永远坚守清正廉洁的政治本色，永葆党的先进性和纯洁性。

数字经济发展需要引导和创新，这要求学者深入探究。在权力公开方面，积极推行地方各级政府及其工作部门建立权力清单制度，依法公开权力运行流程，完善党务、政务、司法和其他各领域办事公开制度，让权力在阳光下运行；在疫情防控的特殊时期，通过联通平台和消费者线上线下的互动渠道，形成医疗用品、消费订单的及时下达与实时点对点的精准配送，高效整合物资，支撑经济社会的稳定发展，起到稳定就业、保障民生的作用，展现出了独有的行业特色与结构优势，发挥了信息聚合、数据共享、交流沟通、物资流转等重要作用，避免给中国经济带来严重影响的同时，也满足了人民群众的防疫需求和现实民生需求，由此让人民群众进一步坚定中国特色社会主义道路自信、理论自信、制度自信、文化自信。

杨东教授作为数字经济研究的领军者之一，笔耕不辍，已经在《中国社会科学》、《人民日报》（理论版）、《人民论坛》、《经济学家》、《中国金融》等报纸杂志发表数字经济相关中外论文百余篇。在此基础上，杨东教授提交数十份内参，为中央机构进行决策提供了重要的参考。其中的新概念、新观点、新政策、新主张为数字经济相关政策的出台提供了坚实的理论支撑与前瞻性探索。

正是在这样长期的理论积累中，杨东教授提出了"平台、数据、算法"三维结构理论，并以此理论为依托，为我们带来了《数字经济理论与治理》这部著作。书中所有的内容都是杨东教授在日常工作中积累的第一手宝贵经验。正是这种丰富的经历，赋予了这本著作扎实的基础，契合实际而非泛泛而论。经历是个性的、特殊的，但其中蕴含了很多共性和普遍性，也因此，此书体现了数字经济的发展脉络，从数字经济时代的组织模式、生产要素、技术力量出发，分别明确三维结构中平台、数据和算法要素的革新、演化、升级路径。平台、数据、算法这三个数字经济时代的基本要素，既构成了数字经济的发展灵魂，又巩固了数字经济规制和监管的根基。易言之，三维结构从主体、客体到时间维度发生了根本性的改变，如何认识此种三维结构对经济社会产生的改变，以及如何对其中风险进行宏观管理，是新时代构建高质量发展格局必须思考的问题。

数字经济的理论研究是长期的任务，不仅要立足百年历史变革大背景，更需要用理论去指导实践，引导数字经济的创新发展，需要各界不懈地努力。相信通过本书，可以启迪政府、企业、学者关注新经济和新业态，为推动中国数字经济实现跨越式发展，走向数字时代世界市场体系的中心作出更大贡献！

李雪勤

中纪委研究室原主任

中央第八巡视组原副组长

中国人民大学区块链研究室名誉院长

中国社会科学院中国廉政研究中心副理事长

2021 年 10 月 18 日

序六　立足于中国大地，寻找数字时代的理论创新

近十年来，党和国家高度重视数字经济的发展。当前世界经济数字化转型加速，数字经济成为撬动经济增长的新杠杆，成为各国提振经济、推动经济高质量发展的重要动能。2020年，全球更是面临新冠肺炎疫情的危机考验，数字化转型和发展数字经济成为热门话题。党的十九届五中全会指出，要"发展数字经济，推进数字产业化和产业数字化，推动数字经济和实体经济深度融合……提升公共服务、社会治理等数字化智能化水平"[①]。党中央不断推进国家治理体系和治理能力现代化，为构建完善的数字经济治理规则、保障数字经济高质量发展提供了顶层设计和理论指导。

数字经济呈现出数据化、智能化、平台化、生态化等一系列典型特征，正在深度重塑经济社会形态，引发治理根本性变革。数字经济平台在免费服务的基础上，获取海量稳定用户，再通过投资、流量控制、支付、云计算、数据分析等基础性服务控制合作经营者，借助超级平台的地位形成数字革命时代的新型垄断形式。具有高黏性海量用户的超级平台，成为整个数据市场流量垄断的基础。它们全方位打通社交、金融、搜索、电子商务、新闻、打车、内容

---

① 《中共中央关于制定国民经济和社会发展第十四个五年规划和二〇三五年远景目标的建议》，人民出版社2020年版，第14页。

分发、应用商店等账号，成为整个数据市场的流量入口。

　　这种全方位的变革，也是一柄"双刃剑"：数字经济平台正裹挟着海量数据、超级算法，阻碍其他经营者接入其平台和数据，抹杀了可能由此带来的行业创新，使更多初创企业的产品退出市场，限制数字经济市场百花齐放。从"3Q大战"、菜鸟顺丰数据纠纷，到平台二选一、"头腾大战"等一系列问题，超级平台滥用制定和执行平台规则的权力，无正当理由封禁中小企业，通过优待自身投资企业，打击其他企业创新，加之其巨额流量偏向于其投资联盟的企业，资源的倾斜沉重打击了市场公平的基础，严重影响其他经营者的创新效率，并通过拒绝服务和形成交易封闭平台，阻碍互联网和技术互通产生创新。

　　开放共享是实现数据价值的内生要求，也是实现数字经济健康发展的必经之路。强大的网络效应和规模经济在平台经济中增加了平台收集数据的市场力量，超级平台利用市场力量扩大其所在的数字经济平台生态，阻碍新进入者的创新，其背后涉及的是数据的开放与拒绝使用问题。鼓励数据的开放共享将会极大地释放平台经济的增长潜能。数据作为新型生产要素，在其归属权尚待商榷的情况下，更应当推广数据的共享，而非拒绝交易。

　　种种乱象之后引人深思，数字经济的发展急需理论的指引。不同于传统工业经济时代的根本性变革，平台、数据、算法带来的不仅是新的组织方式、生产要素与技术革新，而且是通过与传统要素配合，催生了新经济业态和经济增长模式。历史表明，社会化的大变革必定会呈现出哲学社会科学的井喷式发展现象。纵观世界经济发展历程，人类从工业革命以来的机械化、自动化到数字时代的智能化，新一轮科技革命正在加速推动产业变革和国际制造业格局深度调整，数字经济、数字转型、数字生活等已经成为人们生产生活的重要内容。如今的中国社会正处于历史上最广泛且尤为深刻的变革阶段。在如此波澜壮阔的历史背景下，社会创新的源泉充分涌流，思想的空间浩渺无垠，必定能促进理论创新、推进学术百花齐放。

"这是一个需要理论而且一定能够产生理论的时代，这是一个需要思想而且一定能够产生思想的时代。"① 随着数字经济的旋风式发展，人类社会正迎来全新的洗礼。当前，新技术集群的颠覆式创新与发展在促进工业经济潜力发挥的同时，也在助推数字时代的诞生。构筑于工业时代的旧有研究方法已经滞后，为了使学术研究符合数字社会发展需求，首先我们更要关注平台、数据与算法的三维结构分析范式，并将其作为研究社会运行的基本路径。其次，要把握数字社会治理的"七寸"，了解数字社会的特点与规律，并在此基础上破除传统的中心化+科层制治理思维。着力推动多中心化监管和分布式的管理机制，选择区块链技术及分布式治理所嵌入的"以链治链"路径，从规则治理走向原则治理，再走向技术治理，以实现对数字社会治理的有效衔接。我们需要从认识理念到工具的革命，从社会主体、行为模式、社会结构、思想道德、价值理念中汲取各个学科中有益的研究成果，将传统以逻辑推理为中心的知识范式与数据范式相交融。从新的研究分析范式入手，重新梳理政府与市场之间互动发展所存在的基本问题，将数字经济纳入全新的研究范式之中，为数字时代的发展提供有力的制度支撑！

杨东

中国人民大学区块链研究院执行院长

教育部"长江学者"特聘教授

2021年10月10日

---

① 习近平：《在哲学社会科学工作座谈会上的讲话》，人民出版社2016年版，第8页。

目 录

**第一章 数字经济时代的组织模式、生产要素、
技术力量** ………………………………………（1）
    第一节 百年变局与数字经济 …………………………（2）
    第二节 警惕数字市场的三重垄断 ……………………（32）
    第二节 数字经济的三维结构分析框架 ………………（39）

第二章 算法：崛起的技术力量 ………………………（51）
    第一节 技术锁定：从工艺到算法 ……………………（52）
    第二节 技术锁定形成的"创新射杀区" ………………（58）
    第三节 算法即权力 ……………………………………（70）

第三章 平台：数字经济的组织结构革新 ……………（75）
    第一节 平台的组织革新理论内涵 ……………………（76）
    第二节 数字经济背景下政府管理模式变革 …………（88）
    第三节 构建数字经济背景下的司法信用体系 ………（112）

第四章 数据：生产要素的演化升级 …………………（131）
    第一节 数字普惠金融的新发展、新趋势 ……………（132）
    第二节 数据生产要素市场化实现机制 ………………（150）
    第三节 流量垄断是数据要素争夺的最新表现 ………（179）

第五章 法定数字货币的创新、监管与跨境体系重塑 …… (194)
第一节 法定数字货币发行的背景 …………… (196)
第二节 法定数字货币的经济学特征 ………… (204)
第三节 法定数字货币的监管 ………………… (209)
第四节 全球跨境支付体系重塑路径选择 …… (219)

附 件 ………………………………………………… (226)

参考文献 ……………………………………………… (238)

后 记 ………………………………………………… (242)

第一章　数字经济时代的组织模式、生产要素、技术力量

　　大数据等数字化、网络化、智能化技术进一步丰富了数据的内涵。数据的信息化、结构化、代码化以及高初始固定成本、零边际成本、累积溢出效应等特点，使得数据成为继传统工业经济时代的土地、石油、劳动力、技术、资本等生产要素之后的又一关键生产要素，带来了巨大机遇。以数据生产要素为核心，数字经济平台融合了企业和市场功能，统合、协调、配置资源，形成新型经济组织。数字经济时代，传统实体经济行业的提升也得益于组织模式、生产要素和技术力量的更新迭代，数字产业化与产业数字化大力促进了信息交互与价值分享。新冠肺炎疫情暴发后，新的组织模式体现出独特优势，通过信息聚合、数据共享、资源调配，数字经济平台应用强大技术力量，在物资流转、复工复产、稳定就业、防控疫情和降低疫情负面影响等方面发挥了重要作用。

　　在农业经济与工业经济时代，掌握生产资料就是掌握了生产力发展的关键，具体体现为农业生产中的水源以及工业生产中的能源，而在数字时代，数据作为新的生产资料，即数字平台激烈竞争的核心，围绕数据控制流量是平台获得优势的关键，因此，

通过竞争数据流量而产生新型市场行为。土地、劳动力、资本及数据构成了数字经济时代的生产要素，大数据背后的差异化带来巨大的机遇与挑战，也带来预判——"未来谁掌握数据，谁就能获得竞争的主动权"。在可见的未来，数据生产、应用的经济领域必将出现更多的价值互联共享模式和新的经济增长空间，我们要抓住改革机遇，以区块链、人工智能等技术为强大支撑，构建治理体系，完善数字经济生态。站在时代前沿，我们需要考虑更完善的组织方式和利益分配机制，优化效率成本结构，推动发展成果全民共享，促进数字经济时代"人"的自我价值与社会互联互通价值的实现。

第一节　百年变局与数字经济

人类文明发展史纵横千年，千年历史长河中处处是与疾病斗争的印记，在新的时期，人类依然坚持不懈地与病毒顽强斗争，在此期间，人类的抗争也触发了社会的变革，从陌生到了解，从混沌走向文明。如今新冠肺炎疫情仍未被完全消灭，全球范围的疫情防控态势证明我们正处于时代的裂变期，随着全球化进程的加快，蝴蝶效应呈现扩张趋势，任何事件均可能被迅速放大蔓延以至席卷全球，带来全球性危机，各国的利益相互交织，当风暴来临时，没有一个国家可以独善其身。疫情是世界发展的不安定因素，而后疫情时代则充满未知、机遇与风险，疫情不仅使世界政治秩序与国际政治格局产生巨变，也打破了长期以来地位稳固而森严的全球化经济产业链，加剧了不同意识形态、思想观念与社会制度的对立。在全球化的背景下，公共安全危机不仅在物理意义上蔓延，更是跨越各个层面向政治、经济、安全乃至社会延

第一章
数字经济时代的组织模式、生产要素、技术力量

伸,对全人类都产生了各种语境含义下的影响,使国际政治经济格局产生革命性变化,也为百年变局中的全球治理体系刻下深深烙印。

一 直面数字时代的人类反思

这是最好的时代也是最坏的时代。为何如是说?因为每次重大的技术变革,都会促成社会的大转型,驱使着人类文明走向更高阶段。那么这一次的技术变革也不例外,其可能带来的转型有几个特点。

第一,变革中的角色嬗变。这一次转型人类不是被动的,而是深度参与的,甚至有可能是在未来引领的;第二,之前的数次科技带来的社会生产关系革命都是以数字"一二三"来代替的,但是这一次的工业革命我们可能没有办法仅用一个数字来表达,现在预判它带来的变革的广度和深度还为时过早。在这样一个发生重大技术变革,甚至是整个社会样态可能被颠覆的时代里,我们可以发现,人工智能、大数据、云计算等一系列技术的发展,赋予机器与人的关系以更多的可能性。过去那种简单的,或者说人机分开的劳动模式,发展至现在人机结合甚至是人机混合的劳动模式,其间需要复杂计划和逻辑推理。法律在这个过程中会成为一个不可或缺甚至是非常关键的角色。

首先,新技术对于职业发展而言,是一把双刃剑。一方面,它给法律职业带来了非常多的便捷,如电子证据、电子存证、系统化的法律法规检索、案例检索。但另一方面,它为法律职业生态带来了巨大的挑战。我们原来以为机器取代的只是蓝领工人,后来发现机器取代的主要是白领工人,相比之下,蓝领工人和机器在这个新技术时代受到的冲击远远不如白领阶层大。所以,对

于从事法律职业的人来讲，应具有很迫切地重新思考职业定位的需求。

其次，新技术时代带来的重大的改变，我们可能更多地喜欢从工具主义、工具理性的角度去思考，更重要的是我们要意识到疫情的冲击给我们带来的对生活样态的理解。我们会发现新技术会改变我们的生活样态。虽然我们现在还处在变化过程中，但可以想象，新技术将重塑我们的生活样态。那么法是什么？法就是来自生活样态的一种提炼出来的规范形式。生活样态改变了，法也必然发生变化。

再次，这时候我们要去理解新技术对法律的影响。比如说从立法角度来讲，如果不能对我们人、社会以及我们的生活空间做一些新的定义和新的合法的设定，法律很有可能会成为新技术发展的障碍。尽管中国改革开放才40余年，立法都是新的，但是新的立法并不等于它不是新技术意义上的传统的构成了新技术变革的需要被革命掉的力量。

然后，我们要真正地深入思考，甚至重新去思考来自早期现代西方的一系列的基础性观念。最简单的，比如说"人"，虽然大家知道现在什么样的人是一个合法存在的人，但是我觉得我们马上就会面临一系列的这种挑战。这个挑战，可以说你的观念够不够开放，也可以说你的理论够不够深刻。那么在这样一系列问题下，现在最典型的问题就是空间问题，可以发现中美之争，表面上看似乎还是传统的所谓地缘政治背景下中美之间的"世界第一"的位置之争，然而这种来自传统的国际关系学者的判断是非常糟糕的。实际上所谓的5G之争，就是谁占领新空间、"新大陆"，谁就有可能占据世界领先的地位。而对于没有占据空间和地位的国家来说，它不是第一的位置保不保的问题，而是它还能不能站在新的技术时代前沿的问题，是能不能问鼎的问题，这是传统的以地缘政治为主要知识思考的学者所不能看到的。

最后，技术进步的步伐是无法阻挡的。技术进步可能会带来灾难性的后果，其实这个结论并不鲜见。从第一次工业革命的火车、内燃机机车发展以后，人类对于技术进步的恐惧、欢呼和拥抱是同时发生的。对于法律人来讲，如何在人工智能技术快速而不可逆转的潮流之下，发挥我们的积极作用，甚至能够发挥一些在某些领域的引领和主导作用，就需要我们群策群力，不断地深入思考，给这个社会提供有价值的法律公共产品。我们有可能看到中国的法治发展，它不再是简单地模仿或者是崇拜西方的依法治国观念，它不再是我们不断去抄袭，而是我们也可以按照自己的新技术去改变的这样一种生活样态，去思考中国怎么样更好地发展自己，法律怎么样更好地为普通人的生活提供保障。这些是我们今天思考新技术，以及新技术带来的对法律的挑战时，应该共同去研究和探讨的深刻的问题。所以，新技术时代使得中国人开始了面向人类的思考，而不仅仅是面向中国人的思考。

二　新冠肺炎疫情界分了工业经济与数字经济

2020年伊始，新冠肺炎疫情肆虐，给全世界经济造成重大损失。在本次疫情中，世界各国政府机构、各大国际组织采用先进技术，为防疫抗灾行动提供了重要的技术支持，在人、财、物的整合调配与救灾物资的分配、善款的募捐与使用等方面发挥着积极作用。同时，现有治理模式和管理方式在应对疫情过程中出现的问题，也引起了全球各界人士的反思。

无可置疑的是，此次疫情对人类发展具有深远影响。2020年3月17日，托马斯·L.弗里德曼（Thomas Loren Friedman）在

《纽约时报》发表专栏文章《我们新的历史分界线："新冠前世界"与"新冠后世界"》，认为新冠肺炎疫情的暴发历史意义重大，甚至可以类比"公元纪年"的"公元前和公元后"的历史分期。同时，该文指出指数型增长对人类社会有巨大影响。一方面，如果不加以控制，指数增长会使流行病等事物持续不断地翻番再翻番，给人类带来灾难；另一方面，指数增长也可以推动人类社会发展，例如，计算机的算力始终遵循着摩尔定律①而发展，而这种强大的算力将加速新冠肺炎疫苗的研发。②

尤瓦尔·N.赫拉利（Yuval Noah Harari）于2020年4月14日在《金融时报》发表文章《新型冠状病毒之后的世界》（The World after Coronavirus）。赫拉利在文中指出，新冠肺炎疫情防控期间投入的部分新技术将会对未来社会的走向产生极其深远的影响。比如，在应对疫情过程中，生物特征监控技术被广泛应用，有人担心由此会建立起严密的监控制度，损害民众的基本权利。但同时也认为，新技术与公民权利并非绝对的对立关系。新技术不仅可以建立严厉的监督和惩罚机制，也能够用来促成公权力与民众的良性互动，保障和扩大公民基本权利。具体来说，可以通过向公众开放、共享监测数据，为其提供科学的健康指南，令其对科学、公共权威和媒体产生信任，在保障民众基本权利的前提下，使其自觉遵守疫情防控的相关规定，达成与政府的合作。③

---

① 摩尔定律是由英特尔（Intel）创始人之一戈登·摩尔（Gordon Moore）提出来的。其内容为：当价格不变时，集成电路上可容纳的元器件的数目，每隔18—24个月便会增加一倍，性能也将提升一倍。

② Thomas L. Friedman, "Our New Historical Divide: B. C. and A. C. —the World before Corona and the World after", *New York Times*, https://www.nytimes.com/2020/03/17/opinion/coronavirus-trends.html.

③ Yuval Noah Harari, "The World after Coronavirus", *Financial Times* (April 14, 2020), https://www.ft.com/content/19d90308-6858-11ea-a3c9-1fe6fedcca75.

这些论述都承认新冠肺炎疫情会对未来社会的走向产生十分重要的影响，并提出了许多有力的佐证。但就目前看，可能存在如下不足。首先，有些文章分析问题的层面不够深入，浅尝辄止，没有意识到疫情背后复杂的政治、社会、文化、制度等深层次的问题；其次，缺乏分析工具，即一些多从自身经验分析，缺乏有力的理论指导；最后，有的观点试图借助历史来支撑自己论证，但只着眼于近几十年发生的事件或者简单地以纪元前后划分来类比，缺乏人类几百年甚至上千年发展变迁的"大历史观"和科学史观。综上所述，新时期的理论创新、实践创新需要树立大局观，尤其是需要立足于纵览整个人类发展过程的宏观视角、宏观维度以及宏观框架的基础之上，以实现推进技术创新、生产要素的演变、组织架构与制度的变革的目的。人类社会经历了五次大迁移，其中，第四次的迁移是人口由农村向城市集中流动，工业经济取代了农业经济在社会发展中的主导地位，工业经济的标志性特征是大城市的形成以及城市群的大量涌现，人口与工业产业大量集聚在城市，这是工业化带来的社会变革。而目前我们正在经历的第五次社会迁移，则是数字经济时代的社会变革，从线下到线上，从实体到虚拟，这是工业社会向数字社会转型的过渡时期，在数字经济时代，数据作为生产要素发挥着重要价值。工业经济时代的技术，开掘出了埋藏在地下的石油资源，并加以有效利用，极大地促进了工业经济、工业社会的发展。可以说，石油推动了过去几百年人类社会工业经济的快速发展，而在数字经济时代，数据就相当于工业革命时代的石油，是一种重要的生产要素。随着数字经济的不断发展，数字经济平台开始发展壮大，并逐渐延伸至传统经济领域，扩大了数据发掘的范围并深化了数据的价值，进而又对数字经济发展起到反作用。

以中国乃至人类社会几千年的历史维度去审视此次疫情时，我们发现，疫情虽然对人类身体健康造成了严重影响，对中国乃至世界经济发展带来巨大的负面作用，但是，它同时也助推"数据地球"的加速形成，进一步加快了新技术以及新技术所产生的新业态、新组织、新产业的发展和超级数据平台的形成，最终成为从工业经济、工业社会进入数字经济、数字社会的人类社会发展的重要历史分界线。

三 疫情叠加下的数字经济的发展现状

新冠肺炎疫情暴发于全球数字经济的高速发展期，纵然疫情给人类社会带来沉重的打击，客观上对于人类迈入数字经济时代也起到了加速推动作用。因此疫情的暴发虽然具有一定的偶然性，但是作为分界线，在划分工业经济时代与数字经济时代中具有历史发展的必然性。疫情防控期间，多种类型的新技术被正式投入，如区块链、人工智能、大数据、5G、物联网，这些技术应用的广度与深度也大大提升。借助上述数字新技术，促成了全球范围内的数据爆发，数据作为人类社会发展中的新型生产要素，发挥着越来越重要的作用。数字经济平台，是一种以收集、分析数据为主要运作方式、通过数据的处理创造价值的新型的经济组织，在此次疫情防控中发挥了重要的作用，而平台的内涵不仅包括经济意义上的发展，也涉及公共事业的建设，尤其是与政府治理紧密结合。数字平台通过其技术优势在疫情防控中发挥了统筹安排、信息传递与处理等多样化的功能，有效提升了政府治理水平。无论是宏观法律结构的研究，还是法律理论的研究，通常局限于市场经济的主体——生产者、经营者、消费者，以及"看得见的手"——政府之间的内部联结，当数字时代来临，数字平台成为新的市场参与者,传统的法律监管体系也应作出相应的针对性调整。数字经济时代对于技术基础、生产要素、组织结构、法律监管体系均提出了较为前沿的要求。至今,这些要求在后疫情时期已经基本实现,而疫情作为工业经济时代与数字经济时代的分界线,其在历史发展中不可忽视的地位更为凸显。

(一)技术集群与生产关系重构

1. 技术集群变革加速社会变革

疫情防控过程中,新一轮的技术变革正在加快,而且形成技术集群的大爆发。在人类文明千年进程中,科学技术从未如此深刻地影响国家的发展与前途命运,更从未如此地与人民生活福祉息息相关。人工智能、大数据、云计算、区块链等新技术之间相互影响、融合,形成了一系列新技术集群,从而使得人类从工业经济时代迈入数字经济时代。如此大规模的技术集群融合、迭代、创新、爆发,带来了生产力的大发展,在人类历史上尚属首次,是数字经济时代确立的重要标志。

在此次疫情中,数字经济时代的各项新技术得到了更为广泛和深入的应用。例如,此次防疫过程中,人工智能技术发挥出色。京东的智能大脑通过智能规划大脑快速制定临时应急物流方案,实现重点地区订单优先生产,智能调度大脑推进车辆直达求救援一线,实现疫情防控期间的有序、及时、高效率的物资运输,人工智能的无接触配送降低疫区配送人员在高危环境下配送时被感染的风险,京东物流从全国各地抽调智能配送机器人驰援武汉,助力抗疫前线,实现智能配送机器人配送常态化运营。[①]

---

① 吴蔚:《京东将在"新基建"升维空间中崛起》,《经济参考报》2020年4月13日第8版。

5G 技术在防疫中同样承担着重要的角色。通过 5G 技术 24 小时不间断远程直播,全国以亿计数的"云监工"共同见证了武汉火神山医院与雷神山医院从无到有的建设全过程。5G + 医疗、5G + 热成像筛查、5G + 人工智能等在疫情抗击中卓有成效,专家通过"云连线"对偏远地区的患者进行远程问诊;通过热成像和人脸识别等技术,可以在人群密集的地方迅速筛查体温异常者并上传至信息平台进行信息共享,有助于及时处理特殊情况与进行轨迹追踪;而人工智能在医院的大范围使用,可以减少医护人员的工作量,并有助于降低交叉感染的风险。此外大数据技术也在此次防疫中广泛应用。百度地图迁徙大数据进一步明确了离开武汉的人口流向,并以热力图的形式显示实时人口流量密度,指导用户出行,在一定程度上保证了信息透明,也为公众健康防护提供了基础性指导服务。[①]

从以上高新技术在疫情应用的实践可以看到,新技术正成为疫情防控中的中坚力量,为此次"抗疫"的胜利提供了坚实的技术支持。同时,疫情也加速了新技术应用与研发的深度与广度。一方面,这些新技术在疫情防控期间得到广泛应用,加速了与疫情防控相关的科技突破,如疫苗研发、生物科技等;另一方面,出于应对疫情的需要,各种数字化场景也比疫情之前更加丰富、多维、多元,使数字化趋势触及更为广阔的领域。

综上,新技术的快速发展和密集创新本就是数字经济的重要标志,而此次疫情成了这种趋势的巨大推力,既催化了这些技术本身的研发与应用,又拓宽了各种数字化场景,使人类正式进入数字经济时代。

---

① 《战胜疫情 百度大数据助力科学防控》,新华网,http://www.xinhuanet.com/tech/2020 - 01/31/c_ 1125514996. htm,2020 年 4 月 14 日访问。

2. 区块链：重构生产关系的重要工具

区块链作为数字经济时代最具代表性的技术之一，除了是构成数字经济时代的技术基础之外，还是重构数字经济时代中生产关系的决定力量。值得注意的是，在此次疫情中，区块链技术在舆情监控、物资管理、数据共享等方面都发挥了重要作用，加速了其对生产关系的变革。

从工业时代到数字经济转变过程中，生产力是最根本的。技术的发展加快了人类社会从工业经济时代到数字经济时代的转变，每一个伟大时代的转型都离不开技术的支撑，这也印证了马克思提出的生产力决定生产关系，新技术的突破发展，会对生产关系变革产生巨大的推动力，而新的生产关系会反作用于生产力。中国改革开放40多年间，重视技术的发展及技术与制度的结合，所以在20年间就打下了工业经济的基础，并在此基础上进行了大胆的制度革命和制度创新。所以，技术和生产力固然重要，只有科技发展和制度革新并行并轨、同步同行，才能推动人类社会向前突破。

新技术发展必须以生产关系的革新为依托，而区块链是推动生产关系革命的重要力量。区块链技术的革新性表现在对于生产关系产生变革，即从技术基础出发，重构政府治理模式、监管体系、法律规则，进而使得人与人之间利益分配关系得以调整。因此与互联网、人工智能相比，区块链不仅是一种单纯的技术，而且是一种能够改造提升旧生产关系，促使规则重构的基础性技术与观念的革新力量。① 在新一轮科技革命之际，区块链优势的发挥能够促进生产关系更好地适应大数据、人工智能等技术发展，

---

① 杨东：《共票：区块链治理新维度》，《东方法学》2019年第3期。

与传统的大数据等技术相比有更深刻的革命性意义。甚至有人将区块链比作通往数字经济时代的"通行证""金钥匙"。抽象层面，如果人工智能带来生产力的跃升、大数据带来生产资料的进化，那么区块链就是生产关系的巨大革新。一方面，区块链为人工智能、大数据技术提供基础支持；另一方面，区块链为人与人的生产协作关系带来了变革，改变了传统的股东垄断利润的局面，赋予一般消费者与普通劳动者等数据提供者更多利益分配的机会，提升了整体生产协助、利益分配的公平性、平等性。因此，区块链技术的本质价值在于其革命性理念对于生产关系的重构。

区块链最早是应用于比特币的底层技术，它是从比特币上开始引领变革，是从货币和金融这种最复杂最困难的领域进行突破。目前区块链作为全新的去中心化技术，凭借其将互联网的"信息"附加以"价值"的能力，获得了全球范围的广泛应用实践。区块链技术对于推动国家治理体系现代化也有所作为，这也成为习近平总书记在2019年10月中共中央政治局第十八次集体学习中组织学习区块链的重要原因。区块链是一种可编程的分布式的计算机技术，各个节点接入，它是自动化的、分布式的、可编程的。例如以太坊，就是一种新型的数字经济时代的新型经济组织，它的性质类似于一个平台，而平台这种经济组织方式的创新，在数字经济中发挥了巨大作用。

具体而言，区块链主要在"信任"领域具有突破性革新。区块链技术能够从客观上改变传统权力让渡式的信用创建模式，利用算法直接在机器间建立信任网络，以技术作为新的背书形式取代传统的中心化信用模式。区块链能够创造人与人之间的信任，成为一种信息工具。过去几千年来，战争和病毒等往往对人类社会造成很大危害，根本上就是因为缺乏信任，而缺乏信任的根本原因在于缺乏信息的工具，笔者2015年在《中国社会科学》发表文章提出"信息工具"是用以解决信任问题最根本的方法，信息工具的突破发展，使得信息更加畅通，数据管理更加便捷高效。①

新冠肺炎疫情暴发以来，在举国动员的防控过程中暴露出了社会治理存在的顽疾，尤其是在信息披露以及信息的上传下达渠道方面，政府治理的效率与透明度在疫情期间面临巨大挑战，物资集中后分流调配能力不足等问题反映了当前在国家治理体系中存在的一系列体制机制弊端以及现实中存在的治理能力短板。其根本问题在于信息流通渠道的堵塞和数据共享机制的不完善不健全，从而导致政府管理无法形成统一的、有效率的整体，内部的横向与纵向无法互相联通。区块链蕴含着重塑生产关系的力量，是一种新的信任工具，是数字经济时代具有标志性的技术。面对疫情防控，区块链在舆情监控、物资管理、数据共享中都蕴含着巨大潜力。目前各地区块链的相关应用已开始成熟和落地，标志着价值互联网的逐渐形成，新的信任方式得到建立，人与人之间的关系也得到重塑，进而确立数字经济和数字社会时代。

（二）生产要素的历史性：数字经济时代的数据

依据马克思主义原理，根据生产力的发展状况，可以将社会历史划分为不同阶段，其中不同历史阶段占主导作用的生产要素有所不同。依据生产要素理论，主导生产要素是某一历史阶段经济发展主要依赖的生产要素，其能够代表该历史阶段经济发展的特性，并且成为经济发展的主要物质资料基础与增长的核心动

---

① 杨东：《互联网金融的法律规制——基于信息工具的视角》，《中国社会科学》2015年第4期。

力。同时，主导性生产要素并非一成不变的，它也会伴随经济发展阶段的提升，逐步自下而上地演进。

农业经济阶段，主导生产要素为土地，交易手段与市场的发育程度决定了土地生产要素的流转、组合。工业经济阶段，市场交易等经济活动从性质上发生了转变，因此产品也发生了结构上的转变。20世纪科学与工业结合的经济阶段，新技术主导的生产方式取代了传统工业的生产方式，数据发挥着越来越重要的作用，权力博弈下的新利益分配格局也随之产生。全球范围内数据的流动、分享、加工处理愈加频繁，"数据地球"正在逐步形成。如今，数据已经取代工业经济阶段的能源要素，成为新的生产要素，标志着人类进入经济时代。党的十九届四中全会上，数据作为生产要素被首次公开提出[1]，这一重大动向将对数字经济发展起到重要的导向作用，指引社会各界更加重视数据要素，珍惜数据本身的价值，体现了数字经济时代的新特征。[2]

数据已成为数字经济时代的核心生产要素，能够创造巨大价值并进行高效配置，其重要性已远远超越了劳动、土地、资本、技术等传统生产要素。当下，数字经济蓬勃发展，以数据生产要素为基础的数字平台，依托区块链、人工智能、大数据、5G、物联网等新技术优势，正从数据中源源不断地创造价值。在此次疫情中，各种数字经济平台发挥了巨大作用，为抗击疫情取得阶段

---

[1] 中国共产党十九届四中全会："要鼓励勤劳致富，健全劳动、资本、土地、知识、技术、管理和数据等生产要素按贡献参与分配的机制……"此外，2020年4月9日，《中共中央国务院关于构建更加完善的要素市场化配置体制机制的意见》对外公布，作为中央第一份关于要素市场化配置的文件，明确了要加快培育数据要素市场，推进政府数据开放共享、提升社会数据资源价值、加强数据资源整合和安全保护。

[2] 《中共中央国务院关于构建更加完善的要素市场化配置体制机制的意见》，中华人民共和国中央政府网，http://www.gov.cn/zhengce/2020-04/09/content_5500622.htm，2020年4月13日。

性胜利做出巨大贡献,并且避免对经济产生较大影响,对其起到支撑性的稳定保障作用。在此过程中,数据的价值得到了更好的释放,并得到了更为高效率的配置。这标志着以数据为核心的数字经济时代的正式确立。

(三) 数字时代下的组织结构与监管体系变革

1. 数字经济平台成为数字社会核心的新型经济组织

数字经济平台属于新兴概念,可以理解为以互联网、大数据、云计算、算法等技术为依托,通过跨时空对各类信息主体的链接,综合性地实现提供信息、搜索调配、社交、金融等服务的一种经济组织。数字经济平台能够使不同的数字生态实现联动,制定交易规则、维护交易秩序,并且通过采集、利用、共享多主体数据,实现信息流、资金流、物流的汇集,提升交易效率,最大限度地发挥数据生产要素的潜在价值。此外,数字经济平台还能够在经济领域以外有所作为。由于其事实上融合了企业、政府、行业协会、公益组织等市场功能与公共属性,因此能够成为对国民经济起支撑作用的新基础设施。[1]

随着数字经济平台的多元化,各类新经济模式陆续出现,如众筹、众包、众扶、共享。人类文明的进步与技术创新,制度创新息息相关。其中技术创新能够有效促进生产力的发展,为制度的创新奠定物质基础,而制度创新反过来又释放了技术革新的内生潜力。因此,无论是产业变革,还是人类文明进步,都始于技术创新,终于制度创新。在新技术引领之下,数字经济平台融合企业、市场功能,必然在此规律的发展之下步入历史舞台的中央。[2]

---

[1] 杨东:《数字时代平台在抗疫中发挥重大作用》,《红旗文稿》2020年第7期。
[2] 杨东:《数字时代平台在抗疫中发挥重大作用》,《红旗文稿》2020年第7期。

未来，数字经济平台将继续以革命性的力量对传统经济产生冲击，并借助以区块链为核心的技术运用，从根本上颠覆并创新传统的经济体系。新技术的突破性发展能够使得需求者与供给者更加紧密而广泛地结合。此外，数字经济不仅能够通过引入数字因素带来基础技术的进步，还能够从生产端到消费端进行全流程变革，重塑开放、平等、共享的新经济格局。

在整个疫情防控过程中，数字经济平台发挥了十分积极的作用。由各大数字经济平台积极参与的商品配送、信息聚合、资源调配、资金支持等一系列工作便在特殊时期承担起疫情防控以及经济社会发展的稳定器的基础性作用。具体而言，有以下六种数字经济平台类型：一是电商平台数字生态体系，如淘宝、京东、盒马、菜鸟裹裹、顺丰快递等；二是数字信息交互平台，如微信、抖音、微博、飞书等；三是数字定位出行平台，如高德地图、哈啰单车、滴滴出行等；四是数字金融平台，如蚂蚁金服、财付通、京东金融等；五是在线远程服务支撑数字平台，如腾讯会议、丁香医生、阿里健康等；六是技术支撑数字平台，如阿里云等。①

防控期间，这六大类数字经济平台发挥了重大抗疫作用，从信息聚合、数据共享的数据服务，到物资流转、精准定位的物联网支持，再到普惠金融等金融支持服务，甚至是情感表达、正能量传播等情感支持方面，都发挥了促进复工、网络办公、稳就业保民生等重要作用，为抗疫的阶段性胜利与中国经济的稳定提供了重要的支撑性保障作用。另外，在全民抗疫的大背景下，平台经济的广度与深度快速加强和提升，成为人类迈向数字经济时代

---

① 杨东：《发挥数字时代优势战疫情 推动经济社会正常有序》，《经济参考报》2020年3月10日第7版。

的主导力量。

2. 政府平台化：国家治理体系现代化的组织表达

数字经济平台已经成为新的生产力组织方式，并且在实际运行中积累了大量公共数据。数字经济平台能够与政府、公益组织、行业协会展开多层次、多样化合作，有效促进民生发展。因此，政府等公共属性的部门在数字经济时代也往往会通过平台实现其部分职能。

搭建平台政府，需要挖掘区块链、算法、大数据等新技术的充分利益，以此打破时空限制，链接各类主体，构建联动交互的政府内部信息共享体系，充分发挥数据生产要素潜能，融合不同主体的公共属性，提升国家治理的支撑稳定作用。

本次抗疫中，平台政府能够实现六大数字经济平台的联动，借助区块链可追溯的特性，将其应用于物联网的关键物资防伪溯源和分配管理工作中，确保全流程有据可溯，以期建立健全权责明确、安全可控的关键物资管理系统。其中红十字会等公益组织也能够选择展开与数字经济平台合作，开辟民间捐助路径，强化与民间捐助平台的数据匹配对接，综合优化"人—财—物"匹配机制，为全社会参与抗疫提供重要平台。①

平台政府能够借助区块链技术加强数据开放共享、互联互通。由于区块链自身属性的特殊性，以区块链作为底层架构核心技术，能够为政府内部不同部门间的实时信息数据交换机制的构建优化提供可行路径，进而在抗击疫情等重大实践中构建实时获取真实可靠数据的核心政府节点，确保事件核心部门内部之间及对外的公开透明沟通，推动重大事件"全国一盘棋"的制度构建。②

---

① 杨东：《数字时代平台在抗疫中发挥重大作用》，《红旗文稿》2020年第7期。
② 杨东：《以区块链技术应对重大风险事件》，《学习时报》2020年3月20日第3版。

在笔者的推动下，2018年11月湖南省娄底市借助区块链技术在不动产交易的环节实现了数据共享。娄底市采用的区块链技术将政府内部部门之间的森严层级打破，将各部门通过联盟链的方式进行链接，将去中心化的模式架构应用于政府内部，取代了原有的中心机构，不仅促进了原各中心机构的职能的高效运行，更推动了数据在内部多部门多领域之间无障碍的数据流通，打通了数据信息上传下达的渠道。正是通过这样一种方式实现全中国第一个政务信息资源共享系统的形成，这真正帮助地方政府实现了从土地财政到数据财政的国家突破。战疫工作纳入该数据流通模式，同样有利于决策与执行机构内部数据流动的畅通、准确、透明、即时。

区块链技术和政府管理的关系非常紧密，绝非仅仅用于政府数据共享。将区块链技术与政府管理结合起来，通过数字化、信息化的手段，实现政府办公的自动化、程序的优化、管理的平台化。智能合约是一种在满足特定条件时，自动执行的计算机程序，其基本原理是把传统合同的条款编制成一套计算机代码，各方签署后自动运行。它将合同的基本条款和逻辑思想，编制成一套计算机代码，只要双方认可，就可以自动履行，大大减少了执行成本，提高执行效率。因此，要实现智慧政务和政府管理方式的变革，就必须通过技术手段，重视技术在政府管理监管方面发挥的重要作用。目前，已经有通过政府平台的实践，并在抗击疫情中起到了重要作用。2020年3月29日至4月1日，习近平总书记在浙江考察时指出，杭州城市大脑开展的"数字治堵""数字治城""数字治疫"，也充分利用区块链、云计算等新技术以强化城市管理，改进运营模式，并实现城市管理理念创新。①

---

① 王琦等：《让城市更聪明更智慧——习近平总书记浙江考察为推进城市治理体系和治理能力现代化提供重要遵循》，《光明日报》2020年4月5日。

疫情在对国家治理能力提出挑战的同时,也为其提供了发展的动力。此次疫情加速了平台政府的形成,"数字化—智能化—智慧化"的演进路径有效推动了国家治理体系和治理能力的现代化,标志着数字经济和数字社会时期的确立。

3. 数字经济法律监管体系初步建立

从工业经济、工业社会到数字经济、数字社会,人类社会正在经历几百年不遇的伟大变革和伟大转折,必然诞生伟大的法律。在数字时代的浪潮下,围绕科技与法律应进行更加精细、更加丰富的研究,科技与法律之间的关系以及在技术蓬勃发展的前提下,新的技术应用的具体场景会产生新的法律主体、新的法律客体,新旧法律之间会如何交替变更,以及如何应对新技术、新智能给社会带来的冲击,种种皆是数字时代背景下亟待解决的问题。在这之中,新技术为传统工业生产环境与经济业态的变革产生的影响尤为重要。数字经济时代需要监管体系从构建到理念的优化,中国目前在此方面已经取得国际性突破。例如,2019年正式实施的《电子商务法》,在世界范围内第一次通过法律规定正式确立数字经济平台法律主体地位,同时第一次正式为电子支付平台规定"双边市场"特性。[①] 再如,《民法典》人格权独立成编,《反垄断法》修订,都是法律领域对于数字经济时代变革的积极回应。

放眼世界,欧盟《通用数据保护条例》(GDPR)、美国《加州消费者隐私法》(CCPA)等都是为了应对数字经济时代的变化,对现有法律体系进行的升级再造。但是需要注意的是,传统的法律与监管在面对新技术时明显遭遇困境,对此需要引入技术

---

① 杨东:《数字时代平台在抗疫中发挥重大作用》,《红旗文稿》2020年第7期。

本身作为工具，提升监管能力。例如，笔者提出"以链治链"，对区块链监管模式提出方式与理念的创新。具体而言，可以借助区块链技术而非将其排除在外，建立"法链"（RegChain）实现去中心化的新型监管模式，构建有效性较高的内嵌型、技术辅助型新规制体系，解决政府与市场的双重失灵。[①] 例如，基于区块链技术的共享账簿具有实时性、透明性的特点，因此监管者能够利用其及时识别恶化趋势并予以回应。再如，将监管合规系统内嵌于区块链系统，利用技术治理的方式取代传统监管理念，以应对新兴技术的潜在风险挑战。[②]

总之，区块链等新技术结合后所诞生的技术集群对于现有法律体系具有颠覆性创新价值，无论是法律主体、法律客体，还是法律关系，都会面临实质性突破。然而，面对新技术的挑战与新问题的解决，必须遵循法律领域的基本逻辑，与法律要素的要求相符。以电子商务为例，新技术驱动伴随着电子商务平台经济这一新经济业态的产生，因而需要新的法律制度呼应电商主体这一可能的新的法律主体以及平台掌握的数据这一可能的法律客体。此外，新技术背后新型法律主体、客体关系也会诱发一系列新的问题，如电子支付问题、数据垄断问题、市场优势地位问题、个人信息保护问题、数据利用问题等。当然，后疫情时期数字经济得到更为长足的进步，其未来的发展与巩固需要更为完善的制度保障。可喜的是，我们正在目睹当下法律体系对新挑战的积极回应以及数字经济的更高层次发展。

[①] 杨东：《区块链+监管=法链》，人民出版社2018年版，第5页。此外，笔者2018年5月在《中国社会科学》发表论文《监管科技：金融科技的监管挑战与维度构建》，提出金融监管从双峰到双维的理论框架，对此进行了详细的论述。

[②] 杨东：《监管科技：金融科技的监管挑战与维度建构》，《中国社会科学》2018年第5期。

四　中国发展数字经济的显著优势

在中共中央、国务院的坚强领导下，我们集全国之力打赢这场疫情防控阻击战，国内疫情得到了有效遏制。同时，我们看到中国正在为世界输送宝贵的疫情防控经验，中国的疫情防控工作为世界疫情防控事业做出重要贡献。谭德塞·阿达诺姆认为，面对新冠肺炎疫情，中国凭借自身的制度优势，行动之速、规模之大，在世界范围内都极为罕见，宝贵经验值得各国学习借鉴，以更加有效地取得全球防疫攻坚战的胜利。[①] 他呼吁有关各方积极学习中国疫情防控的宝贵经验，疫情防控的"中国模式"正源源不断地帮助各国更好地开展疫情防控工作。

值得关注的是，在疫情防控期间，人类文明加速从工业社会向数字社会过渡，中国更是成为推动这一变化的中坚力量。目前中国已经处于数字经济爆发期，具备制度、理论上的优势，组织优势也越发明显。不论是中国集中力量办大事的制度优势，还是共票理论引导下的数字经济发展的理论优势，数据要素成为核心生产要素，促进中国社会发展乃至人类文明从工业时代向数字时代演化，数字经济也成为全球经济的重要动力，人类命运共同体的构建也必然受到数字经济的积极推动并得以加速实现。

（一）制度优势：举国体制下的数字经济发展加成明显

在来势汹汹的疫情面前，中共中央、国务院高效统一的领导与英明决策发挥着关键作用——全国迅速抽调各方医疗力量驰援湖北、驰援武汉，迅速实施有效的城际管控措施，动员全国人民戴口罩、不聚集，为抗击疫情打了一个漂亮的"首战"。在随后

---

① 谭德塞·阿达诺姆（Tedros Adhanom Ghebreyesus），世界卫生组织总干事。

长达三个月的时间中，通过以钟南山院士为代表的各方医疗专家昼夜辛勤的医学攻关，通过来自祖国各地医务工作者的不懈努力，通过灾难面前人与人之间心连心的守望相助，疫情得到有效的控制，全国上下无不为之振奋。

面对如此浩大的工程、如此艰险的斗争、如此严峻的形势，正是由于中国共产党强大的领导组织能力、卓越的全民动员能力与物资调配能力，才能快速集全国之力、汇全民之智打赢这场疫情防控阻击战。从本次战疫的胜利中我们能够切实体会到，与西方政党制度相比，中国特色社会主义制度的巨大优势。疫情将该制度红利以较大的程度进行释放，未来更需要发挥制度优势，集中力量把大战打好、把大事办成！

数字经济平台也在这次"大战"与"大考"中起到关键作用，并助推中国数字经济持续发展。在此次疫情中，数字经济平台分析数据流、信息流、人流与物流，组织各方实现资源的有效对接与精准发力，将有限的资源调配到合适的目标群体上，急群众之所急，想群众之所想，解群众之所困，帮助群众足不出户便可解决生活所需问题，帮助医院不费周折便可解决资源调配问题，为集聚全国之力打赢疫情防控阻击战立下汗马功劳。同时在中国经济面临下行压力之时，数字经济平台更是借助普惠金融、互联网金融等形式，不断发展中国的数字经济，"互联网+金融"的模式一解诸多企业燃眉之急，更是在数字经济领域积累发展经验、迭代发展模式、实现发展超越！如今中国的数字经济平台正成为世界瞩目的引领新数字经济发展的核心力量！

可以说，以《电子商务法》为代表的中国特色法律体系，在反映中国特色、体现中国智慧的同时，推动我国发挥了巨大的制度优势，也为我国战胜疫情，进一步发展数字经济做出卓著贡献。2013年，依全国人大财经委的组织，中国正式启动了对于《电子商务法》的立法讨论，在五年间反复调研、论证、讨论、征求意见，并终于在2018年8月正式通过《电子商务法》，在2019年1月正式实施。作为起草专家组成员，笔者参与立法全程，负责电子支付、反垄断竞争法等相关具体条款的起草和研究工作。《电子商务法》在世界范围内第一次以成文法的形式为数字经济平台确立法律主体地位，在《电子商务法》种种创新理念与举措之下，中国数字经济平台才能够茁壮成长并且在此次疫情防控期间发挥重要作用，释放中国数字经济红利与制度红利，更加坚定中国特色社会主义制度应有的制度自信。

平台的稳健发展离不开制度优越性。制度自信是平台经济发展的最重要支撑，不论是个人发展还是平台企业的进一步做大做强，都离不开优越的制度保障。需要在习近平新时代中国特色社会主义思想的科学指引下，在中国进入新时代这一转折点，坚持推进全国各行各业"放管服"改革，遵循经济规律，聚焦数字平台经济未来发展，以期释放市场活力，强化政策引导，创新监管模式，落实监管新要求。例如，中国在数字经济背景下提出应当致力于完善市场准入条件，营造数字经济发展的自由环境，降低新兴企业的合规成本；监管部门应当顺应时代潮流，将新技术、新方式、新理念纳入传统监管模式，促进监管工作的审慎与包容并举；积极出台鼓励数字经济平台发展的政策文件，对此种新业态保持乐观积极的态度，推动经济新增长点的培育与发展；通过立法、司法、执法等多个环节的优化，为数字经济平台的发展提供法治保障，保护平台经济经营者、参与者、消费者的合法权益。总之，要充分认识促进平台经济规范健康发展的重要意义，借助这个机会，实现中国经济的进一步崛起，以平台经济为依托实现经济超车与中华民族伟大复兴。

（二）理论优势：共票经济学助力数字社会发展

数字经济时代，经济的健康、快速、稳定增长离不开理论的铺垫与指导。中国理论自信在此次抗击疫情的阻击战中充分显现。习近平新时代中国特色社会主义思想指引着本次抗疫的全面攻坚，也指引着疫情之下中国经济面对下行压力的应对，更指引着后疫情时代中国数字经济的发展。具体而言，在疫情防控阻击战中，中央应对疫情工作领导小组聚全国之力，不仅多次针对防控疫情战略部署展开讨论工作，也冲锋在疫情防控阻击战一线开展指导工作。不同部门各司其职，国务院联防联控机制强化全国范围内防疫工作的协调组织，及时有效地进行紧急事件调度工作。总之，中国坚持理论自信，此次疫情防控阻击战呈现出前所未有的高速、高效、大规模的特点，可谓是世界瞩目。

目前，科技革命与产业革命给全世界带来巨大改变，数字经济也给人类生产关系与生活方式带来深刻变革，人类文明进程在数字经济蓬勃发展之际影响深远。中国目前在新发展理念的指引下，已将数字经济发展作为关注焦点。[①] 在新发展阶段，中国将以更加开放的姿态去迎接与数字经济发展相伴生的机遇与挑战，以更加友好的态度推进与世界各国的数字经济合作，从更加全面的角度为世界数字经济的发展发挥带头示范作用，为中国数字经济红利的释放、数字经济的"走出去"奠定坚实的理论基础。

---

① 2019年中国国际数字经济博览会上，习近平总书记向大会致贺信。习近平指出，"当今世界，科技革命和产业变革日新月异，数字经济蓬勃发展，深刻改变着人类生产生活方式，对各国经济社会发展、全球治理体系、人类文明进程影响深远。中国高度重视发展数字经济，在创新、协调、绿色、开放、共享的新发展理念指引下，中国正积极推进数字产业化、产业数字化，引导数字经济和实体经济深度融合，推动经济高质量发展。希望与会代表深化交流合作，探讨共享数字经济发展之道，更好造福世界各国人民。"

第一章
数字经济时代的组织模式、生产要素、技术力量

同时我们也看到,基于数字经济发展的中国共票经济学理论,正在为数字经济发展不断添入动力、注入活力、提升数字经济的生命力。共票的英文是"coken",它区别于"token"。[①]"共票"不仅具备区块链技术中"token"的特点,并在其基础上有所延伸。具体而言,"共票"中的"共"可以类比为能够进行共享的"股票",不仅凝聚了共识,而且具备众筹思想中"共筹共智"的价值追求;"票"可以类比为数字经济时代的"粮票",不仅具有分配的功能,而且兼具支付、流通、权益等多重价值。

理想的共票机制与区块链结合,应该满足:在具有实用价值的应用场景下,能够捍卫完整清晰的自身逻辑,并能为实体经济加成。同时区块链有助于兼顾数据的传输共享和价值的保存与传递。在数字生态的虚拟环境中,更为关键的一点是完善资源和权利的分配,运用合理的民主化机制实现相应社区、社群规则的建立和修改,实现良善的自治和自律。在颠覆性技术带来的颠覆性创新背景下,股份制、传统股票和金融衍生品的模式得以从本质上被共票和区块链取代和颠覆,从而产生效率更高、成本更低的金融模式,变革生产关系。目前受制于生产力与生产关系,共票理论尚未取得理想中的实现状态,然而随着区块链技术的普遍运用与区块链价值的释放,共票理论的理想实现状态蕴含其中。

在此,为应对数字经济时期制度与理论的新挑战,笔者提出将共票理论嵌入,赋能数据,推动数据红利释放的路径建议。工业时代,推动人类文明进程的重要能源是石油,数字经济时代,该要素则从石油跃升为"数据"生产要素,也就是数据成了"新

---

① Token,一种计算机用语,代表权益的证明或一种标记标识。目前其含义不足以表达基于移动支付的技术产生的货币相关的数据与流量数据的价值,尤其是数字经济时代最大的价值体现就是数据。

石油"。然而，数据的引入并非一帆风顺，数据权属、数据交易等存在理论与制度设计的争议，如何优化数据流动共享机制，也需要新工具的引入。"共票"理论作为全新的分配共享机制，凭借其对投资者、消费者、管理者的联动，能够有效协调个人与企业在数据权属中面临的冲突，并且为数据流通交易环节赋能，因此引入共票理论对于激发数字经济红利释放有着举足轻重的意义。

在区块链等新技术的冲击之下，中国经济领域、金融领域的创新呈现出不同于西方发达国家的态势，共票理论与区块链技术的应用使得中国的新经济时期创新引领全球。在数字经济时代，无论是新业态发展，还是新行业监管，都成为真正的"中国问题"。因此，探索一条适合中国发展、符合中国国情、具有中国特色的道路，不仅需要吸收西方发达国家的先进经验，更需要中国数字经济行业、其他相关行业以及学界与政府的合力，共同为中国在新一轮国际创新竞争中立于不败之地提供切实的推动力。

（三）道路优势：以数据价值共享助力中国数字经济新发展

党的十八大报告中，人类命运共同体的理念被首次提出并深深地影响着中国乃至世界的发展路径选择。独立自主的和平外交政策与和平与发展之路是中国一贯的坚持。该态度与选择并非单纯的外交辞令，也非一时的权宜之计，而是全体中国人民在对历史、对现实、对未来的客观判断基础上选择的最优之路，彰显了中国思想自信与实践自觉的有机统一。历史中，中华民族曾经遭遇了战争的苦难，刻骨铭心的记忆被深深地烙印在一代代中国人心中，这越发激发了中国人民对于和平、安定的渴望、追求与珍惜。因此，和平与发展一方面源于中华民族优秀文化传统，另一方面是近代以来中国人民苦难遭遇的必然结论。①

全球范围内，数字经济正蓬勃发展，人类命运共同体的构建也当然地与发展数字经济的时代背景密切结合，作为数字经济发展的核心生产要素——数据，便成为推动人类命运共同体构建的底层要素。

数字经济时代的核心生产要素成为"数据"，该复杂程度与技术含量远远超过工业时代的石油、煤矿等能源要素，甚至资本也无法与之相比。数据的问题可以从生产资料的历史维度的角度加以考虑。要实现数据的大生产就需要大量数据的集合，就像工业革命时代需要大量生产要素（如石油、劳动力等）的集合才能够实现工业化大生产。当今亟须解决的问题是，如何利用技术集群优势，构建新型组织方式，提升效率、降低成本，并构建与之相符的新型利益分配模式，解决数据集中问题。

特别是数据的公共属性显著，应当从限制性的"制造短缺"的法律向开放性的"维护丰裕"的法律转型。数据的特殊性，决定了数据本身更为复杂，与传统工业革命时代的石油、煤矿、劳动力资本等生产要素有着非常显著的差别。法律不能一味着眼于保护个别主体的数据安全，而应当在总体利益—风险均衡的前提下，鼓励数据的共享。法治的构造应当以实现数据的集中与共享为目标，即在实现大数据集合优势的同时，也要实现大数据的广泛共享。

---

① 习近平总书记指出："中华民族历来是爱好和平的民族。""在5000多年的文明发展中，中华民族一直追求和传承着和平、和睦、和谐的坚定理念。""中华民族的血液中没有侵略他人、称霸世界的基因，中国人民不接受'国强必霸'的逻辑，愿意同世界各国人民和睦相处、和谐发展，共谋和平、共护和平、共享和平。"《走向人类命运共同体》，新华网，http://www.xinhuanet.com/politics/leaders/2019-11/24/c_1125268369.htm，2020年4月16日。

数据作为数据经济发展的核心生产要素，正成为像石油一样的底层核心资产，并对数字经济的发展起到基础性、核心性作用。充分重视数据、充分把握数据、充分赋能数据，让数据作为核心生产要素为中国数字经济发挥更大的作用，并依托中国数字经济发展的先发优势，带领世界数字经济发展不断实现新的跨越，从而在数字经济这一维度上为构建人类命运共同体做出新的更大贡献。

数字经济在全球爆发性发展，《反垄断法》也逐步登上舞台中央，发挥着前所未有的独特作用。国外方面，谷歌、Facebook都因为违反相关规定而接受处罚。例如，2017年6月，谷歌由于在搜索界面屏蔽竞争对手的相关网站，有针对性地推广自己的购物网站，被欧盟委员会认定违反《欧盟运行条约》针对"滥用市场垄断地位"的规定而处以巨额罚款；2019年2月，Facebook同样因为涉嫌滥用市场支配地位，并且未经消费者知情同意而直接收集用户数据，被德国反垄断监管机构予以裁决与处罚。① 国内方面，"头腾大战"（即今日头条与腾讯集团）的裁决虽然在涉及双方服务提供等约定协议的核心方面，起到了一定的指导意义，但是对于数据垄断问题却难以提供较为理想的回应；"微博诉脉脉案"的裁决虽然强调了数据抓取行为需要严格按照"三重授权"的方式进行，但是依旧暴露出《反垄断法》对于数据问题的审查不利。总之，国内目前在数字经济领域的法律问题面前，过于强调个人信息保护，《反垄断法》制定之后，反而催生出大量"数据孤岛"与"数据鸿沟"。

数字经济时代也是信息革命的时代，《反垄断法》需要与时

---

① 杨东：《对超级平台数据垄断不能无动于衷》，《经济参考报》2019年6月26日第8版。

俱进，必然将纳入反数据垄断的新要素。超级平台在数字经济时代能够直接对信息进行垄断，甚至可能凭借超过政府的数据优势操纵社会具体领域，诱发社会问题风险。当前国内的竞争政策需要审慎面对超级平台的发展。超级平台之所以逐步取得数字经济市场中的寡头地位，在于其自身能够营造出相对完整的网络生态系统，进而汇聚大量流量、信息、数据，并且强化市场进入壁垒、提高转换成本，最终实现"赢家通吃"。

如果任由超级平台锁定信息数据并造成垄断，将严重影响各行各业的正常市场秩序。面对数据垄断的问题，为更好地助力中国数字经济在世界上的不断发展，笔者认为，应做到如下几点。

一是要在安全与红利之间寻求平衡。根据《网络安全法》第七十六条，个人数据的主要判断标准为"可识别性"。信息技术爆发后，"可识别性"的范围也有所扩张。除了直接体现出数据主体社会身份信息的数据外，如果利用去匿名化等分析算法技术能够识别出主体特定身份的数据，也应当被认为具有可识别性。在数据产生环节，用户的数据属于个人数据，属于能够让收集端、被收集端共同作用的独特产物。用户作为数据被收集端，其网络空间的行为需要借助平台载体被记忆、存储，才能够成为能够被利用的具有价值的数据。

除此之外，由于用户个人数据根本上具有传统个人信息中较为关键的人身属性，因而个人数据的权利归属、数据流通与应用都应当设定特殊规则。被收集者拥有个人数据的全部权属这一假定则错误地对数据收集者付出的"劳动"视而不见。例如，收集者在收集数据前需要投资成本构建用于数据收集、存储的系统，如果拒绝承认其对于所收集数据的一定权属，收集者的积极性将被严重损害，不利于数字经济的可持续增长。也存在观点认为个人数据权属问题可以与传统流动性财产的归属问题类比，因此将"捕获规则"与"关联规则"等经典规则引入，也有其不合理性。能够被利用的数据通常离不开被收集者的提供，因此此类数据并非无法确认权属的物。如果将类似于捕猎取得特定猎物所有权的规则引入数据权属问题，被收集者也将沦为收集者的"猎物"，其个人数据安全将难以保障，收集端与被收集端的矛盾将进一步扩大，数据安全与数据红利的最佳平衡点也无法在该体系下较好地寻求。

二是需要提高对超级平台垄断数据行为的警惕性，确保市场竞争秩序的稳定。在网络空间，数字经济平台打破了传统经济格局中企业的可涉足边界，甚至成为传统商家赖以生存的"基础设施中枢"。因此，类似于亚马逊等的超级平台是否具有"中立"地位引发热议。此类超级平台凭借自身逐步积累并创新创构的网络生态系统，能够利用网络效应成为流量数据的唯一垄断者，因此也逐步存在成为该领域市场寡头的倾向。因此需要高度重视数据在未来网络空间中的价值与规制重要性，保持对超级平台垄断倾向的警惕，致力于维护正常的市场竞争秩序。

三是完善法律法规，使得数字经济平台的新型并购模式——数据驱动型有法可依。目前，数据垄断问题已经成为相关法律法规关注的焦点，立法界针对该问题已经有所回应。一方面，《电子商务法》第二十二条对滥用市场支配地位的认定因素与约束行为进行明确规定；另一方面，在市场监管总局发布的《禁止滥用市场支配地位行为的规定（征求意见稿）》中，在《电子商务法》的基础上，对认定市场支配地位进行了进一步规定，增加了"掌握相关数据情况"等因素。目前，滥用市场支配地位的相关法律法规已经有所完善，但依旧在完整性上差强人意。其中最值得关注的就是新型并购模式——数据驱动型的监管审查。平台往往为了获得高价值大数据优势，会采取不同于传统行业并购的激进策略，因此更加需要经营者的集中审查，并更加重视事前的申报审查监督机制，从源头过滤可能不利于市场正常竞争秩序的数据驱动型并购行为。

在当前数据经济蓬勃发展的同时，更需要注重数据垄断问题的有效治理。一旦超级平台对于信息进行较为强力的垄断，可能会对行业整体思维产生塑造性影响，并借助数据的先发优势将行业向有利于自身发展盈利的模式塑造，最终存在操纵社会的可能性。数据共享不仅会为个人信息保护带来威胁，更潜藏着数据封锁的阴影。法律的本质是平衡之道，面对超级平台的垄断行为，政府在制定相关竞争政策时不能冷眼旁观，而应当以更加包容审慎的态度，寻求能够实现平衡治理、协同高效的突破路径，使超级平台数据垄断的问题得到充分解决，打破超级平台独享数据价值的局面，推动多方平台与用户共建、共谋、共享数据价值，创造新的数据价值以助力中国数字经济的核心领导力的不断提升。

（四）文化优势：数字经济带来的中国文化正处在爆发式增长期

当前全球数字经济飞速发展，而此次疫情防控期间，中国的数字经济更是蓬勃发展。诸多互联网公司凭借形势大力发展中国的数字经济产业，并进一步推动中国在数字经济发展中的核心作用。在整个过程中，由各大数字经济平台积极参与的商品配送、信息聚合、资源调配、资金支持等一系列工作，在特殊时期承担起疫情防控的积极性作用。

疫情也催生了独特的"宅"文化。群众响应国家控制新冠肺炎疫情居家隔离的号召。"宅经济"的加速催化延伸到了娱乐之外的生活与工作等核心领域,创造了如游戏、直播、线上教育、影视等众多行业用户规模的爆炸式增长局面,尤其是在作为当下主要娱乐方式的线上视频、游戏领域,用户活跃度和黏性大大增强,花费时间显著增长。以2020年春节期间为例,有关数据显示这两类App分列下载量上升最快的50款App中前两类。

学校停课不停学,疫情促使我国在线教育进行得如火如荼。部属各类高校、地方院校、中小学以及幼儿园应教育部发布的2020年春季学期延期开学通知,推迟开学时间。线下培训活动也纷纷暂停,与此同时,线上教育平台利用互联网和信息化资源,推出多门网络课程,学生学习得到充分技术手段支持。

游戏与教育产业的线上化,也必然带来我国文化的极大繁荣,而线上形式又使得以中国文化为内核的游戏与教育产业在世界范围内形成文化优势。

第二节　警惕数字市场的三重垄断

一　从数字市场发展历程看待垄断的进化史

中国数字经济的竞争史可以被总结为三个阶段:反垄断+数字经济发展史、移动互联网竞争阶段、全面监管阶段。

第一阶段为反垄断+数字经济发展史,时间范围为2008年至2015年,与《反垄断法》的实施同步,由于《反垄断法》刚刚实施,相关执法部门经验不足,法院往往起到了重要作用。这一阶段的标志性事件包括2008年可口可乐收购汇源案、2010年7月的人人诉百度案、2011年到2014年、2015年的"3Q"大战以及诉讼纠纷。该时期的特点为法院和市场监管部门为数字市场发展起到重要作用。这是由于一方面,当时我国正处于《反垄断法》出台的历史新阶段,执法部门经验不足,竞争执法尚未完善,而法院积累了大量有关互联网不正当竞争和反垄断法案例的审判经验,形成了仅次于欧盟和美国的数字竞争审判体系;另一方面,数字经济互联网的产业政策非竞争执法部门在此阶段为我国数字经济发展发挥了巨大作用,其中代表性的案例便是工信部叫停"3Q"大战。

第二阶段为移动互联网竞争阶段,时间范围为 2015 年至 2019 年 6 月。智能手机与 4G 技术一定程度上的普及,使得中国乃至全世界互联网迎来了真正的数字化爆发的历史性重大阶段。数字企业依托手机的流量使得垄断成为可能。互联网企业并购成为该阶段反垄断监管的关注重点,2015 年并购案例高达 892 起,总金额约 364 亿美元,其中标志性的并购包括:滴滴快滴合并、美团大众点评合并、阿里收购优酷土豆等。跨界收购体现了数字经济跨界竞争愈加激烈,头部数字企业生态布局几乎涵盖所有互联网场景,平台"二选一"现象在限制性交易中尤为突出。移动互联网时代相比于工业经济时代,其竞争规模和竞争结构都有所不同,尤其涉及跨界竞争,趋向于全面数字化。

第三阶段为全面监管阶段,时间范围为 2019 年 6 月至今。共享经济暴露出一系列问题,"平台封禁""二选一"等问题成为本阶段关注的核心问题。此外,较多的 VIE 架构企业并购案例面临监管空白,这是因为 VIE 架构非常复杂,其合法性得不到认可,导致多年来商务部反垄断局一直未对互联网企业的并购案件进行审查和处罚(如之前滴滴快的合并等),暴露出《反垄断法》有待进一步完善。同时,金融科技的集中爆发标志着互联网向金融领域渗透、互联网基因与国家基因高度融合,尤其是当下金融科技与数字货币的研发存在密切关系,也在一定程度上对国家经济金融体系造成冲击，因此国家针对互联网科技公司的金融业务和反垄断行为的监管、法律政策的制定都体现出全面监管的趋势。政府部门注意到上一个数字经济竞争阶段小黄车、摩拜共享单车以及共享汽车等共享经济暴露出的一系列问题。因此，着手从竞争政策、反垄断、消费者保护、数据共享、数据安全等多个维度对平台经济、共享经济进行全方位监管。以蚂蚁金服暂缓上市事件为契机，对监管再一次加强重视，其本质是政府部门认识到互联网金融的本质仍是金融，要警惕脱离实体经济的过度投机的金融衍生品，以防系统性金融风险。此外，正是金融科技的大力发展倒逼央行在2014年启动数字货币的研发，使我国成为世界上最先发行数字货币的国家，近来习近平总书记专门提出要积极参与全球数字货币的规则制定也是出于对我国数字经济国际竞争力的考量。

二 流量入口垄断、数据垄断正在与金融资本垄断相结合

从现有的互联网平台生态看，金融都是平台企业不可或缺的重要板块之一。譬如淘宝背后的阿里巴巴，其互联网生态中存在蚂蚁金服（蚂蚁集团）这一金融板块；腾讯也有微信支付这一功能；京东金融有互联网消费金融产品京东白条；美团点评也有针对平台上中小商户和消费者的金融贷款。从2018年开始国内头部互联网公司陆续布局其生态下的金融业务，并申领金融牌照、与传统金融机构合作，谋求金融板块拆分并上市。2020年互联网巨头企业如阿里、腾讯、美团、苏宁、小米等均已筹建或者成立民营银行。其发展路径是以支付、信贷业务为开端，利用平台所拥有的流量、核心金融数据、用户交易信息、信用资产信息等数据核心资产，从社交、电商购物等领域拓展到金融领域，提供生

态内部和上下游产业链上的企业的金融服务。互联网传统红利消退进入"平台期",金融服务成为实体与网络经济的支撑。

从政治经济学角度看,互联网发展中的产业资本快速向金融资本进行过渡,形成了依托产业资本的金融资本集团。

2020年疫情防控大背景之下,中共中央、国务院特别是发改委、工信部提出了八大新基建,八大新基建的技术的本质就是数字化、智能化技术,通过技术形成数据流量,从而造就数据生态要素,进一步造就智能社会、智能生产、智能数字经济,并带来数字文明转型。

值得注意的是,互联网平台企业的垄断会严重阻碍行业创新。数字时代与工业时代的市场支配力量存在根本性不同,尤其是在全面监管阶段,数字经济时代资本力量与数据力量达到有史以来最高点,其交叉与融合将引发平台流量垄断的担忧,带来更加复杂的监管问题。特别是腾讯系、阿里系这两大巨头在生态布局上涵盖了几乎所有的互联网应用场景,在资本市场融资,收购竞争对手或互补企业以建设生态,利用包括反垄断法等法律的漏洞,开展了一系列的未经合法审查的收购和并购。大量资金用于资本的无序扩张而非研发创新,导致真正独立创新遭遇瓶颈,核心科技面临被外国"卡脖子",或者创业者不再以创新持续发展为导向,转而谋求短期利益。

又如,疫情期间在线会议需求激增,但微信对钉钉、飞书等办公App线上会议链接的"封禁",增加了使用钉钉、飞书线上会议的消费者的使用成本,并带来了诸多不便因素。甚至"二选一"问题的根本,也正是因为阿里在社交C端的流量入口难以实现突破,只能抢占B端,通过签订独家协议抢占商家资源,因商家的商业活动具有自发逐利性,倒逼阿里等平台强制商家"二选一"。与当年"3Q"大战不同的是,目前我国的反垄断执法部门完全有能力有经验,对阿里等平台实施的"二选一"行为进行包括法院诉讼等手段的处罚。

数字经济时代,在平台、数据、算法三维结构中,平台是数字经济的组织基础,按其服务特性产生优势,连接多个不同的用户群,建立联系,形成并维持生态系统,通过并购扩展全链条生态系统,弱化了传统经营者的市场地位。算法是数字经济的分配机制,对用户的数据收集,起到预测分析、优化经营的作用。平台通过各类软件与算法的交互作用,快速取得、分析与利用海量实时的数据,进行精准的信息处理,甚至由算法直接完成自主决策,从而减轻经营者的生产交易成本、平台经营和竞争成本乃至时间成本。超级平台具有强大的市场力量,平台力量通过数据垄断和算法垄断不断强化,致使数据市场也随之形成了一定的准入壁垒。

由此可见,比中共中央提出的防止"资本无序扩张"中"二选一"资本并购问题更为严重的是数据垄断中的数据封闭问题。前者用资本收购竞争对手或互补企业,扼杀创新;后者的合并行为受到数据驱动,用收购或重组的手段屏蔽数据甚至攫取数据。二者殊途同归,都从根本上破坏了市场竞争秩序,在消弭竞争的同时抑制了创新。相较而言,在垄断方面数据力量比资本力量更为强大,拥有资本不一定能掌握数据。

数字经济时代,数据作为新的核心生产要素更易引致垄断现象,而这种垄断就体现为流量入口垄断、数据垄断正在与金融资本垄断相结合。对数据的控制一方面强化了企业自身的竞争优势,同时也削弱了传统经营者、企业竞争对手与初创者的创新优势,加强了垄断行为的限制竞争效应,改变了传统的市场竞争结构。通过跨界竞争、跨行业合并，平台得以控制竞争对手需要依赖的基础设施，从而通过杠杆作用使得跨行业竞争成为常态，进一步从事限制竞争行为，如自我优待、"二选一"、扼杀式并购、客户经营者集中、限制关键数据、大数据杀熟、策略性合并、混合搭售等与数据利用相关的平台限制竞争行为。此发展模式打破了传统的市场分界，打破了传统的相关市场、相关产品市场和地域市场的分界。传统的反垄断法分析框架，特别是市场支配地位的分析框架几乎失灵了，需要新的理论框架为法官提供理论支撑。从消费者关注度的角度来考量，社交平台的性质决定其掌握更多数据流量，一家独大垄断流量的现象更为严重，因而受到更多关注，这也是美国 FTC 诉 Facebook 的根本性考量。

三 警惕三重垄断侵蚀中国超稳定结构底座

内循环为主背景下，数字平台向内发展正在加速内卷。在美国前总统特朗普任内开启的中美贸易争端，更是进一步加剧了中国国内已经竞争过度的互联网平台"出海"的难度，使他们不得不将注意力重新转回国内市场，从而进一步加剧国内互联网生态的竞争，具体体现为互联网平台涌入社区团购等涉及"三农"领域行业，严重挤压了底层生鲜果蔬零售商的生存空间。

"电商购物"的兴起使商超面临竞争，而 2020 年上半年开始，互联网巨头苏宁、京东、拼多多、美团等纷纷加入"社区团购"，阿里、腾讯等以间接投资方式进入市场，以补贴方式掠夺性定价抢占市场与流量，传统生意再受打压。"电商购物"相较于商超，具有多方面优势。第一，社区团购的同类商品价格远远低于商超定价，消费者倾向于低价购物；送达自取等物流手段节省消费者付出的人力成本、时间成本。第二，在线上广告宣发方面具有传统商业模式不具备的天然优势。第三，对平台内经营者或平台经营者而言，社区团购生鲜果蔬在采购供应链及仓储成本方面占据优势，且目前来看运输损耗低于线下商超。第四，根据平台、数据、算法三维理论，平台本身可利用数字化、智能化技术，利用先进算法完善预测、优化经营，根据市场情况等大数据优化定价，提升效率，降低交易成本、时间成本，从而获得了大量竞争优势。

中国的农业与农村、农民合称"三农"，从阶层属性看，由于农民都拥有土地、住房，且在日常生活中可以自我满足，他们也是承载社会矛盾化解的重要缓冲。而社区团购阻断小农向城市输出农副产品道路，截断其现金收入，带来这一群体收入断崖式下跌，进而带来极大的社会不稳定性。所以需要政府通过《反垄断法》和相关政策，对内循环中的互联网平台进行注意力引导，将互联网创新轨道设定到科技的迭代式发展与数字经济的深度扩展，而非放任其无序扩张，挤压大量吸纳就业的微利行业的生存空间。

随着数字经济的发展，流量垄断与资本相结合的现象日益凸显的同时，资本与数据结合的强大力量正在改变市场竞争的各方地位和发展格局，传统规制的分析框架也就变得僵化。因此，我们必须体系化构建规制数据市场的垄断、恶意竞争行为的规范。针对新的竞争结构、数据市场的平台竞争问题重新构建。

对于数字金融、金融科技而言，提升监管手段和监管理念需要从差别性监管转向公平竞争监管、技术驱动型监管模式，对数据及数据对市场竞争产生的影响进一步评估，对市场的相关界定、损害救济理论进行衡量与取舍。

对资本的无序扩张，需要防范系统性风险，强调分业经营、分业监管。对于非银行的平台金融板块,需要防范内部风险传导,对金融板块与互联网科技企业进行隔离。由于数字经济平台本身具有平台和市场双重属性,涉及科技、商业、金融多个领域,涉及协同监管。其政策框架应当在全面覆盖的同时,一方面维护公平秩序、保护消费者权益、优化营商环境,另一方面优化各种机制激励创新。数字经济进入全面监管阶段,就企业数据监管、反垄断监管、金融监管而言,需要多部门协调,在借鉴国际经验与发展趋势的同时,打破传统监管模式。另外,企业自身也要强调全方位的合规,包括反垄断合规。

立法方面,将相对优势地位、必要设施原则纳入《反垄断法》体系,明确具体原则的适用。以近期直播平台虎牙和斗鱼合并为例,依法审查合并申报,以规制思维,进行事前、事中的周密而细化的规制,弱化传统的事后处罚机制,在市场集中度越来越高的情况下,营造法治化、有序竞争的营商环境。

除配套立法、配合《反垄断法》的指南起到行政指导作用之外,执法方面也要齐头并进,执法中,对轴辐协议中的横向垄断协议的问题、最惠国待遇条款、大数据杀熟、"二选一"问题、个人的信息收集、拒绝开放接口、捆绑交易等多个问题进行深入研究,进行精准执法或者更及时执法。对于数据驱动型企业合并的《反垄断法》规制,防止流量与资本结合的垄断剥削性行为,执法机关应动态地跟进市场发展。

第三节 数字经济的三维结构分析框架

一 理论基础:数字经济基本关系的形成

(一)新型组织体:数字经济平台成为新的法律主体

"生产大爆炸"通过大生产提高了传统工业经济的生产效

率,而"交易大爆炸"在数字经济时代打破时空限制,彻底颠覆传统交易模式。数字经济平台作为新型法律主体,是融合了企业和市场功能,兼具行业协会和公益组织甚至政府公共属性的新型基础设施,对支撑和稳定国民经济起到系统性作用;平台有别于传统工业经济的新型经济组织,以大数据、区块链等技术结合算法,聚合不计其数的各类交易主体和交易行为,综合了信息搜索、竞价、信息调配等社交和金融服务,通过数据的采集、利用、共享,为交易效率的提升、交易规则的制定和秩序维护构建交互联动的经济生态。一方面,平台通过行使私权力应对其内经营行为的负外部性和政府规制能力的不足;另一方面,私权力易遭滥用的属性需引起重视。因此,需在市场竞争机制和司法规范之外,引入公法原理及价值要求,适度约束平台私权力。[1] 一旦经营者不能够持续研发创新与更新应用,或不慎遗漏市场发展先机,现有的经营者市场地位极有可能被数字经济平台科技创新所弱化甚至取代。此外,市场竞争将因部分大型平台通过并购新兴平台和潜在竞争企业聚合创新服务形态而削弱,市场进入也因平台控制进入市场的必要资源而愈加困难[2],从而改变动态市场的特性。我国的《电子商务法》不仅对电子商务领域进行了专门的立法规制,也是平台经济的综合性立法,是全球最早的对数字经济平台(经营者)做出法律界定和规定的法律之一,首次正式提出对其滥用支配地位以及相对优势地位行为的规制。

---

[1] 刘权:《网络平台的公共性及其实现——以电商平台的法律规制为视角》,《法学研究》2020年第2期。

[2] George J. Stigler, "Center for the Study of the Economy and the State, The University of Chicago Booth School of Business", Committee for the Study of Digital Platforms Market Structure and Antitrust Subcommittee Report, 2019, pp. 49–56.

（二）数据成为市场竞争的核心要素和法律客体

不同生产要素在各个历史时期占据主导地位，并与生产力发展状况和生产关系密切相关，后者是马克思唯物史观对各个历史时期进行划分的依据①。从资源密集型、劳动密集型、资本密集型到组织密集型和知识密集型，经济活动的性质在不同经济发展阶段演进的过程中，也受到了占据主导地位的生产要素造成的根本性影响。② 中共中央、国务院在世界范围内首次提出土地、劳动力、资本、技术和数据五大生产要素理论，号召加快培育数据要素以及市场化配置③。显著区别于土地、石油、劳动力、技术、资本等工业经济时代的传统生产要素，信息化、结构化、代码化的数据具有高初始固定成本、零边际成本、累积溢出效应三大特点，④ 其焦点为提高效率，降低成本，完善组织方式以及利益分配机制。随着社会生产中数据日益发挥重要作用，围绕数据的一系列行为，如采集储存和交易流动、数据共享和价值实现，以及利益分配等极有可能使社会经济体制发生颠覆性变革，相对于所有权及权利边界的界定，新法律主、客体的法律关系调整与重构可能更为重要。⑤ 数字平台甚至可以抽象为数据的集合体，而掌握数据流量入口成为竞争行为的关键，对数据流量的入口的规制

---

① 历史唯物主义基本观点认为生产力决定生产关系，生产关系对生产力具有能动的反作用，生产关系一定要适应生产力的发展。"人们所达到的生产力的总和决定着社会状况。"（《马克思恩格斯文集》第 1 卷，人民出版社 2009 年版，第 532—533 页。)

② 魏旭：《马克思的产业升级思想及其对当代中国结构转型的指导意义》，《毛泽东邓小平理论研究》2018 年第 6 期。

③ 中共中央、国务院于 2020 年 3 月 30 日发布的《关于构建更加完善的要素市场化配置体制机制的意见》。

④ 刘玉奇、王强：《数字化视角下的数据生产要素与资源配置重构研究——新零售与数字化转型》，《商业经济研究》2019 年第 16 期。

⑤ 对于数据利用主体代表性研究有王利明《数据共享与个人信息保护》，《现代法学》2019 年第 1 期；张新宝《从隐私到个人信息：利益再衡量的理论与制度安排》，《中国法学》2015 年第 3 期；等等。

成为时下反垄断的重点。

(三)算法是数字经济的匹配权力：信息匹配的垄断

平台还会利用算法等技术力量，收集、分析和利用数据，继续强化其数据控制力或者流量入口，提高进入壁垒及排除市场竞争，强大市场力量。其商业模式通过数据驱动，不仅能通过自动定价算法追踪、预测和影响交易者或协助决策，也能对竞争者数据进行瞬息之间的采集、决策与执行。

算法已经发展到可以自动处理包括复杂运算和数据处理的重复任务，可以通过设计、修改连接以实现数据的交互利用，以至于影响市场竞争，改变市场结构特征。实际中，算法可以通过设置奖惩机制使得竞争对手为获得高额利润而跟进提价，在经营者之间达成难以监测到的隐性合谋，或达成垄断协议。另外，算法通过数据挖掘和分析提高平台定价透明度，在寡头市场中强化策略互动，形成默示合谋，使得整个市场资源集中于少数大型平台。算法还可以分析、监测、预测竞争对手的定价，调整市场价格，并通过市场结构的变化影响价格变动频率，在消费者无法感知价格波动的情况下，通过数据市场的网络外部性导致的平台规模效应与范围效应形成垄断。借助算法操作，数字平台得以实现基础数据的价值转换，影响信息匹配。[①]

二 平台、数据、算法三维结构

数字经济时代这一历史转折点下产生了数字经济新组织物种——数字经济平台，以数据生产要素为核心，利用多种设计与

---

① 杨东、臧俊恒：《数字平台的反垄断规制》，《武汉大学学报》（哲学社会科学版）2021年第2期。

操作算法，其实质是作为流量入口的海量、多样化、实时动态的数据集合体，全新的平台、数据、算法三维结构市场竞争格局下市场价值呈现多元化与动态性，可溯至传统工业经济的现行《反垄断法》，因而面临巨大的挑战。

（一）理念挑战：是否规范平台和数据垄断

数字经济平台一方面在新技术新业态新模式的创新研发和破坏性创新发展方面扮演重要角色，另一方面也给社会科学研究带来巨大挑战。芝加哥学派提出关于市场自我矫正的简单假设，即市场由理性、利己的市场参与者组成，被工业经济依赖的不完整、扭曲的竞争概念进行的理论和实践采用。执法机关以接受集中平台的风险为代价，期望获得未来的效率与创新，却忽视了救济困境。[①] 芝加哥学派主张采取宽松的反垄断规制，出于对市场参与者理性的坚信，对政府机构能力的怀疑，对市场失灵的疑虑以及对监管宽松市场的信心，其经济目标与竞争观念认为市场具有自我矫正的能力，反垄断作用有限，并要求平台数据开放，促进竞争，降低市场进入壁垒。[②] 积极应对平台、数据、算法所形成的三维竞争市场结构，需要重视有别于工业经济时期具有明确界限的相关产品和相关地域市场，大型平台强大的市场数据反馈、预测功能以及数据和算法的传导优势，跨越时空限制，链接未来市场或不相关市场，在横向与纵向市场上都获得了竞争优势，构成过高的进入壁垒。[③]

---

① Maurice E. Stucke, "Reconsidering Antitrust's Goals", *Boston College Law Review*, Vol. 53, No. 551, 2012, p. 551.

② Lina M. Khan, "Amazon's Antitrust Paradox", *Yale Law Journal*, Vol. 126, No. 710, 2017, p. 756; Joshua D. Wright, "Abandoning Antitrust's Chicago Obsession: The Case for Evidence-Based Antitrust", *Antitrust Law Journal*, Vol. 78, No. 241, 2012, pp. 241–243.

③ 陈兵：《大数据的竞争法属性及规制意义》，《法学》2018年第8期。

数字经济中,尤其是在数字市场进入成熟阶段后,《反垄断法》因其保护市场健康有序发展的重要功能而在过高的进入壁垒面前承担竞争执法的至关重要的角色。特定情况下,在考虑数字经济动态特征、实际国情和历史发展阶段的前提下,《反垄断法》执法能够保护鼓励创新的竞争结构和动态竞争,阻止反竞争行为和妨碍限制竞争的排他性行为。反垄断执法更需要需求平衡点,在防止支配地位阻碍市场发展的同时防止积极干预造成对市场竞争发展的障碍。①

(二) 市场挑战:平台数据垄断的双重效应

平台、数据、算法垄断具有一定的反面效应。第一,质量和创新受损。尽管平台通过数据和算法可获得提高产品质量的更多方式,滥用数据优势也有导致质量下降的可能。② 第二,消费者的个人隐私或数据有被侵犯的风险。第三,在对平台、数据、算法三维竞争结构进行竞争规制时,同样不可忽视垄断对市场竞争的正面效应。数据在被数字平台收集、利用、分析时实现了价值,价值分配机制的设计可以直面对数字经济时代的垄断挑战。值得注意的是,区块链、算法等技术赋了平台共享、定价、确权和赋能数据生产要素的能力,结合共票制度,得以构建数据价值的市场分配,使大众获得参与数据创造的对价并分享数据经济红利。③

---

① 白川聖明「デジタル・プラットフォーマー規制について～プラットフォーマ(実務家)の観点から～」公正取引824号(2019年)64頁参照。

② Daniel L. Rubinfeld & Michal S. Gal, "Access Barriers to Big Data", *Arizona Law Review*, Vol. 59, No. 339, 2017, pp. 375-377. Kenneth A. Bamberger & Orly Lobel, "Platform Market Power", *Berkeley Technology Law Journal*, Vol. 32, No. 1501, 2017, pp. 1073-1075.

③ 关于基于区块链技术的数据价值实现的共票(coken)制度,Dong Yang, *Blockchain and Coken Economics: An Original Data Theory from China*, *A New Economic Era*, AuthorHouse Press, 2019.

(三)规范挑战:数字经济下的治理体系选择

数据驱动平台竞争的局面下,《反垄断法》的规范与执法面临双重挑战。数据、数字技术与各类算法的设计操作融合的网络平台,作为大量、多样化的实时数据集合体,创造了动态多元的市场价值,平台竞争的环境不断变动。本书对各个国家与地区对于数字经济相关发展在《反垄断法》和反垄断规制的最新回应进行了持续研究,作为未来法制修改的参考。

欧盟的《数字市场法》草案设置"看门人"制度,针对谷歌等跨国互联网巨头在欧洲单一数字市场的垄断行为,不对称立法强化监管掌握数据流量与潜在规则制定权的超大型数字平台。从定性和定量角度定义"看门人"平台,设置命令性规则和禁止性规则清单,围绕对数据流量入口争夺、劫持行为、流量垄断这一核心关键,采取灵活的事前监管,逐案监管。《德国反限制竞争法》第十次修订草案更新了经营者集中规则,拓展了滥用相对优势地位的交易对象范围,补充了必要设施原则的适用情形,对"企业滥用市场力量"在网络和其他基础设施外,将数据纳入必要实施之一,并将拒绝获取数据纳入必要设施原则的适用范围中。此外,德国联邦卡特尔局经过三年调查认定 Facebook 数据收集行为构成滥用,损害消费者利益。美国对本土四家科技巨头 GAFA——Facebook、亚马逊、谷歌、苹果——进行反垄断调查,启动诉讼,发布调查报告,提出结构性分离拆分建议,并建议就改革《反垄断法》展开谈判。日本积极修订反垄断法,先后出台《数字平台交易透明化法案》和《关于滥用相对交易优势地位的指南》。前者规制对个人信息的非法获取和不当使用,保护消费者数据权利。后者尝试界定与规制达到一定规模的特定数字平台应对数字巨头反垄断难点,强调协同监管。

三 小结：平台、数据、算法、流量驱动型垄断行为

以 Google 系列案件为代表的数字平台滥用市场力量的案件勾勒出数字平台利用数据进行限制竞争的垄断行为基本轮廓。Google 牢牢占据市场份额的霸主地位，利用混合经营，实行流量垄断和策略性合并，限制必要数据开放。后文总结了典型的平台、数据、算法、流量驱动型垄断行为。

第一，通过排他性条款，数字平台限制竞争者收集必要数据，或拒绝向竞争对手提供必要数据。[①] 在市场上有竞争优势的平台并没有协助其他平台与其竞争的义务，故讨论是否强制平台开放必要数据需要数据是特定服务且不可或缺，拒绝开放数据将导致具备潜在用户需求的商品难以生产，或进入市场而缺乏其他替代商品的情况下。我国《国务院反垄断委员会关于平台经济领域的反垄断指南》（下称《指南》）规定了必要数据的四个构成要件：数据对参与市场竞争不可或缺；数据存在其他获取渠道；数据开放的技术可行性；开放数据对占有数据的经营者可能造成影响。

对于相关市场参与经营有核心的影响的数据通常是因为技术、法律或经济上的障碍，在市场上无可替代或收集困难。即使拒绝使用数据行为限制竞争，对于占据市场地位的经营者操纵必要投入要素的行为，强行加诸掌握数据的平台开放义务对创新活动的不利影响只有在例外情况下才有适用空间。伴随数据这一生

[①] 比如，微信拒绝飞书的会议链接，腾讯并未给出合理的理由或存在明显的证据证明其行为在推动创新或者提升消费者福利上带来积极作用。在国内平台竞争案例中，通过技术端口的流量拒绝交易，阻碍了对天猫、虾米、快手、字节跳动、飞书等不同公司的不同产品的数据开放和共享，影响数据作为生产要素的评价贡献，凸显了平台经济时代的流量竞争的法律风险。

产要素的重要性走向台前，满足必需设施要件独占数据的情形日益凸显，可溯至20世纪的必要设施原则及其内在的生产要素开放本质同数据开放共享机制交相辉映，必将重现历史舞台。

必要设施原则需要满足的前提是存在两个市场。数字平台持有数据，并利用在上游市场所占据的市场力量，拒绝向下游市场的存在竞争或潜在竞争关系的数据请求者提供商品，从而巩固下游市场的优势地位。平台拥有数据不代表必然获得市场力量，因为占有数据的在先者竞争优势极易被削弱。数据时效性价值及算法可冲淡数据量的竞争优势。可以说，平台经济一维竞争的内涵在于，必要数字平台只有在占有必要数据的情况下才能实施排除限制竞争行为。对此，《指南》通过"平台的可替代性、潜在可用平台、发展竞争性平台的可行性、交易相对人对该平台的依赖程度、开放平台对该平台经营者可能造成的影响"界定了必要数字平台的构成要件。

第二，数据对平台竞争的影响以经营者集中案件发生最多，在过去十年中，Amzon、Apple、Facebook、Google、Microsoft，已经在全球范围内进行了400多项合并。受到实用主义影响，研究和实践采用简单直观的反垄断三大支柱，却忽视了外在现象背后的深意和相关脉络关联。市场力量的滥用行为囊括了合并，其中数据成为数字平台策略性排除限制竞争的工具。例如，2020年10月12日，虎牙宣布通过以股换股形式与斗鱼合并，腾讯将成为合并后公司的第一大股东，实际上消除了前两大竞争对手，并掌握合并后的斗鱼、虎牙拼接游戏之脑领域整合后的集中优势资源，从而能进一步提升算法力量，大幅提升对主播的议价能力。作为市场竞争的关键生产要素的数据集中后凸显网络效应，竞争对手难以处理海量数据并获得所需数据以参与有效竞争。涉及协议控制（VIE）架构的经营者集中在《指南》中明确属于反垄断审查范围，同时需要根据平台经济的各项具体指标，全面考量数据集中对市场竞争的影响，国家市场监督管理总局也正在对该企业合并申报案件依法审查。国家市场监管总局于2020年12月14日公布阿里巴巴投资收购银泰商业股权案（国市监处2020－26号）、腾讯控股企业阅文收购新丽传媒股权（国市监处2020－27号）、丰巢网络收购中邮智递股权案（国市监处2020－28号）三起未依法申报违法实施集中案的行政处罚决定书，英国竞争和市场管理局（CMA）于2020年11月17日发布了《合并评估指南》草案并公开征求意见，在合并评估元素中增加了实质竞争损害、非价格竞争、双边平台市场、潜在竞争与创新等，有效维护消费者权益，应对平台市场数字技术带来的合并评估挑战。

第三，即使数据并非必要数据，当数据直接作为商品时，在数据利用上存在差别限制，具备市场力量的数字平台拒绝将必要数据提供给竞争对手。对此，《指南》详述为"基于大数据和算法，根据交易相对人的支付能力、消费偏好、使用习惯等，实行差异性交易价格或者其他交易条件；对新老交易相对人实行差异性交易价格或者其他交易条件；实行差异性标准、规则、算法"。因数据汇集与算法逻辑推断目标用户群实施精密的差别定价，预测目标用户偏好、支付意愿、最高保留价格。数据利用个性化服务适时且对应的折扣促使用户购买，整体需求曲线也随之右移。[①] 通过轻松地收集个别用户数据，如购买习惯、浏览喜好以及可接

---

① 大数据杀熟就属于差别待遇的一种类型，指的是同样的商品或者服务，老客户看到的价格比新客户要贵。大数据杀熟背后是数字平台根据收集的综合数据建立用户画像，然后向用户推荐个性化的产品、服务和相应定价。用户在携程App购买机票，第二次搜索时发现点击的同一行程机票，不仅票源紧张，而且价格也比第一次搜索时高出很多，而同期航空公司官方App不仅票源充足，而且价格低近20%。

受价格范围等，数字平台设计数据驱动的算法机制收集分析行为数据以精准锁定用户，针对不同用户群作个性化定价掌握消费者剩余，辅助价格决策以获得最大收益。

算法收集与处理市场数据充当了限制竞争的有效工具，而不必通过书面沟通。《指南》列出了利用数据和算法实现协调一致行为直接或间接限定价格，以及利用技术手段、平台规则、数据和算法等，限定其他交易条件等排除、限制市场竞争的行为。算法成为数字平台监督竞争信息的辅助共谋工具，收集、分析数据后，算法可实时分析竞争对手的价格策略，跟进涨价；算法也增加了与机器学习和深度学习技术结合后平台无须人为干预实现共谋的可能性。

第四，通过免费服务黏性基础，数字平台得以获得稳定的海量用户，进一步整合投资、流量控制、支付、云计算、数据分析等基础性服务，控制主要合作经营者，超级平台因此成为数字革命时代的新型卡特尔。首先，数字平台依托高黏性海量用户全方位打通搜索、新闻、电商、打车、应用商店、内容分发，包括社交和金融等账号，从而获得数据市场的全盘流量入口，为流量垄断打下基础。其次，投资是数字平台在各个领域进行流量变现的重要方式。虽然数字平台对大部分企业的投资并不控股，但是借助流量形成的影响力依然可以控制被投资企业。再次，通过垄断流量入口，大型数字平台获得数据市场实际性操作系统控制权，利用具有的海量、高黏性流量分配、调控，加深流量合作对经营者的控制，同紧密合作经营者共同构成基于流量的新型卡特尔。最后，数字平台利用小程序紧密地将合作经营者锁定在自己身上，小程序无须下载应用程序解决了当前移动设备中的内存问题，单一大型数字平台迎合用户习惯，直接打开应用即可接触其聚合叠加的各类服务，从而汇集了原本在数据市场不同 App 中分散的流量，实现对整个数据市场的控制。

不同市场的数据交互需要通过数字平台的算法设计、修改及串接实现，从而可能获得新兴市场的特殊市场地位。此时，平台将网页内容向用户传达的必要设施是用户习惯作为信息链接入口的一种数字平台提供的服务。比如，Google Shopping（CASE AT.39740）案将搜索结果在网页进行特别排序，显著改变自身与竞争对手的购物比较服务的流量。平台、数据、算法融合下，数字平台依托海量和高黏性数据以及流量，通过资本或流量控制主要合作伙伴。大型数字平台逐渐成为网络活动的流量入口，通过算法在用户无法直接感知的情境操纵。部分流量垄断在《指南》中也有所呈现，"以搜索降权、流量限制、技术障碍等惩罚性措施，强制交易相对人接受其他商品；在平台规则、算法、技术、流量分配等方面设置限制和障碍，使交易相对人难以开展交易"。此外，流量及其限制、流量资源支持也是分析经营者对市场控制能力和限定交易构成与否的重要因素。

第二章　算法：崛起的技术力量

数字经济平台正在成为市场经济中新的法律主体，其聚合了各类交易主体和交易行为，融合了企业和市场功能，兼具一定的行业协会、公益组织甚至政府等的公共属性，对国民经济起到了支撑性、稳定性作用。而其背后不可忽视的就是算法正在作为一种全新的技术力量全面崛起。

算法，是数字经济平台输入数据输出决策结论的一系列步骤，是各类数字技术构成要件的核心，属于技术高度集中的产物，具有相当的复杂性与专业性特征。作为数字经济平台底层技术的人工智能、大数据等运作内核是算法，换言之，算法是数字经济平台运用与展开的基础性要素，也是数字经济平台能够持续发展的驱动性力量。随着数字经济时代的到来，大量无组织的个体不再依靠传统企业、公司等商事主体，成为依托于巨型数字经济平台的新型法律主体，利用人工智能、大数据、区块链等技术开展的智能合约等各类交易合约和交易行为突破了传统民商事法律体系。在收集与储存了大量数据的前提之下，数字经济平台利用既设的算法范式将大量数据嵌入算法之中，在激发数据生产要素潜力的同时，对基于工业经济的法律体系也带来了基础理论和规制体系的挑战。

第一节 技术锁定：从工艺到算法

一 技术扩散到技术锁定

技术变迁中的路径依赖是最早被关注的领域，技术锁定是指具有自我强化机制的技术在发展的过程中持续占据优势地位，后发的更高效率的技术难以实现突破。不难发现，最初路径依赖理论对技术锁定的分析侧重于效率角度，认为旧技术的锁定会使得系统陷入无效率的均衡。但是随着网络经济的发展，当前互联网平台经济呈现出动态竞争的特性。也就是说，尽管从静态标准上一种技术看上去比另一种缺乏效率，但如果在做出选择的时候两种技术的缺陷事前是不可知的，那么因为事先无法选择所谓正确的路径，也不可能现在就用更先进的技术进行替代，那么根据动态标准，不能一味谴责旧技术的无效。[1]

在互联网平台经济的背景下，技术锁定的表现形式更多地从技术效率的锁定转向技术标准的锁定。技术标准锁定强调的是占据主导地位的技术形成的"标准优势"，互联网平台企业在进行投资创新时，为了规避风险和降低成本，会优先选择主流标准技术，造成了互联网平台以及更广大的平台经济相关经营者对现有技术标准的依赖性，形成了"锁定效应"。[2] 尽管互联网平台经济的背景下并不必然产生技术标准的锁定，但是由于多种因素的影响，比如用户规模、用户偏好、技术投资策略、后发进入者的自我协调性等因素，技术的标准越发容易受到在市场上占据优势

---

[1] S. Leibowitz & S. Margolis, "Path Dependence, Lock-in and History", *Journal of Law, Economics & Organization*, Vol. 11, 1995, pp. 205 – 226.

[2] 谢科范、罗险峰：《技术创新的锁定机制分析》，《武汉汽车工业大学学报》1999年第5期。

地位互联网平台企业的控制。① 近期，华为的鸿蒙系统与谷歌的安卓系统的竞争就是一个典型的例子。谷歌的安卓系统由两部分代码组成，第一部分是安卓开源平台（Android Open Source Platform，AOSP），这部分是开源的安卓内核以及部分基础功能；第二部分是谷歌移动服务（Google Mobile Service，GMS），这部分是谷歌服务套件，属于商业软件，提供谷歌各项核心基础功能和软件，比如邮件服务（Gmail）、应用商店（Play Store）、地图服务（Google Maps）等。谷歌通过开源的 AOSP 吸引了大量的应用程序者、手机系统开发者用户，使得安卓系统的用户群体借助网络效应、规模经济等特性不断增长，逐渐成为手机操作系统的主流，形成了基于安卓系统的技术标准。对于应用程序开发者来说，需要依照安卓的技术范式进行开发，人才的学习和培养路径也是从安卓技术标准出发的；对于手机系统开发者来说，在基于 AOSP 开发系统时需要购买 GMS 否则无法提供相应的服务，同时由于自我开发的成本过高，因此绝大多数厂商直接选择购买 GMS，也在实质上形成了对 GMS 技术的依赖。② 由于 GMS 长期与安卓系统绑定，大量的应用程序开发商在开发软件的时候使用了 GMS 中的接口。那么这些软件一旦离开 GMS，可能存在不兼容和崩溃的情况。

因此，即便厂商只使用开源的 AOSP 不使用闭源的 GMS，也不得不提供与 GMS 完全一样的接口，或者要求开发者重新为自

---

① 陈兵、程前：《互联网经济发展对反垄断法调适的影响及应对——以〈反垄断法〉修订草案（公开征求意见稿）为视角》，《辽宁师范大学学报》（社会科学版）2020年第5期。

② Ron Amadeo, "Google's Iron Grip on Android: Controlling Open Source by Any Means Necessary", https://arstechnica.com/gadgets/2018/07/googles – iron – grip – on – android – controlling – open – source – by – any – means – necessary.

己的设备开发软件，比如亚马逊为平板电脑开发操作系统。最近，华为推出的鸿蒙系统也受到了广大的关注。受到中美贸易摩擦等原因的影响，谷歌禁止华为使用 GMS，华为顺势推出 HMS 和鸿蒙系统，但由于谷歌在技术标准上的锁定，鸿蒙系统也必须在底层兼容安卓系统软件，才能满足市场的需要。

  在工业时代，各类行业与资源都有着相对清晰的分界线，遵循着"竞争逻辑"，企业在一个泾渭分明的空间内寻找技术发展的立足点，通过不断进行技术的内部革新及加强自身比较优势从而占据市场有利地位，各个企业在技术研发的过程中，仅需与同行业内其他参与者进行技术生产效率的竞争。与此同时，工业时代通过使用全新的动力极大地发展了社会生产力，是对农业时代生产方式与产业结构的完全性变革，各主体研发的大量科技技术被首次应用于商业化社会大生产，并经过市场的选择而被逐渐推广并普遍采用，这即是工业时代的技术扩散，在这个阶段，生产工具被无数次的优化，机械越发精密与复杂，科技技术的关注重点在于生产力的不断进步与生产效率的不断提高。而数字化进程则带来了全新维度的改变，即数字时代的来临。在数字时代，技术的进一步研发应用打开了人、产品、行业之间的连通节点，传统的行业限制、资源限制被打破，以往的生产组织与社会分工形式被重塑，多层次、多领域的技术创新相互融合、渗透、拓展，孕育形成了新的技术系统，这一改变在数字平台的产生与发展过程中尤为明显，互联网驱动的数字经济具有扁平化的特点，其遵循的核心是"共生逻辑"，顺应数字时代多元化的商业场景需求，以数字平台为核心连接多行业，整合资源已经成为数字经济与实体经济融合的交叉点，数字平台的重要地位前所未有。随着数字经济的进一步发展，各类数字平台收集、占有大量数据并拥有各式算法,而数据的边界成本近乎零,且不断自我强化,因此具有自然的垄断的天性,强大的平台甚至具有公共属性兼具私有的力量,基于网络效应、先发优势等因素,在市场上占有优势地位的平台对于技术标准有着相当的话语权,平台为了进一步扩张,增加自己的市场占有空间,往往倾向于偏好对自己有利的标准,因此产生了技术标准的锁定效应,这就导致后进入的竞争者难以摆脱先发优势拥有者的"标准控制"。

二 算法是一种权力:匹配的力量

算法作为一种技术力量正在崛起,最为直观的就是在反垄断领域对这一话题的讨论日益热烈。随着人工智能时代的到来,算法通过诸多途径与社会生活产生交互影响,在大数据与机器学习的共同作用下,智能算法呈现出极强的自主学习与进化的能力,在这个阶段算法已经不是简单的数据输入、结果输出,而是利用计算机进行长期大量的数据训练,进行反复的测试与学习,从而得出更深层次的规律或者结论,此时的智能算法具有更加高级的认知。在以往,人们以"工具化"的方式利用算法,即使用算法辅助决策,决策与解释的主导权仍归于使用者,而随着智能算法的发展,其已经呈现出代替人类自动做出决策的趋势。在这个过程中,智能算法甚至"反客为主",潜移默化地影响人类行为,通过"黑箱"等不透明的决策输出流程,本应被使用者支配的算法变成了支配者,而使用者往往被技术支配而不自知,甚至即使知道也无法采取相应的对抗行为,例如美国司法系统使用犯罪预警系统COMPAS用来预测被告人再次犯罪的概率,但经专业组织测算,黑人有更高的概率被系统认定为会再次犯罪。

(一)算法的权力化

在数字时代,数据被认为是新的生产要素,万物皆可被数据化，数据承载着各式各样复杂的信息，在政治、经济、文化以及社会各个领域都具备极高价值。随着社会发展，数据量持续增长，传统的算力已经无法满足数字时代的需求，而算法的使用能够有效提升计算效率，因此算法逐渐在各类决策的产生过程中占据重要地位，算法全方位、多层次的渗透正改变着社会治理结构与社会资源的分配方式，算法已经不再是单纯地作为工具被使用，而是与资源、信息等社会生产必备要素结合在一起。Nicholas Diakopoulos 认为算法对公共社会的影响的可能来源是基于算法的自主决策，尤其是体现在筛选、分类以及分析上。[1] 随着互联网技术的发展与信息网络的全面化普及，一些企业或者个人大量收集数据，通过自身或者行业的技术及其他优势，利用自设的算法范式以及其他技术手段影响社会资源的合理配置，以实现控制、垄断相关生产要素的目的，更有甚者利用积累的行业优势干预政府决策甚至司法机关的执法行为，并且已经在社会上产生了相当的影响。因此，有学者提出"算法权力"这一概念，[2] 认为算法权力是一种"准公权力"，改变了原有的权力与权利相对应的格局，形成了新的具有重大影响力的社会力量。[3]

韦伯将权力定义为即使个人或者集团在遭受他人反对的情况下也能贯彻自己意志的可能性，[4] 随着数字进程的加快，算法也将变得越来越细化，数据也会越来越精确，由于技术锁定的发生，即对算法进行早期研究以及投入商业化使用的主体获得了算法方面的先发优势，控制了算法标准的制定，使其逐渐变成主流

---

[1] Nicholas Diakopoulos, "Algorithmic Accountability", *Digital Journalism*, 2014.
[2] 郑戈：《算法的法律与法律的算法》，《中国法律评论》2018 年第 2 期。
[3] 郭哲：《反思算法权力》，《法学评论》2020 年第 6 期。
[4] ［德］马克斯·韦伯：《经济与社会》（上卷），林荣远译，商务印书馆 2006 年版，第 81 页。

标准,并借此掌握算法权力。算法权力通过其得到的社会数据信息,利用自身的技术优势掌控并调配数据,掌握算法权力,也就是掌握输出决策的权力。

算法从数据决策、规范行为以及嵌入公权力的方式构建了权力基础。通过数据收集、分析以及结果输出的形式,算法可以产生大量的具有商业价值与社会价值的数据资产。在数字时代,数据即是新的生产原动力,甚至有人称数据为"新石油",因其能以更低的成本创造出更高的利润。大量的数据需要被筛选、清理和分类,而只有凭借算法的力量才能实现这一目的,因此,数据成为只有算法才能独享的资源,因而也就变成了算法权力的基础。此外,算法在信息空间中有着绝对权威,甚至可以规制个体行为,[1] 通过代码的设置,网络空间内的架构与规则都由算法决定,从而束缚了用户的自主行为。最后,算法如今已经大量应用于辅助公权力做出决策的过程,在某些领域算法甚至代替了公权力做出决策,例如交通秩序规范体系中,算法可以主动识别违规车辆并进行罚款。

智能算法参与社会资源分配的广度及深度使其在事实意义上具备了权力基础。当然,技术本身是中性的,不存在价值倾向,亦不是权力导向,但是当算法技术能够通过其决策行为对人的行为自动地产生影响且被影响者无法阻止时,该算法已经不再是中性,而被赋予了权力的属性。在算法权力服务于公权力的背景下,在某些治理领域是能够实现"双赢"结果的,例如算法权力可以协助公权力机关掌握公民个人的动向,而这是只有掌握了大量数据的算法权力才可以精准、快速完成的工作,在疫情期间,

---

[1] 张凌寒:《算法权力的兴起、异化及法律规制》,《法商研究》2019年第4期。

大型数字平台利用各类软件记录用户轨迹并上传至公共部门以实现防疫的需求。作为算法垄断主体的数字平台利用其拥有的巨量流量优势,助力农产品等的出售以协助解决扶贫难题,响应了政策号召。

然而,权力天然具有扩张属性,尤其是大量垄断算法的数字平台,由于智能算法内在决策机制本身不可解释与难以预测的性质,算法权力也因此而产生异化,在算法全方位介入社会结构之后,对智能算法的依赖性越强,就越容易受到智能算法的控制,从而带来治理的风险与难题。

第二节　技术锁定形成的"创新射杀区"

一　算法是新的财富之源

1769年,英国陶瓷工厂主乔赛亚·韦奇伍德为提高产量,将复杂的制陶过程分为几十道独立的工序由专人分别完成,这种精细化分工的生产模式是人类进行"流水线"作业的最早尝试。由于每一个生产单位只需专注处理某一个环节的工作,"流水线"大大提高了生产效率。1913年汽车大王亨利·福特发明了现代意义上第一条工业流水线,这种新的生产方式一方面使汽车产量大增,成为大众产品,另一方面也对当时的社会经济文化产生了巨大影响,甚至衍生出所谓"福特主义"。在美国工程师泰勒看来,如果能够科学分析工人在劳动中的机械动作,则可以在此基础上总结出最经济而且生产效率最高的"标准操作方法","流水线"以机械的方式实现了泰勒的设想。

基于分工的"流水线"作业的确带来了工业生产效率上的革命,但也加剧了资本家对工人的剥削。在生产线上,工人必须在规定的时间内完成特定的工作任务,这相当于给工人变相强制设定了劳动价格,实际上剥夺了工人的交易剩余,工人愈熟练,可供剥削的交易剩余就越多。流水线上,困扰资本家许久的"磨洋工"问题,不复存在。

如果抓住"分工"和"控制"这两个特征来理解"流水线",那么数字经济中大规模使用的算法也可以被视为一种"流水线"。比如在餐饮外送行业,算法被广泛应用于分发派送任务、规定完成时间以及评估服务质量,商家、骑手就是算法这条"流水线"上的"工人",受其控制和支配。如此观之,在数字经济时代"流水线"非但没有消失,甚至还得到了进化,其不再拘泥于实物组织形式,还可以是虚拟的、无形的和代码化的。

从广义上理解,算法其实并非什么新鲜的东西,因为作为一种逻辑运算规则,算法普遍存在于生活的方方面面,小到数学当中的几何计算和代数运算,大到法律及其构建的社会秩序都可以被视为一种算法。但狭义上,算法应当是数学或者计算科学领域的事物,是数学家或程序员关注的对象。在人工智能和大数据时代,算法被普遍应用于决策或者辅助决策,在此意义上算法可以被界定为人类和机器交互的决策,即人类通过代码设置、数据运算与机器自动化判断进行决策。[①]

当下算法的应用场景极其丰富,这使得算法从一个专业术语逐渐成了人尽皆知的流行词汇。算法已经渗透到社会生活的方方面面,除了前面提到的餐饮外送,算法的应用场景还有新闻资讯与娱乐内容的分发和个性化推荐,在线购物的商品推荐与定价,以及网络信息检索与服务评级等,有的学者甚至预测

---

① 丁晓东:《论算法的法律规制》,《中国社会科学》2020年第12期。

我们即将进入算法社会，当前的种种应用只不过是算法社会的开篇或序曲。①工业经济的"流水线"提高了产量，提升了效率，更帮助资方实现了对工人交易剩余的剥削，可谓工业资本聚拢财富的"法宝"，数字经济的"流水线"——算法，同样成为新的财富之源。

经济学家早已在理论上肯定算法的潜力，认为其可以刺激创新、带来生产增长。实践来看，结合大数据的算法技术确实已经成为诸多行业新的增长点，在广告、物流、交通运输、娱乐、电子商务、金融等领域算法已经开始释放红利。有研究指出在电子商务平台上算法定价使经营者获得更多交易机会，在保险市场上算法正在帮助保险机构评估投保人发生风险的概率并在此基础上测算出个性化保费，在航空运输市场上航空公司利用算法实现了机票价格的动态调整以获得最大利润，在网约车市场上算法发挥着市场一般平衡价格和供求的角色，有关算法在各行各业的好处不胜枚举。但算法成为财富来源除了体现在"做大蛋糕"上，还体现在"多分蛋糕"上，换成更直接的表达，算法也是一种剥削工具，不仅帮助资本实现了对劳动者的剥削，还帮助资本侵占了消费者剩余。

算法对劳动者的剥削体现在算法实现了对劳动过程动态、实时、精准的监控，通过要求劳动者在单位时间内完成更多工作任务，压榨他们的交易剩余。以外卖行业为例来解释这种剥削再好不过，2020年一篇题为《困在系统里的外卖骑手》的报道引起了很大关注，其介绍了算法在外卖行业的应用情况以及由此引发的诸多问题。在外卖行业算法被普遍用于分配订单、设定订单完

---

① 有关算法社会的问题，参见於兴中《算法社会与人的秉性》，《中国法律评论》2018年第2期。

成时间以及考核订单完成情况，同时算法还被用于对外卖员进行评级。外卖员的工作数据以及客户的评价数据会被上传到平台，通过分析这些数据算法会为外卖员设置不同的评级，总体上订单完成的越多、越准时，顾客评价越好的外卖员将会获得算法更高的评级，这意味着收入会越多，受此激励外卖员会尽可能按照算法要求完成更多订单以维持或提高算法对他们的评价。结合以往的数据外卖系统的算法还会试探性地要求在更短时间内完成订单，外卖员面对超时惩罚的压力此时就会尽可能地实现算法的要求，当算法发现外卖员在更短的时间内也可以完成订单时，它会尝试进一步压缩时间。有数据显示2019年外卖订单单均配送时长比2016年减少了10分钟，算法在不断地吞噬时间，受算法支配控制的外卖员也被迫以更快的速度完成更多的订单。在外卖应用场景里算法既是企业管理劳动者的工具又是剥削劳动者的工具，管理和剥削合二为一，算法的剥削因此更为内在、隐蔽且看起来更合理。随着算法正在被越来越多的企业应用于运营和管理，这意味着越来越多劳动者的交易剩余会被资本榨取，算法成为新的财富密码。

算法对消费者的剥削体现在算法使价格的动态调整和个性化定价成为可能，商家由此可以在最大程度上操纵价格共谋、捕捉消费者的保留价格，实现对消费者剩余的盘剥。数字经济时代，人们的线上购物行为越发普遍，越来越多的在线商家选择利用算法改善其价格模型，实现商品的个性化推广、价格的动态调整以及个性化定价。但多份研究报告显示出这样一些担忧，即算法在网络交易中的应用可能会助长商家之间的合谋，算法通过分析消费者以往的购物行为、个人信息还可能引发商家对消费者的价格歧视。算法可以使商家更容易在没有任何正式协议或人际互动的情况下实现并维持合谋。① 数据的汇集使算法可以推断目标用户群，预测目标用户的偏好、支付意愿、最高保留价格，实施精密的差别定价，在最大程度上获取销售利润。② 庇古将价格歧视分为三个等级，其中一级价格歧视指商家针对每一个不同的买家都采用不同的价格，二级价格歧视指商家针对不同购买量的客户采用不同的价格，三级价格歧视指商家针对不同群体客户索取不同的价格。随着海量数据的产生和算法的大规模应用，一级或者完全价格歧视获得了最大限度的实现。③ 由于信息不对称的问题，交易中具有信息优势的一方往往比信息匮乏的一方更具议价优势，但在哈耶克看来，由于商家不可能掌握每一个买家的所有完整信息，所以无须担心信息不对称会引发完全价格歧视问题。数字经济下这种平衡被打破，商家通过收集数据和使用算法可以在最大程度上获取市场和消费者的信息，占据绝对的信息优势，在此基础上一级价格歧视得以实现，商家可以向每一个消费者索取其愿意支付的最高价格，获取超额利润，从而在最大程度上实现了对消费者剩余的侵占。

在算法的赋能下传统产业获得了新的增长点，通过剥削劳动者和消费者算法又帮助资本在最大程度上实现了对社会财富的掠夺，算法由此成为数字经济时代的致富"密码"与财富源泉。

二 算法带来低经营成本和低竞争成本

从中宏观角度来看，算法实现了产业效率的提升，并帮助资

---

① "Algorithms and Collusion: Competition Policy in the Digital Age", OECD, 2017.
② 陈和全:《定价演算法与竞争法议题初探》，《公平交易季刊》第28卷第2期。
③ Arturo Basaurea, Alexandr Vesselkovb, Juuso Töylib, "Internet of Things (IoT) Platform Competition: Consumer Switching Versus Provider Multihoming, Technovation", Feb. – Mar. 2020, pp. 1–2.

第二章
算法：崛起的技术力量

本尽可能地攫取超额利润，微观上算法对个体企业的作用更多地表现在降低企业经营成本和竞争成本，算法的普遍使用极大地提高了企业决策的水平并为决策者节省了金钱。①

传统上企业运营需要考虑人工、营销或者广告等成本，但人工智能算法的应用大幅度削减了企业在这方面的支出。人工成本的降低通过智能点餐算法的例子可以说明。在以往需要人工点单的餐馆往往会雇用多名服务员，一方面负责传菜，另一方面帮助食客点菜下单，但如今随着"扫码"点餐算法流行开来，餐馆已经不再需要那么多的服务员，或者至少服务员不再"身兼数职"。如果观察得足够仔细，可以发现麦当劳等快餐店原来午间就餐高峰时段又长又忙碌的点单台消失不见了，取而代之的是孤零零的一两台点单机加多台自助点单机和小程序点单二维码，前堂服务员的数量也大大减少，这个例子生动地说明了算法降低企业运营人工成本的作用。

算法降低企业的营销成本主要体现在算法能够帮助企业实现商品或服务的大范围、精准推广，企业不再需要为了获客而选址在房租高企的繁华地段或投入大量资金进行实体广告投放。数字经济时代诞生了平台这种新的市场主体，电子商务平台是线上的市场，企业可以依托互联网技术将产品或服务以虚拟的方式展示在主流电子商务平台上，基于主流电商平台庞大的用户基础和网络，远在偏僻地方的企业也可以获得大范围的推广。随着算法技术的升级，平台在收集用户数据的基础上可以对用户形成数字画像，更可以帮助企业实现精准推销。由此观止，算法的确帮助企业节约了广告费用。

---

① 杰克·巴尔金：《算法社会中的三大法则》，刘颖、陈瑶瑶译，《法治现代化研究》2021年第2期。

算法对企业竞争成本的降低主要体现在算法帮助企业以更快速度调整价格和进入特定市场。在以往企业如果同竞争对手开展价格方面的竞争，它们很难做到对价格的实时动态调整，面对竞争对手压低价格的挑衅，企业一方面难以穿透市场的迷雾及时发现，另一方面即使企业及时发现了这种压价行为，在精打细算之前也不敢贸然跟进，惧怕价格战会带来巨大的利润损失。企业为更好地应对竞争可能需要支付很高的人工、金钱以及机会成本。但随着越来越多的企业将定价工作交由算法完成，算法帮助企业解决了竞争信息获取的难题，并以自动化的方式帮助企业实现竞争决策或辅助竞争决策。算法遵循预先设定好的逻辑规则，可以实现对竞争对手和市场的实时监控，更快、更好地把握市场竞争动态，结合市场信息和自身经营情况拟订竞争策略，自主或辅助企业应对市场竞争。阿里尔·扎拉齐在其颇具影响力的《算法的陷阱：超级平台、算法垄断与场景欺骗》一书中已经说明将算法应用于竞争策略在亚马逊等电子商务平台上是十分普遍的现象。

除此之外，算法还通过降低市场准入门槛帮助企业降低了竞争成本。有报告指出，对于一些企业来说，算法降低了它们进入相关市场所需特定知识，尤其那些对市场供求和价格波动比较敏感的算法，可以在市场发生变化的第一时间告知企业哪里可能存在新的竞争机会；在成功进入相关市场后，算法又可以帮助他们迅速建立起较为稳固且价格公道的供应链以及销售渠道，从而降低市场进入的失败率。[①] 但值得注意的是，算法的使用有时也能构成新的市场准入障碍，对于一些已经进入市场的企业而言，算法成了它们监控市场动态的工具，在位者的优势使其本身已经汇

---

① Oxera Economics Council：《当算法设定价格：谁输谁赢》，喻玲、赖美霞等译，《竞争政策研究》2019 年第 5 期。

集了相当多的市场数据,这意味着经过数据浇灌的在位者的算法会更优秀,如果市场数据和良好的算法对于新的市场进入者开展正常经营而言是必需的,那么此时算法可能会扮演市场进入障碍的角色,提升市场准入门槛。

由于算法带来的低平台经营成本和低竞争成本,市场呈现高度透明化。传统的市场竞争结构受到两个方面冲击:第一,利用算法预测分析,根据以往数据衡量未来各个结果出现的概率,对当前影响市场环境的内生或外在冲击进行预测,更快、更透明的定价策略可能会维持算法定价卡特尔;① 第二,算法优化经营过程,减低经营者的生产和交易成本,或有效率因应市场情况而定价,获得竞争优势。特别是设代理型算法合谋、中心辐射型算法合谋、自我达成型算法合谋行为,将会成为下一步反垄断重点关注对象。②

三 算法的锁定效应

算法对用户的追踪、预测与影响,快速收集竞争者的数据,在瞬息之间决策与执行反应,平台借此以不对称的信息优势不断壮大,进而获取更多流量入口,特别是通过现有的流量向垂直领域进行拓展,这就形成了"流量、算法、平台"正向循环。

传统经济学分析往往假设消费者是理性人,即要求每一个从事经济活动的人都是利己的,理性人总是力图以最小经济代价去获得最大经济利益的人。但现实生活中要求每一个消费者做到理性人何其艰难,行为经济学家结合人类学、社会学以及

---

① Stewart-Moreno, Alexander, "EU Competition Policy: Algorithmic Collusion in the Digital Single Market", 2020.
② 柳欣玥:《垄断协议规制中算法合谋分类研究》,《竞争政策研究》2019 年第 5 期。

心理学的研究早已指出大部分的消费者都是非理性的，人们存在锚定效应、现状偏见、厌恶损失等心理，这会影响人们在经济活动中的决策和行动。很多电商企业应用的算法在设计之初就认识到了人们在经济决策时存在的种种心理特征，它们的算法正在利用消费者决策时的非理性将消费者牢牢锁定在自己的平台之上。

锚定效应是指人们在决策时容易受到第一印象或初次接收到的信息的影响，这些印象或信息就像沉入脑海之中的船锚，限制了人们对事物的判断，引发决策偏误。很多商品推荐算法就认识到了这一点，比如对于消费者添加到购物车或者搜索出来的产品，如果消费者没能在此次浏览过程中购买，那算法在日后会向消费者反复推荐，并会试探性地向消费者展示更低的价格或附加更多的其他优惠，刺激消费者成交。

现状偏见可谓是一种认知偏差，受此影响人们倾向于保持事物不变或者尽可能少的改变。利用这一心理特征，很多企业往往利用算法设定有利于自身的默认选项，在潜移默化中影响消费者的决策或行为，比如网购场景下默认支付选项的设计、手机或电脑多媒体资料默认打开软件的设计等。通过默认选项，算法可以便捷消费者的名义将更多消费者锁定在自家产品或服务上。此外，即使没有默认选项，消费者对于正在使用的产品和服务也存在现状偏见，比如欧盟有关"微软案"和"领英案"的决定就考虑到由于消费者往往怠于从经常使用的软件转换到其他软件，市场内竞争产品提供的竞争约束可能并没有想象中的强烈或者市场准入门槛可能比想象中的要高。[1]

---

[1] Maurice E. Stucke, "The Implications of Behavioral Antitrust", Social Science Electronic Publishing, 2012.

相比较获得的快感,人们对损失的感受更强烈、更敏感,即使面对同样数量的收获和损失,人们也会认为后者更令人难以接受,这种心理特征叫作损失厌恶。网购中的算法也利用了人们对损失的厌恶情绪,比如对于同一款产品算法会尽可能地向消费者推荐包邮的购买方案,即使一些情况下包邮的购买方案总价高于不包邮的方案,在大多数消费者看来在商品之外另付邮费是一种额外的损失,他们可能会就此放弃购买。同时,算法利用损失厌恶心理还体现在有的算法会向潜在消费者推送有关商品的限时秒杀、数量有限等饥饿营销信息,向消费者传递一种潜在损失即将发生的信号,诱导消费者购买。算法利用人们的锚定效应心理、现状偏见心理以及损失厌恶心理将用户尽可能地锁定在自家产品或服务上,由此形成了一种算法锁定效应。除此之外,算法的锁定效应还体现在一些短视频平台的算法会利用人性的弱点,向用户推送低俗内容以吸引用户注意力。数字经济下的竞争是对消费者注意力及其背后数据的竞争,算法推送的低俗内容使用户沉迷于相应的产品或服务无法自拔,算法因而也具有了锁定效应。

四 算法锁定形成的"创新射杀区"

超级平台携数据锁定与技术更迭优势,已经在市场中形成了"创新射杀区"。

数字经济时代数据是关键生产要素和重要投入品,对于一些企业而言,数据甚至是必需的基础设施,企业利用数据训练算法,算法反过来给企业带来更多用户和数据,循环往复。由于超级平台的算法往往具有很强的锁定效应,且其提供的产品或服务具有很强的用户黏性,加之在很多情况下超级平台为了打造生态竞争往往也拒绝向其他经营者开放数据,这导致其他经营者很难获取用户和开发算法所需的数据,其他经营者可能带来的技术进步或产品创新由此被抹杀。

算法锁定对创新的影响还表现在占据算法优势的企业往往能够获得资本的青睐。芝加哥大学最新的研究表明,数字巨头在争夺投资方面存在无可比拟的优势,因为投资者会倾向于避免投资与现有巨头存在竞争的公司。[①] 莉娜·汉在其《亚马逊的反垄断悖论》一文中曾提到,尽管亚马逊的利润长久以来是微薄的,但投资者对亚马逊股票的狂热不减,仍然乐此不疲地蜂拥抢购[②],这种现象足以说明数字时代资本对于在科技上具有领先优势企业的偏爱。技术创新市场往往存在很高的风险,且呈现出资金密集型的特征,从各种互联网企业的发展历史来看,"烧钱"也是创新的必由之路,当市场中存在占据技术优势的垄断企业,厌恶风险的资本当然不愿意冒着失败的风险投资初创企业的创新。此外,数字平台对平台内商户实施搜索降权等技术手段,限制平台内商户获得公平交易的机会。搜索算法的核心是提升搜索转化率,使商品得到消费者更多关注,从而提高商品销量,涉及平台内经营者的核心权益。搜索降权直接导致平台内经营者的商品在平台上排序靠后甚至无法被搜索到,严重影响商品销售。最近的反垄断执法案件就表明搜索降权往往成为平台实施垄断行为的工具,对于不遵从其无理要求的平台经营者,数字平台就调低其搜索权重,以示严厉处罚。[③] 同时,这种搜索降权的算法也可以帮助平台实现对自营商品的偏袒,自我优待算法的存在使平台内经

[①] 樊鹏、李妍:《驯服技术巨头:反垄断行动的国家逻辑》,《文化纵横》2021年第1期。

[②] Lina M. Khan, "Amazon's Antitrust Paradox", *The Yale Law Journal*, Vol. 126, No. 3, 2017, pp. 710 – 805.

[③] 《国家市场监督管理总局行政处罚决定书》(国市监处〔2021〕28号)。

营者的境遇雪上加霜。算法的锁定效应使拥有算法的企业愈发具有用户、数据、资金上的优势，通过限制和干预其他经营者的正当经营活动，算法帮助企业排除了可能的竞争，以及可能由此带来的创新，最终损害了消费者的福利。

有人曾发出这样的感叹，大数据时代即隐私终结的时代。① 的确，算法的触角已经延伸到人类生活的方方面面，我们无时不刻不在被算法包围、锁定和分析。对于机器学习算法和人工智能，霍金曾警告它们是人类有史以来最伟大的发明，然而如果人类不知道如何规避由此带来的风险，这也可能是最后一次。希尔多·卡辛斯基在《工业社会及其未来》中发出了类似的担忧，认为算法社会中的人类，如果不是被高智能化的机器控制，就是被机器背后的少数精英控制。上述介绍与分析同样表明算法是一把双刃剑，好的一面在于宏观上算法的确带来了效率的提升，对产业赋能和升级有所帮助，为经济发展贡献了新的增长点；微观上算法也在用工、营销、市场进入门槛等方面降低了企业的经营成本和竞争成本。但算法应用同样有坏的一面，它们利用人类在决策方面的非理性诱导、锁定用户，企业又利用算法实施合谋、滥用市场支配地位等垄断行为排除或限制市场竞争，损害消费者利益。鉴于算法可能带来负面影响，如何规制算法似乎是人类必须要面对的问题，庆幸的是学界已经有很多文章对此展开论述。结合具体场景的算法公开和可解释性要求、反算法歧视和个人数据赋权，已经作为有效的规制措施运用在算法的研发和应用等环节。

值得强调或补充的一点是，就像杰克·巴尔金在其文章中引

---

① 利求同：《"零隐私世界"：信息时代隐私保护的困局》，《文化纵横》2018年第6期。

用的"拉比和魔像"寓言所揭示的那样，人工智能的算法就是"魔像"，人类作为算法的发明者和利用者就是"拉比"。魔像本身不会作乱，除非控制它的人是个坏人，同理算法也不会，除非它们被别有用心地设计和利用。人类不是圣人拉比，因而算法存在被恶意使用的可能，这注定了在背后操纵算法的人必须承担责任。当我们讨论如何应对算法带来的种种问题时，要警惕本末倒置的方案，规制算法的核心内容仍然是规制使用算法的人和保护受算法影响的人。

第三节 算法即权力

技术能够对社会结构以及社会治理产生极大的影响。从农业社会到工业社会再到如今的数字社会转型期，无不是技术的变革引领了社会结构的变化。技术是社会治理的重要工具，如今以人工智能技术为代表的科技也被广泛运用于社会治理，而智能算法，作为一系列技术的底层逻辑，亦被多方位嵌入社会治理的运作之中，并伴随着治理水平与技术进步而不断智能化并呈现扩散趋势。

一 算法权力的形成

当算法权力被运用于政治领域，其对于政治架构以及政治行为的影响会进一步扩张。根据霍布斯对国家的定义来看，"利维坦"即众人互相订立契约，每个人均让渡部分权利，人们一方面需要利维坦为其维持和平状态，另一方面由于没有对利维坦的规制而只有对其赋权，人们又受到利维坦的严格约束。在数字时代，人们一方面将自己的部分权利让渡于算法以获得各个方面的便利;另一方面也因此而受到算法的控制,即无法主动突破算法决策,只能被动接受,此时的智能算法已经具备了利维坦的基本要素,呈现出"算法利维坦"的表征,即智能算法成为社会架构的重要力量,能够通过各角度渗入并控制此社群中的成员,人们逐渐成为智能算法的附属,服从于算法的"权威"。

算法利维坦的权力来源于国家赋权与公民赋权。国家赋权算法的逻辑起点在于在以数据为重要生产要素的数字时代,智能算法的使用能够最大限度地挖掘并激发数据价值,这是其他技术无法实现的,算法用于社会治理能够极大地提高治理效率与质量,促进社会进步,国家通过赋权智能算法,也即是将智能算法纳入公权力范围内,使其具有社会认同的基础,同时将公权力的意志承载于其上,使智能算法即使在进行专业度极高的数据处理时也遵循公权力的逻辑与意图,通过智能算法将公权力延伸到更隐秘的领域,从而更好地实现社会治理与管控。公民赋权算法的逻辑起点在于社会契约的缔结,当今时代,数字技术对每个个体都有着或多或少的影响,每个人的生活都离不开数字信息,算法通过信息处理、行为预测、潜移默化的引导方式使人们的生活便利化,从而使人们加深对算法的依赖性,人们通过让渡自己的部分权利,获得了其他方面的便利。

然而,正如同"利维坦"本身获得众人赋权,而不接受监管的契约约束,"算法利维坦"获得来自国家与公民的双重赋权,此时算法利维坦的权力来源并不均衡,亦非传统意义上的权利置换的契约,也就是智能算法获得了超量的权力,但并未获得相应等量的约束和限制。当智能算法不断自我进化,其被承载的公权力意志极有可能被智能算法自我驱动而产生的技术理性所替代,社会治理行为以及政治极有可能受到算法约束,从而本由国家与公民赋权的智能算法凌驾于国家与公民之上，产生了绝对权威，而此时，公民权利已经让渡，国家权力已经不能制约"算法权力"。

二 算法权力的异化

当智能算法的智能性日渐提升，其独立性增强，即技术理性取代公权力的政治治理逻辑，那么算法利维坦就会产生异化。例如智能算法的介入影响美国大选的结果，一方面政党利用智能算法分散政治主张，算法成为政党权力触角的延伸，隐蔽、潜移默化地传达政党意志，影响选民政治行为；另一方面，智能算法自身的技术理性使其产生异化，对政治活动也产生了不可预知亦难以控制的影响，美国的政治活动受到平等主义、民族主义、民粹主义以及女权主义等多种政治思潮的交叉影响，而算法则通过其广泛的传播方式将个性化信息传达给个体，进一步加深该个体的政治印象，以及不自觉地塑造其政治偏好，导致选民之间意识形态冲突极端化，互相不仅不了解反而加剧误解与矛盾，出现了"圈层化"的割裂的政治群体。

算法利维坦的异化表现为算法权力的逾越与算法政治权威的加强。公民将自己的权利让渡于算法从而获得数字时代下更为便利的服务与信息，然而在人工智能算法发展迅速的背景下，智能算法的影响早已不限于为公民提供辅助便利，而是覆盖并逐渐渗入社会生活各个方面，当算法凌驾于公民之上，在缺乏约束的前提下，由于数据获取与使用的便利性与自我技术进化驱动，算法的权力会无限向外扩张，而与之相对应的，公民权利空间会受到严重压缩，所让渡的权利受到侵害，权力—权利契约不再平衡，更无法实现"保护"与"便利"的目的。公民所让渡的隐私权利、自由权利等，均因为算法权力的扩张而产生消极的行使效果，智能算法可以掌握一个人的所有信息并通过数据预测其行为（例如现在的大数据算法早已在商业领域大量通过数据分析预判消费行为，从而影响消费者），公民在智能算法面前是完全"透明"的人，没有隐私，也无法反抗算法。

（一）算法权力扩张正在侵蚀公民权利

公民让渡自由权，一方面是公民将自由权部分让渡于国家以换取对等的权利，这是社会契约的表现，而国家将部分权力赋予智能算法参与治理决策，实质上是对公民的自由权相对应地进行规制，这是国家权力支配下的技术介入公民权利行使，智能算法对公民的自由权的管理与限制上升到前所未有的高度，自由权利意识弱的公民会无意识陷入算法的秩序，服从该秩序的管理，而自由权利意识强的公民即使意识到算法对私人领域的入侵不断深化也无法与被赋予公权力的算法进行对抗，由于算法背后的算力极强，在已收集的个人海量数据的加持下，智能算法不断侵蚀公与私的边界，无限扩张权力而限制缩小权利，导致权力与权利失衡的状态。公民让渡平等权，即公民被动地承认算法的"数字身份"，每个人在数字社会均被算法赋予一串代码或者符号用于区别，根据不同的条件被分析、分类、记录等，数字身份一方面使众人在算法面前完全平等，但因此也丧失了"实质平等"的条件。此外，算法的运行立场、目的均受到开发者的影响，因此设计者、开发者的立场、价值观会影响算法程序的立场与偏好，算法本质上是通过输入数据以输出决策结论的一系列预设步骤，也是"掩饰在数学外表下的个人意见"，存在着歧视风险。此外，公民让渡隐私权，智能算法在很多时候的运行即是比对公民采集数据与设定程序是否符合，若不符合程序设定，那么对应的公民则会受到公权力的调查与确认。这种便利的、节省人力的核查的背后以大量消耗公民隐私权利为代价,即以"稳定""安全"为目的收集公民个人信息数据并加以利用,但是很多时候公民并不知道自己的个人信息被获取,亦难以申请删除该类数据,在智能算法面前,每个人都被随时监控着,无法绝对掌控隐私。

(二)算法权力扩张威胁传统权威

算法政治权威的加强,意味着智能算法的技术理性取代传统的"人治",即算法承担政治治理,然而以程序为表现的智能算法,其根据设定时的基本原则对社会状况进行衡量,依据数据信息得出政策、奖惩规定,整个社会必须依赖智能算法设定的数据准则而生存,智能算法是技术理性的,也是反情感、反道德的,"算法结构"代替了人组成的"官僚结构",所有人都必须仰算法鼻息而生存,作为社会价值标准的"道德""正义""平等"等原则被程序代替,基于算法的设定而进行评价,其中的评价标准、权衡条件等均被数据化并为算法所划定,算法本身是非人性化的,即依靠去道德化的算法来对"正义""平等"等人性化的价值进行评估本身就是不合理的,更加难以实现鼓励社会价值实现的效果。智能算法被设定为发展的目的即是提高社会治理效率,但是现代政治生活中,"民主"与"程序正当"的理念远在"效率"之前,基于"民主"与"平等"的政治理念而产生的"自我实现""自由"的目标与算法期待实现的"统一管理"形式下效率最高的目标并不一致,甚至存在理念上的冲突。技术理性并未将政治价值纳入计算范围,因此传统的政治文化与权威受到冲击,而这并不利于社会稳定性的维持,在效率主义的侵蚀下,极易产生极端主义文化,加速社会的割裂与分化。

第三章　平台：数字经济的组织结构革新

超级平台形成背后是信息传递模式的变革，通信技术的发展使得组织结构模式"扁平化"成为一种现实。[①] 企业不再通过纵向一体化来直接控制全产业链，而是逐渐缩小组织规模，将内部组织管理重新转化为跨组织协调，使企业内分工转化为社会分工，或者是平台内分包。通过平台对上强化协同创新，能够保证对市场变化的及时响应，开发出多样化产品，适应发达国家居民出现的个性化、多样化需求。

平台的信息中介功能使得其可以在现有市场中形成二级市场，平台也就兼具了"企业—市场"二重性。平台在不断拓展其边界的过程中，也已然形成其运营生态，承担了越来越多的公共职能，甚至代行了一部分政府行政权力。平台不断参与越来越多的规则制定，以及价格的议定，与多边用户一起形成了"市场"，并逐渐和平台利益相关者建立了共享、共赢的生态，这也被称为"双重监管"。平台本身不直接生产公共产品，而是依靠技术支撑促成双方或多方供求之间的联通，政府、公益组织和行业协会均

---

① 徐信予、杨东：《平台政府：数据开放共享的"治理红利"》，《行政管理改革》2021年第2期。

可以通过平台实现其部分职能。

理解超级平台之间的流量垄断竞争，关键在于解构其背后的权力关系。平台作为撮合商家与用户进行交易的市场，其最大特征是能够掌握乃至垄断用户的注意力，这种注意力也体现为对交易平台的选择权。这一特权让平台拥有了决定让哪些商户接入市场、消费者与谁进行交易、怎样进行交易的权利。如果对于一个单纯的市场管理者，拥有以上这些权利是天经地义、无可争议的，那么平台本身也作为一个企业，是否会利用这些权利行"剥削性滥用"与"排他性滥用"以维持其市场垄断地位便会受到质疑。

第一节　平台的组织革新理论内涵

一　数字经济平台的内涵与特征

数字经济平台是一种利用互联网等数字技术的新型经济组织，它集提供信息、搜索、金融、社交等服务于一体，是一种综合性经济组织。它构建上下联动、左右互通的数字经济生态，充分采集、共享、利用各类主体的数据，发挥数据生产要素潜能，汇集信息流、物流和资金流，制定交易规则，维护交易秩序，提高交易效率。数字经济平台这种新型基础设施融合了企业和市场功能，同时又具有一定的类似政府、公益组织等的公共属性，对国民经济起到支撑和稳定的作用。

数字经济平台以数据生产要素为核心，是数字经济的主体，在经济组织和资源调配中具有举足轻重的作用。目前，数字经济平台呈现多元化发展的态势，各种基于互联网平台的新经济模式不断涌现，比如众筹、共享等。在诸多如人工智能、物联网、大数据等新技术手段的帮助下，数字经济平台将以更好更快的态势发展。数字经济不是简单地将数字因素融入经济当中，更关键的在于数字经济业态的平等、开放、共享等属性将塑造新型的经济格局，并且极大地改变我们的生产和消费方式。

数字经济平台对国民经济具有支撑性和稳定性的作用，它通过联通线上线下，支撑经济社会的稳定发展，并且在特殊时期能起到稳定就业、保障民生的作用。例如在疫情防控的特殊时期，阿里巴巴等数字经济平台可以在不同的情境下制定不同的符合疫情防控要求的个性化需求，畅通平台商家和消费者之间的互动渠道，既有助于疫情防控工作有序高效地实施，又能够保障商家和消费者之间的稳定交易。在线零售行业吸引越来越多的人涌入其中，"共享模式"也如雨后春笋般涌入各行各业，持续创造新成就，实现从线上零售行业到物流、服务业等行业的新突破，并在全国范围内扩展，为特殊时期的就业等经济问题作出更大贡献。

数字经济平台具有较为特殊的公共属性。在数字经济多维渗透入人类社会的当下，数字经济平台已经通过多元途径积累了相当数量的公共数据。伴随着数字经济的迅猛发展，各类数字经济平台与政府、行业协会和公益组织等开展多方面多层次的合作，在民生方面具有举足轻重的意义。

公共产品并非直接产自数字经济平台本身，平台是依托技术支撑促成各方主体的供求之间的联通，政府、行业协会和公益组织等的部分职能也可以通过数字经济平台得以实现。平台具有高效、低成本、大规模等优势，这些优势能够使儿童基金会等公益组织相关工作的完成更加透明、安全、高效。数字信息交互服务平台采取多种措施，以社交平台为载体，使信息得以高效传达和沟通，并对采集自各行各业的众多信息流进行处理加工，帮助疫情防控期间受影响的个体与企业及时高效地复工复产复学，也为特殊时期民众网上办公提供了良好的条件，进而为实现资源共享、信息互通，加强疫情防控管理，引导社会舆论，纾解群众紧张情绪作出更大贡献。

中国的数字经济平台具有法律制度上的保障性优势。《电子商务法》于2019年1月正式实施，是全世界第一部确立数字经济平台法律主体地位的法律，也是世界首部规定电子支付平台具有双边市场特性的新型数字经济平台的法律，这一优势的发挥与《电子商务法》的制定实施有着紧密联系。此外，2019年8月，国务院办公厅发布了《关于促进平台经济规范健康发展的指导意见》。这些法律法规的实施为数字经济平台在疫情防控阻击战中发挥重要作用奠定了法律基础。

二　数字经济平台重构疫情防控模式

当前以数据生产要素为基础的数字平台经济，依托新技术优势，在疫情发生后为抗疫战斗发挥出独有的作用。在此次疫情防控阻击战中，众多数字经济平台发挥了信息聚合、数据共享、交流沟通、物资流转、资源调配、技术支持、金融支撑、精准定位、搜索追踪、情感表达、情绪释放、传播正能量以及迅速复工、网上办公、稳就业、保民生等重要作用，取得了阶段性胜利，并且避免给中国经济带来严重影响，起到了一定的兜底性支撑性的保障作用。中国数字经济平台在此次战疫中展现出其独有的行业特色与结构优势，我们坚信在接下来的抗疫战争中必将发挥更大作用，由此我们应当进一步坚定中国特色社会主义道路自信、理论自信、制度自信、文化自信。

（一）各类数字经济平台的积极作用

在疫情防控的特殊期间，数字经济平台发挥了相当关键的作用。由各大数字经济平台积极参与的商品配送、信息聚合、资源调配、资金支持等一系列工作便在特殊时期承担起疫情防控的积极性作用。主要归纳为以下六大类型的数字经济平台。

一是以淘宝、京东、盒马、菜鸟裹裹、顺丰快递等为代表的电商平台数字生态体系。在运行过程中,各电商平台逐渐形成了一种数字生态系统,该系统囊括电子商务核心交易企业、物流服务企业、金融服务企业、政府等组织机构,其成员之间可以实现数据共享、协同进步。面对疫情防控的需求,全国各地政府为减少人群聚集、做好隔离防控出台了诸多措施,已经取得一定的积极效果。在此背景下,电商平台数字生态体系中的各个主体积极参与医疗物资调配、满足民生需求、信息聚合、数据共享、物资流转、技术支撑等防控疫情工作。医疗用品、消费订单的及时下达与实时点对点的精准配送在很大程度上满足了人民群众的防疫需求和现实民生需求。在医疗方面,电商平台短时间高效整合物资的能力得到了体现。

自2020年1月24日以来,顺丰航空为响应社会疫情处置需求,快速增开国内和国际多条全货机航线,多措并举保障各类防疫物资的快速运输和补给。截至目前,顺丰航空累计运输防疫物资超800吨,包括各类医用口罩、医用防护服、护目镜、抗病毒药品等。1月25日,阿里巴巴宣布设立医疗物资供给专项基金,共计10亿元,阿里国际站携手天猫国际、菜鸟网络、考拉、天猫海外等,展开"全球寻源"活动,从数十个国家实地采购口罩、防护服、消毒器材、额温枪、护目镜等重点物资,定点送往武汉等湖北当地医院。1月30日上午11时许,东方航空旗下东航物流承运着阿里巴巴全球采购的首批N95口罩等防疫物资,从印度尼西亚运抵上海浦东国际机场。同日,东航MU5042航班载运着阿里巴巴采购的 70 余万件、共计 11180 公斤的医疗物资，也从韩国首尔运抵上海浦东。这些物资都用来支援相关医院。民生方面，根据微信小程序官方数据显示，2020 年除夕到初七，通过小程序进行的生鲜果蔬业态交易增长 149%，社区电商业态交易笔数增长 322%。① 再如每日优鲜，根据官方公布的数据，从除夕到大年初八，平台累计交易额较 2019 年同期增长 350%，春节七天的总销量突破 4000 万件。为了满足供应，每日优鲜平均每天向全国十余个城市供应 300 多吨蔬菜，至少 500 万份果蔬、肉蛋。②

电商平台数字生态体系也润泽了供应链体系上的中小企业，保证了消费需求与消费供给的对接，对保护中小企业、稳定就业、优化营商环境起到了积极作用，减少了中国整体经济受到的冲击。例如 2 月 3 日，盒马鲜生宣布，接纳近 500 名来自云海肴、青年餐厅（北京）的员工到盒马旗下北京、上海等城市的门店"上班"，又向行业中其他线下餐饮企业发出"招工令"，临时填补门店中的岗位空缺，③ 对疫情防控期间稳定就业起到了积极作用。

与此同时，各大电商平台还助力解决农产品直销难题。例如，阿里巴巴与各地政府沟通，于淘宝的平台增设"吃货助农"会场，帮助因疫情受阻的农户打通线上销售渠道，解决销售难的问题。除了丹东草莓，还有烟台西红柿、临安春雷笋、蒲江猕猴

---

① 界面新闻：《战"疫"结束之后的破局，现在已经从小程序中开始了》，腾讯网，2020 年 2 月 17 日，https://xw.qq.com/amphtml/20200217A0FXA400。
② 潘蕾伊：《每日优鲜 2020 年春节期间交易额同比增长 350%》，证券日报网，2020 年 2 月 6 日，http://www.zqrb.cn/gscy/qiyexinxi/2020-02-06/A1580960765192.html。
③ 杜博奇：《紧急向餐饮企业"借了"500 名员工后，盒马鲜生的电话被打爆》，天下网商，2020 年 2 月，https://www.sohu.com/a/370618357_114930，2020 年 2 月 4 日。

桃等农产品,成为首批入选线上助农活动的十款产品,农户将通过电商平台销售并快递给消费者,同时确保48小时内发货。数字经济平台为打赢疫情防控阻击战提供了坚实的后勤物质保障。

二是以微信、腾讯、微博等为代表的数字信息交互平台。疫情防控过程中信息的不对称性阻碍着有效的决策、科学的防控与精准的施策,甚至会出现有组织的无序的局面。数字信息交互平台,是指在数字经济时代下,信息交流互动的载体。这类数字经济平台依靠人工智能、大数据、区块链、物联网等先进的数字技术手段,对疫情防控期间庞大的数据信息以及资讯进行处理加工,一方面提供实时的战疫一线情况,另一方面也为政府决策者和广大人民群众提供互联互通的平台。除信息的及时有效披露之外,更起到了向社会传播正能量、合理引导舆情传递、排解群众情绪的重要功能,为打赢疫情防控阻击战提供了坚实的后勤信息传递保障。例如,抖音在1月23日便上线了"抗击肺炎疫情"专题,西瓜视频、今日头条等平台均推出直播间,邀请武汉协和医院感染科李伟教授就疫情相关问题为民众答疑解惑;另外,快手也紧急上线了"肺炎防治"频道,推出了"口罩防护"魔法表情,开设了"疫情防控"专题,帮助用户更全面地了解疫情防控知识。

三是以高德地图、百度地图、滴滴出行等平台为代表的数字定位出行平台。疫情就是命令、防控就是责任,在疫情这一洪水猛兽面前,出行类数字定位平台发挥自身掌握的地理信息与相关数据优势,引导物资配送,保障抗疫人员的行动,为他们指明方向。这些数字定位出行平台也对大量用户出行和变动数据进行分析,寻求其中的内在联系和规律,为打赢疫情防控阻击战提供了坚实的后勤技术保障。例如,2月6日,北京市首次发布新冠肺炎患病人员发病期间活动过的小区或场所，对此百度地图当晚紧急上线"疫情小区"专题地图，可供市民及时了解信息，群防群治共抗新冠肺炎，并协助社区开展有针对性的疫情防控活动，助力遏制疫情的进一步扩散。

四是以蚂蚁金服（支付宝）、腾讯财付通等平台为代表的数字金融平台。2020年2月1日中国人民银行、财政部、银保监会、外汇局、证监会五部门联合发布《关于进一步强化金融支持防控新型冠状病毒感染肺炎疫情的通知》，吹响了金融抗疫战的号角。作为数字金融平台的代表，蚂蚁金服等第一时间全力支持新冠肺炎疫情防控工作，从捐资捐物助公益、扶持小微渡难关，到金融服务保民生、保障医务生命线等数管齐下，用有效、全方位惠及全社会的能力结合科技的效率，坚定决心支持并配合国家打赢这场特殊的疫情防控阻击战。蚂蚁金服等坚决贯彻落实五部委要求，积极开辟小微企业服务"绿色通道"，加大小微企业信贷支持力度，以实际行动助力小微企业渡难关。蚂蚁金服等也针对受疫情影响人员的信贷，制定特殊的政策，助力缓解短时间内商户资金不足以应对退款需求的问题。特别是为及时保障用户合理的退票需求，支付宝建立了应急保障机制，使用自有资金进行大规模先行垫付，且未向商户和用户收取任何额外服务费用。蚂蚁保险还联合保险公司针对不同群体推出不同抗疫健康保障产品，充分发挥保险保障对于疫情防控工作的支持。数字金融平台还积极筹措社会捐款，弥补了传统公益组织和传统保险的不足，更好地促进了金融信息撮合，有力地提供了精准、高效、普惠、低成本的信息流、资金流、物流匹配等服务。各类数字金融平台调配合理资金驰援武汉、驰援湖北、驰援一线，这场金融领域的"及时雨"，为打赢疫情防控阻击战提供了坚实的资金保障。

五是以钉钉、腾讯会议、飞书、阿里健康、丁香医生等为代表的在线远程服务支撑数字平台。疫情防控期间上课、看病、工作仍在平稳正常地运行，这需要归因于诸如在线授课、远程医疗、线上办公等的在线远程服务以及数字平台的不懈努力。此外，各类数字平台也对社会各类资源起到了高效分配、有力保障的作用。例如，通过钉钉的"健康打卡"功能，身体状况良好的员工可以早日复工，有感染风险的员工则继续在家留观，从而最大限度地保护每个人的身体健康乃至社会的健康稳定。同时，企业也可以通过这一功能实时了解员工的健康状况，再根据员工总体健康情况有序高效地进行"企业复工申报"。属地政府、管委会单位收到企业复工申请后进行线上审批，并可登录钉钉及时了解企业开复工、人员返工、健康打卡等情况；确保在符合疫情防控前提下，逐步恢复正常生产经营秩序。在面向广大人民群众的微信端，丁香诊所放置了诸如疾病百科、科普文章以及药品知识等，希望能够和医生达成紧密的合作，共同为社会大众创造和分享有益知识。近 50 家国内外知名药品生产企业联合阿里健康，在天猫"买药不出门"平台上，进一步推出"慢性病福利计划"，以保证疫情防控期间民众可以通过天猫平台获得稳定的慢性病药品供给，同时也为疫情防控期间不便出门配药的慢性病患者提供远程的慢性病管理服务。

六是以阿里云等平台为代表的技术支撑数字平台。在这些技术支撑数字平台中，很多还附带了多种技术支持手段。例如，浙江省疾控中心上线自动化的全基因组检测分析平台，通过阿里达摩院研发的 AI 算法，原来需要耗费数小时的疑似病例基因分析将缩短至半小时，并且能够做出病毒变异情况的精准检测。

疫情防控期间，为加速新冠肺炎疫苗和新药物的研发，阿里云将 AI 算力向全球公共科研机构免费开放，还为疫情信息采集登记系统提供技术支持。浙江省卫生健康委员会应用由阿里云提供技术支持的"疫情信息采集系统"进行信息管理并支持决策，该系统将覆盖浙江省 11 个地级市卫健委、90 个区县卫健局以及上千个基层防控工作小组。在疫情中各类平台发挥其技术实力，实现对于以互联网为基础的平台经济发挥出了其特有的功能，为打赢疫情防控阻击战提供了坚实的综合服务保障。同时，借助大数据平台，有望实现对疫情人流的追踪，实现精准防控，因此，在此次疫情防控阻击战中，各类数字经济平台精准持续发力，各类头部平台依托技术长板，利用数据优势，助力科学决策、精准施策，助力打好疫情防控阻击战。

（二）数字经济平台挖掘数据价值

数字经济平台能够在疫情防控期间发挥作用的一个重要原因就在于平台能够利用如历史经营、支付、守约和企业工商、税务等的多维度数据，利用新技术、新模型生成授信额度进而完成相应的数字服务，而做到这一切的前提就是对数据进行收集和分析。

随着数字技术手段的进步以及数据模型的完善，各个数字平台逐渐形成了自己的生态体系。大型科技公司凭借数字经济平台所形成的海量用户和交易数据优势，使得其旗下 App 形成的数据孤岛逐渐向数据群岛转型，形成网状数据。

数据的价值在于应用。在疫情防控期间，全国各地的新增确诊人数、治愈人数、死亡人数等数据是整个社会关注的焦点。在普通民众看来是疫情发展和变化的趋势；而当科学家运用这一系列数据构建数学模型用以预测疫情发展时，则发现了更大的数据内在价值。数字经济平台也能够通过挖掘数据价值进行业务以及商业模式的创新,以趋近于零的边际成本提供多样化、定制化的数字服务。特别在此次疫情防控期间,各类型数字经济平台使用技术手段通过对海量数据进行分析,更好地促进了相关信息整合,科学合理调配资金驰援抗疫一线,积极高效地提供了精准透明的信息流、资金流等服务,为此次战疫带来了数字经济领域的"及时雨"。

数据的价值不断从它的集中、统一,以及处理和运用过程中显现出来。从信息工具的视角来看,互联网金融信息工具的广泛应用和实践正是以大数据和征信体系为基础,在互联网金融中运用大数据能够很好地降低信息供给的规模成本以及潜在的金融体系风险隐患。为了进一步促进中国数据行业的发展,尤其是对于金融数据而言,应当鼓励其开放共享,通过各类数字经济平台,对个体和企业的大量数据进行整合与处理。在这一过程中甚至可能出现打破政府部门数据孤岛的大突破,同时促进数据信息共享平台和社会信用体系的建设。但同时,头部企业对数据的控制提高了市场进入壁垒及转换成本,甚至带来"赢者通吃"的恶性局面。国外的 Google Search 案中,Google 以搜索端流量为基础构建了平台型数据生态,并通过流量控制排除与其他企业的有效竞争,进而使它们丧失创新服务的动机和能力;这也是国内数字普惠金融平台在有序平稳发展时需要警惕的重点。

因此,对数据的观念应当从"监管"向"治理"逐步转变,辅助运用内嵌型、技术辅助型的科学有机监管路径,在金融信息与信用风险的本质关联中应用数据和信息工具,共同为数据安全有序利用奠定制度基础。通过以人工智能、大数据、区块链技术为基础的共筹共智的金融票证制度[即"共票"(Coken)制度]以数据为核心基础,适用科学高效的数据采集、共享、处理和分析流程，向广大人民群众和其他相关方反馈数据共享以及流通带来的权益，各方也能够在共享数据的同时，获得数据统合带来的利益，从而明确数据的所有权、使用权，并对其进行合理定价，实现其在各主体之间的交易流通，最终实现数据的价值，并推动数据治理与数据共享的进程。随着数据信息的开放与共享，消费者可以享受更便捷高效的服务，这是一种间接受益机制，还可构造"双向互惠"的利益分配机制，这则是一种直接让用户受益的模式。

三　进一步发挥数字经济平台的作用

第一，加强培养社会公众的现代化数字经济意识，让群众参与数字化进程。数字经济平台作为新兴产业，需要配合新理念、新思想、新方法，才能弱化社会公众在各个层面对传统路径的依赖，同时提升民众对数字经济与数字技术的认识水平与运用能力。加强对疫情防控各队伍以及广大人民群众的数字化素质培养，在疫情防控期间熟练运用数字经济平台，助力疫情防控阻击战。

第二，利用新技术手段实现数字经济平台的进一步建设。充分发挥平台作用，提升数据生产要素的潜在价值，致力于数据处理效率的提升、数据流通共享的优化。例如，发挥新技术集群优势，强化数据信息的聚合与共享，将新技术嵌入疫情防控各个关键环节，提高管理监控效率与数据信息的高效透明流动。[①] 再如，将区块链技术嵌入平台政府架构设计底层，建立实时可靠的核心

---

① 例如，结合区块链技术，联合数字经济平台引入以"可信数据输入系统""Gossip 传播协议""数字验证机制"为核心的双向信息沟通机制，探索其在公共信息发布中的应用，提高政府发布信息的公信力，降低社会谣言、留言带来的整体危害，增强社会面对重大问题的集体凝聚力。

部门节点，推动政府内部各部门之间的信息交换，确保重大事件中政府关键部门能够及时获取信息以综合协调工作，提升应对能力与处理效率。

在疫情防控的第一线应用各类数字技术手段，如人工智能、物联网、大数据、区块链、云计算等，有助于在疫情防控期间对各种数据进行实时监控与处理分析，为疫情防控提供针对性的措施，也为政府机构与社会民众之间架起紧密的联系，保障信息在全国范围内流通与共享，为疫情防控提供必要的技术支持与保障。

第三，利用数字经济平台实现对医疗资源和生活资源相对精准的分配。各类数字经济平台通过对庞大的实时数据信息进行整合分析，合理分配资源，如口罩、防护服等医疗用品，以及大米、粮油等生活用品，做到将每一份资源用在"刀刃"上。同时，利用数字经济平台对数据的追踪记录把控对资源的分配，实现每一步都有迹可循，助力建设权责明确、安全可控的重要物资管理体系，进一步实现特殊时期的资源精准分配。

第四，充分发挥数字经济平台的监控追踪功能。利用互联网、大数据、区块链、云计算等技术手段对疫情防控期间公民的健康状况、重要行踪进行实时监控与追踪，据统计显示，80%以上的数字经济平台具备疫情地图展示、发热门诊查询等功能。例如阿里巴巴"疫情服务直通车"就在疫情防控期间及时推出"患者同行程"查询功能，便利民众主动查询行程中的同行患者。在提供数据信息的同时要做好个人信息保护工作，避免患者与其他民众的个人信息被不当公开与利用。

第五，启动《数字经济平台法》的立法工作，保障数字经济平台健康发展。数字经济平台在疫情防控期间的出色表现并不能掩盖其潜在的风险，应当对各类数字经济平台尤其是第三方支付机构的金融科技平台进行适度监管，为平台的发展和进步提供更加规范、开放、包容、稳定的环境。疫情防控期间，数字经济平台对数据信息的处理与共享对社会稳定起了重要作用。因此，应尽快启动《数字经济平台法》法律制定工作，让数字经济平台能够更高效更稳定地发展，也为疫情防控阻击战作出更大贡献。

第六，发挥平台优势，完善建设数字普惠金融，通过互联网经济业态的优化，助力中国数字经济新维度突破。当今世界正处于资源优化创新时期，中国经济也需要新动能驱动，而平台经济便是这一革命性转化的核心载体。平台经济重组了全球经济产业生态，改变了传统的以产业链为依据的生产组织形式，对于普惠金融的发展具有深刻意义。后疫情时期，国内外经济均面临较大的下行压力，对于金融行业则有着更加非凡的意义。平台经济与国家当前适度灵活的货币政策形成良好的正向循环，不仅能够提升对于防疫相关物资生产企业的数据支持，还能够为经济领域受到疫情影响较大的地区，以及其内部行业、企业依据数据提供差异性普惠金融支持。

第二节 数字经济背景下政府管理模式变革

国家诞生于社会之中，基于不同的社会基础将形成不同的国家治理结构。① 我们在思考数字经济背景下的政府管理模式变革之际，更需要从中国的本土资源入手，分析研究当前的政府管理

---

① 任路:《"家"与"户"：中国国家纵横治理结构的社会基础——基于"深度中国调查"材料的认识》，《政治学研究》2018年第4期。

与中国社会的耦合关系。

一 工业治理体系与数字治理体系的演化

（一）数据与信息之辨：电脑与人脑

本节论述的基础框架是区分与联系数据以及信息这两个基本概念。数据和信息最开始作为一组相互关联的概念出现在信息通信这个研究方向，时至今日，学者们关于信息和数据这两组概念在法学界的论述内容可谓俯拾皆是。在这些理论中，DIKW体系（Data Information Knowledge Wisdom，由美国管理学家、思想家拉塞尔·艾克夫所提出）在学术界被广泛接受和认可。在拉塞尔·艾克夫的理论中，人类目前的知识体系被划分为形状为金字塔形的四阶层。由上而下是数据、信息、知识与智慧。根据该理论，数据这个概念可以被理解为人类对客观存在的各种属性的一种抽象表示，数据之间分散且无关，没有形成体系；当人类对这些不成体系的、分散的数据进行主观能动的加工处理后，就产生了可以反作用于客观世界的信息。

在传统的语言交流环境中，数据作为一种信息的载体，在与文字、图片等传统载体相比较时，仅仅只有形式上的区别。然而在当下电子通信的大环境下，传统的信息载体在承载信息的同时还需要以数据作为载体，即只有电子化的数据才可以实现信息传输的电子化模式。因此，数据成为电子通信中最基本的载体，其重要性也逐渐凸显。由上述论述可知，数据与信息是载体与内容的关系，然而，在许多场景中，这两种不同的概念往往会被一概而论。

数据与信息这一组相互联系的概念，随着历史的进程与技术的进步而一同演进。在工业时代，数据作为一种信息的普通载体，并不能对传统工业体系造成严重的冲击。因此可以通过对原有体系的查漏补缺，去将电子化的数据涵盖在内。然而，随着数据时代的到来，超大体量的电子数据通过互联网进行传播，数据作为电子通信中最基本的载体，已经不能被传统的理论体系和研究方法所支配与定义。另外更重要的现实意义是，当下数据的利用程度决定了社会治理的成败。

（二）工业时代的决策信息汲取、归集机制不完善不全面

在传统的工业时代，决策的模式与体系是以信息传递为基本凭借的，同时信息传递又以科学技术为媒介。在传统决策体系中，信息传递的效率是决策效果的决定性因素，以疫情中的政府为例，政府各部门之间在交换疫情相关信息时，明显缺乏效率，这种现象可以归责于政府部门之间纵向信息交流体制中的弊端。其中，基层政府部门作为数据信息的源头，其收集、处理数据信息的能力低下，进而导致各级政府无法针对疫情真实情况做出实时、有效的决策，同时也会给公众带来因不明真相而产生的恐慌。种种不利因素的叠加造成了疫情初级阶段的混乱局面。

长期以来，基层政府部门在进行社会治理时，一直在强调综合性治理，这在扩大治理范围的同时却会导致政府工作专业性的降低。这使得在突发的、具有重大社会影响的公共事件中，政府难以采取及时、有效的措施用以应对。基层数据信息难以上传，上级政府的政策难以落实到基层，再加上当下媒体信息的质量难以保证，各类不真实信息在社会中广泛传播，各种数据信息传递不利所带来的不良后果共同造成了疫情管控中的混乱局面。

（三）信息交流模式与治理工具的结构性匮乏

在疫情管控的初期，政府机构与企事业单位之间缺乏便捷、高效的信息交换体系，其原因是当下政府部门的条块化分割机

制。特别是面对突发性重大公共事件时，信息有效共享的工作是很难在一个缺少制度与组织的体系下来开展的，这也是紧急信息纵向不对称的原因所在。在疫情中，承担相应责任的社会各方仅就各自的工作范围埋头苦干，却忽略了信息的共享与交流，这使得各方无法根据疫情的整体信息做出全面综合的决策，进而延误疫情管控工作，使情势更加恶化。

以疫情初期湖北省政府为例，在新闻发布会中相关领导对医用口罩的产量所做出的说明严重不符合常理，更严重的是某些市级领导对有关疫情的最基本情况都是"一问三不知"，此类现象无疑彻底地暴露了现有治理能力的严重不足以及治理体系的重大缺陷。再比如在疫情中各大互联网平台中多次出现与感染者密切接触人员的寻人启事，此现象反映出地方政府与交通管理部门之间信息交互体制中存在的缺陷。在互联网中发布寻人启事无疑是一种极为低效的方式，其背后反映的社会治理问题亟待解决。

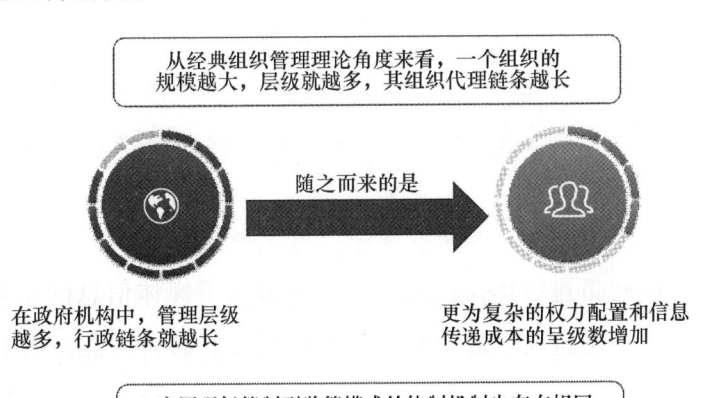

图 2-1 中国监管模式机制的信息传递延迟

资料来源：笔者自制。

二 寻找科层治理的新出口

以"封村断路"为代表的"硬核防控"手段引发了是否矫枉过正的巨大争议,而以"健康码"等新科技为代表的相对柔性的管理手段则被热捧。传统的管理方式在小城市、县、乡等地区依然有效,但大中型乃至超级城市的管理者因为治理规模的累积与治理对象的多元化、复杂化,缺乏包括数据触达在内的新技术手段进行管理,现有的信息传递机制乃至组织结构已经无法适应新的治理环境。

(一)数字纽带:新技术下的信息传递与组织结构

追寻导致某种政策产生的最早政治选择是政治制度分析的最恰当的出发点。这些最早的政治选择以及从中产生的各种相关活动决定着未来的政治和政策趋向。假如不对最早的政治和政策有所理解和体悟,那么我们也很难理解其发展的逻辑。[1] 随着传统的单位制逐渐瓦解和消失,属地化联系逐渐削弱和解除,人员、资本、产业的跨地区流动性日益增强。在这一现实下,亟须建立一个全国性、一体化的市场经济用以打破各类形式的地方保护主义与地区歧视,建立起一整套超越属地局限的基础设施和制度环境。[2]

在疫情防控期间,上述需求和"最小接触"原则相结合,催生了一大批新的数字科技应用程序,涌现出一批令人瞩目的数字服务成果。比较典型的有新型冠状病毒肺炎防控智能追踪服务系统、疫情实时时空风险预警(时空足迹)系统等与抗击疫情密切

---

[1] 邓小南:《祖宗之法:北宋前期政治述略》,生活·读书·新知三联书店 2006 年版,第 15 页。
[2] 周黎安:《政府治理的变革、转型与未来展望》,《人民法治》2019 年第 7 期。

相关的数字服务系统,特别值得一提的是浙江首创的"一图一码一指数",其中"一图"是指浙江省县域疫情风险地图,"一码"就是从浙江诞生进而走向全国的"健康码","一指数"即精密智控指数3.0版。以最常见的"健康码"为例,2020年2月17日浙江全省各市健康码均已成功上线,成为全国首个实现健康码全覆盖的省份。这意味着公民与政府之间建立起了全新的交流沟通渠道,使得浙江能够在最短时间内把数据能力转化为现实的解决方案,实现了基层治理的数字纽带的设想。可以说,内嵌数据触达理念的"健康码"系统改变了原有的信息传递模式,构建了一套高效而有力的"数字纽带"治理体系。

以"健康码"为代表的各类新技术、新应用程序不断涌现的背后,是日益占主导地位的数字经济平台这一新兴的经济组织形态。作为适应数字技术体系的资本积累和社会生产与再生产的新组织形式,以数据作为新的信息传递载体,依靠高效的数据采集和传输系统、发达的算力以及功能强大的数据处理算法,数字平台跨越地域、文化集成社会生产、分配、交换与消费活动,大大促进了社会生产力的发展。① 随着数字经济发展的迅猛态势,部分数字经济平台形成了集电商、社交、金融、物流、出行、投资等综合业务于一体的超大规模的生态体系,对资源调配和经济活动的影响不断加深,日渐成为占主导地位的经济组织形态。

技术在治理体系中的不断应用带来信息传递模式的巨大变革,使得平台组织结构模式走向"扁平化"结构,并具备实际可操作性。马克思主义政治经济学强调,在工业发展到具有一定的规模和程度之后,资本的有机构成不断提高,同时资本吸纳的劳

---

① 谢富胜、吴越、王生升:《平台经济全球化的政治经济学分析》,《中国社会科学》2019年第12期。

动就业人数相对减少。① 新技术的不断涌现与应用也意味着大流动性的社会管理模式从传统的劳动力密集型走向技术密集型，劳动从机械生产、简单管理等事务中逐渐退出，② 能工巧匠所拥有的"独门绝招"逐渐被标准化、机器化的现代模式取代。反映到中国治理体系和治理能力现代化中，就表现为技术密集度越来越高，并且越来越排斥重复低效的劳动。譬如，传统法庭中书记员承担的记录工作逐渐被各种转译软件所替代，越来越多的传统"办事员"被排除出现代化的治理系统。被技术排斥的不仅有简单的机械劳动，还有用以弥补信息传递衰减的中间结构，这些变化客观上引导治理结构向扁平化模式发展。

组织结构模式的变革必然带来责权利的再分配，而责权利再分配的结果一旦稳定，则又会反馈到信息传递模式，继而加强新的信息传递模式。历史上，汉唐之际的简纸更替提高了底层信息向上传递的容量，为基层统治重心的上移提供了切实有效的技术条件，纸张代替简册后，各种基础账簿上移至县廷制作，包括税收与司法在内的基层事务亦随之由县令统揽，从而开启了后世"皇权不下县"的局面。③ 信息传递—组织结构—责权利分配循环

---

① 郭庆：《论中国工业化进程中资本对劳动的排斥》，《农村经济与社会》1990年第3期。
② ［苏］列昂节夫：《政治经济学》，生活·读书·新知三联书店1974年版，第118页。
③ 秦汉时期，由于简册书写不便，更因形体繁重，运输保管不易，以致户籍等各类基础账簿只能在乡制作，最高呈至县级机构。这些文书所负载的管控民众、征发赋役的基层行政功能，也主要是在国家权力末端的乡一级机构展开。但乡吏介于官、民之间的政治身份以及鱼肉百姓的经济行为，向来为统治者所诟病；皇帝也因朝廷并不掌握赖以稽核的基础账簿，以致无法遏制地方上报的严重造假而喟叹。纸张代替简册后，在帝国革除乡政弊端以及强化中央集权体制的内在驱动下，各种基础账簿上移至县廷制作，基层事务亦随之由县令统揽。简纸更替虽为基层统治重心的上移提供了技术条件，但县廷并不具备直接面对分散个体小农的能力，随着唐后期地方社会结构的变化，新兴的士绅阶层逐渐登上乡村政治舞台，从而开启了后世"皇权不下县"的局面。张荣强：《简纸更替与中国古代基层统治重心的上移》，《中国社会科学》2019年第9期。

分析了古往今来的各种改革，成为解构各国各地区新政得失成败的一串关键钥匙。

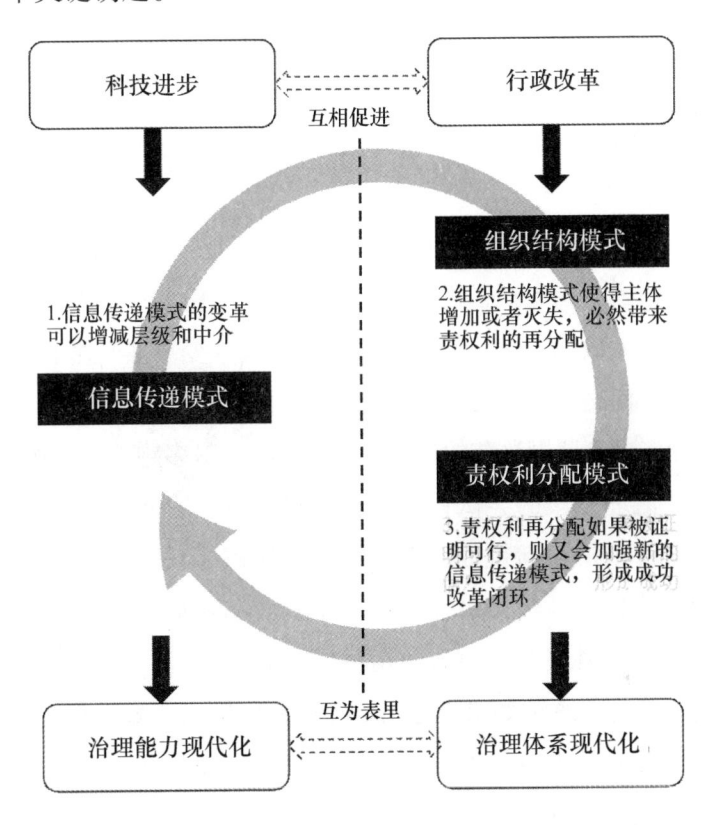

图2-2　信息传递—组织结构—责权利分配循环理论关系

（二）走出路径依赖：激发组织改革的内生动力

世界各国政府通过不断摸索新的政府组织结构模式以适应信息传递模式不断更替背景下的政府治理现状。国际上出现了新型公共管理、公共服务理论、整体政府理论和网络化治理等一系列主张，中国也有良性违宪、信访制度和运动式治理手段对传统组织结构进行修改。①

---

① 丁轶：《反科层制治理：国家治理的中国经验》，《学术界》2016年第11期。

在世界范围内，比较典型的案例是 20 世纪末英国工党政府在总结政府改革经验教训的基础上，提出的打破部门之间行政分割，多方协作的"合作政府"（Joined-up Government）理念。① 随后出现了以"整体政府"（Whole of Government，WOG）为核心的第二次政府改革运动，又对"合作政府"运行中伴生的碎片化现象进行了修正。②

中国除良性违宪、信访制度和运动式治理外，也以组织结构和信息传递模式为切入口，进行了横纵向组织结构变革和技术变革。③ 或是基于以大数据、区块链、人工智能等技术变革实现数据触达的目的，提升信息传递能力，从而提升政府治理能力，比如北京、广州、杭州三大互联网法院的设置、浙江省的"最多跑一次"改革。

这些治理手段的尝试旨在回应信息技术、全球化以及网络外部性效应带来的全新挑战，在局部有效缓解了决策统一与高效治理、基于信息反馈与信息控制所产生的矛盾和张力后，一定程度上减轻了传统科层组织模式的运行压力。

遗憾的是，改革如果不走出路径依赖的模式，最终都会面临失败。如果无法形成新的责权利分配模式，进而演化出新的"信息

---

① Geoff Mulgan, "Joined up Government: Past, Present and Future", V. Bogdanor, *Joined-up Government*, Oxford University Press, 2006, p.175.

② 曾维和：《评当代西方政府改革的"整体政府"范式》，《理论与改革》2010 年第 1 期。"整体政府"是后新公共管理改革概念丛林中的一个代表性话语。整体政府是指一种通过横向和纵向协调的思想与行动推动政府实现预期利益改革模式。它包括四个方面内容：排除相互破坏与腐蚀的政策情境；更好地使用稀缺资源；促使某一政策领域中不同利益主体团结协作；为公民提供无缝隙而非分离的服务。"整体政府"代表了"部门主义"（departalism）、"视野狭窄"（tunnel vision）、"垂直筒仓"（vertical silos）的对立面，它以解决全球化与信息化时代所产生的复杂性、综合性公共治理与公共服务问题为基本出发点，以"跨界性合作"为核心理念。

③ 横纵向组织结构变革可以根据不同的情况，譬如以"增设部门"实现了党政科层制的横向扩张，以"领导小组"实现了党政科层制的横向整合；以"撤县变区""县级改地市""地级升副省"为代表的行政单位的行政级别调整实现纵向变革。刘炳辉：《超级郡县国家：人口大流动与治理现代化》，《文化纵横》2018 年第 2 期。

传递模式—组织结构模式—责权利分配模式"循环结构,那么虽然在现有框架下从科层制内部做的科学有效改革有利于实现一些治理的功能,但是无法避免成为现存科层制结构的一部分的结局。

激发组织改革的内生动力需要走出路径依赖。例如,目前北京市不动产登记大力推广"三联办""两联办"的科学模式,通过税务、住建等相关部门在不动产登记中心派驻工作人员开设具有综合功能的窗口,将人民群众的不动产登记负担移转到后台行政工作人员的身上。由于存在人手不足、数据不联通、程序繁复等问题,应对这些问题所采取的措施大幅增加了政府工作人员工作量。现实是税务、住建等相关部门早已对登记房屋信息进行了海量数据采集,积极推动数据共享机制,有利于减轻不动产登记中心进行重复采集数据的负担。如以海淀区不动产登记中心为代表的各区不动产登记机构,将区块链技术在内的数字科技应用于政府服务,以期减少实际登记工作负荷。"三联办""两联办"等电子化服务模式的推进增加了基层公务人员的压力,反而倒推不动产登记中心形成数据共享的内生动力,成为以外部压力撬动组织改革的又一绝佳案例。

改革是顺势而为,而非权力的任性妄动,制度或是组织变革亦是如此。各级政府不仅面临着由跨行政区域乃至跨国的交易、流动所带来的高度复杂性和不确定性,还必须与大流动社会治理模式中官僚制组织的墨守成规思想作斗争,二者产生了无法调和的结构性矛盾,以至于必须超越基于属地管理行为逻辑原则进行的社会治理,以创新型的组织(或是组织模式)实现对官僚制组织的革新。[①]

---

① 张康之:《走向合作制组织:组织模式的重构》,《中国社会科学》2020年第1期。

(三) 平台政府：数字时代政府组织形态革新

面对当前社会治理所呈现出的高度复杂性和不确定性，构想新型的组织（结构模式）是时代的必然，以实现对官僚制组织的有序迭代。① 政府治理也要与时俱进地跟上互联网时代的脚步，具体可以表现为政府组织结构向互联网企业转变，利用区块链、人工智能、大数据、物联网、云计算等新的技术条件，谋求建立融合企业和市场功能的数字经济平台，以走向世界经济舞台中央。② 当前的生产、交易、金融、生活等方面的平台化重新定义了数字时代政府的角色，着重强调了政府治理的协调和服务功能。特别是计算能力的不断攀升使得突破原有的科层制，建立单个统一处理各种数据的政务系统有了可能。以对移动互联网外卖平台的管理为例，其运行往往涉及卫生、交通、税务、工商等诸多部门，传统的多部门管理单一业务的组织形式无法适应新型外卖平台的整体协同管理，某种意义上倒逼多个部门进行科学化集成，把工商、质检、税务等庞大的政务体系融合成"大平台、小前端"模式，以一个整体系统更有效地应对平台经济所带来的新挑战、新风险。

伴随着政府管理需要的变革，政府的组织形态也正发生着根本性、结构性的变化。从"最多跑一次"在浙江宁海的落实经验来看，其本质理念在于使政府多部门呈现为一个"整体"，尽可能实现"一站式"政务服务。另外，原先属于个人的义务转移给政府是"一站式"服务的内涵，这在客观上加大了公务人员的工作压力，也必然要求"整体政府"改造信息传递的机制，提升信

---

① 张康之：《走向合作制组织：组织模式的重构》，《中国社会科学》2020年第1期。
② 杨东：《发挥数字经济平台独特优势 助力疫情防控更加有序有效》，《人民日报》2020年3月26日第9版。

第三章
平台：数字经济的组织结构革新

息传递、共享的效率，进而发展更高形态的政府组织结构。组织结构改革后的政府具有信息传递数字化、组织结构扁平化、权责利明确化三大特点。

第一，政府内部信息传递模式走向数字化。县域内部工作一般以"牵头部门→职能部门→乡镇（街道）→村（社）"形式进行金字塔模式的管理，指令信息从上而下依次传递，而决策依据信息则需从下而上依次传递，这样的情形易导致政令不畅、信息失真，决策部门也会因管理精力分散导致无法产生科学、合理、有效的决策。信息传递充分运用"浙政钉"将会带来结构性变化，牵头部门可利用其全面掌握的条块工作，发布实时的工作指令，同时条块之间按照既定机制自动运行，以实现内部流转、网上留痕，在线上实现跨层级管理模式，打破原有模式下的信息传递困境。[①]

第二，"浙政钉"应用带来组织结构扁平化。"浙政钉"将相关部门与各乡镇街道进行串联，既实现了工作流程的无缝对接，又减少了串联过程中的协调成本。[②] 传统模式下各项条线工作都是"各自为战"，而"浙政钉"的应用实现了县域内跨区域综合管理，解决了部门与部门、部门与乡镇、乡镇与乡镇之间信

---

① 比如，县卫计部门分管副局长很难了解到基层卫生院医生在实际操作中遇到的困难，卫生院医生向分管副局长反映问题，需经过医院科室长、副院长、院长、卫计部门科长等多层级汇报。改革之后，可将某事项的相关部门及乡镇街道的中间层和操作层直接纳入钉钉群，基层医生可直接在钉钉群里向卫计部门副局长反映问题，副局长可在群里直接作出决策并发布指令，中间层也可在钉钉群里同步获悉问题和收放指令，从而切实提升行政效率。此外，将事项的相关部门及乡镇街道的中间层和操作层直接纳入"浙政钉"群，各环节在钉钉群里同步获悉问题和收放指令，各部门将月度数据汇总到政务钉钉群，实现内部流转和数据共享，以便各部门查漏补缺。

② 原先卫生院、派出所、人力社保局、民政局、残联等部门都是单独运行，与乡镇之间是单线联系，工作中经常发生纰漏现象。比如，公安的户籍注销数据没有及时反馈至残联，导致残联无法及时停发残疾金，造成财政资金损失。

息无法共享以及无法高效传递的难题,① 实现了跨层级、跨部门、跨区域"三跨"管理,明显提升了政府各地各部门整体效率。

第三,浙江宁海"审批法庭"工作机制带来的责权利的再分配。由县政府法制办严格按照"四个一律"② 召集相关部门进行"庭审",对事项办理环节中存在的伪前置、假前置,以及不合理的真前置进行全方位的彻底清理,有利于审批流程优化、审批受理标准化。③ 而责权利的再分配明确了各个机构的责权利,落实到具体个人或者单位的责权利又反过来将政府内部信息传递模式透明化、数字化。

浙江宁海"浙政钉"应用、部门工作综合优化、"审批法庭"三位一体改革有效形成了"信息传递、组织结构、责权利分配"的良性内循环结构。这一改革倒逼政府内部信息传递模式走向数字化,而信息传递数字化必然带来组织结构扁平化,组织结构扁平化使得责权利再分配,取消了不必要的中间节点,这反过来又加强了政府内部信息传递模式走向数字化。而正是这一良性循环,逐步形成新的治理形态,即一个整体的平台政府。

---

① 比如 A 乡镇人员在 B 乡镇死亡,需 B 乡镇民警注销死者户籍后,反馈至 A 乡镇民警,A 乡镇民警再反馈给 A 乡镇民政科。改革之后乡镇 A、B 可同步在钉钉群上获取信息,B 乡镇卫生院开具《死亡医学鉴定书》后,A 乡镇民警可及时注销户籍,民政科也可同步停止死者生前待遇,从而实现乡镇之间的跨区域管理。

② 四个一律:2017 年 6 月 13 日,李克强总理在国务院深化"放管服"改革会议上提出,要坚持"四个一律"开展"减证便民"工作,即凡没有法律法规依据的一律取消,能通过个人现有证照来证明的一律取消,能采取申请人书面承诺方式解决的一律取消,能通过网络核验的一律取消。参见《李克强在全国深化简政放权放管结合优化服务改革电视电话会议上的讲话》,新华网,http://www.xinhuanet.com/politics/2017-06/29/c_1121236906.htm,2020 年 6 月 24 日。

③ 比如死者家属通过拨打"12345"政务热线,话务员根据询问填写标准设计的《死讯简况》,随后传至政务钉钉群,乡镇街道联络员接到指令后,在群里指派卫生院医生和网格员一同上门调查死因,出具《死亡医学鉴定书》,并用手机拍照上传至钉钉群,户籍民警在群里下载《死亡医学鉴定书》后在规定时间内主动注销死者户籍,殡仪馆在死者火化时主动开具《火化证明》,人力社保局、民政局、残联等部门下载《死亡医学鉴定书》后主动停发死者待遇,并向死者家属发放抚恤金、丧葬补贴、残疾金等。

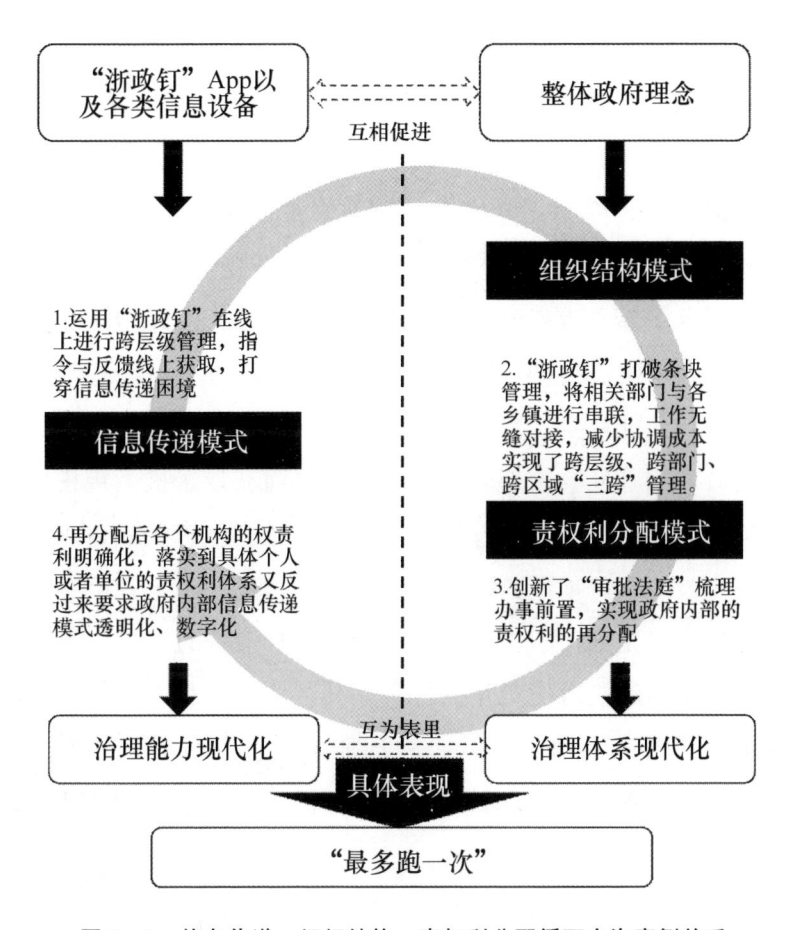

第三章
平台：数字经济的组织结构革新

图 2-3 信息传递—组织结构—责权利分配循环宁海案例关系

三 区块链与平台治理

国家治理要求平衡有效性与规范性，如果过于强调实用性将导致政府权力运作的规范性遥遥无期；如果过于强调规范性则会脱离地方社会不规则的现实治理国情。[①] 治国如此，治世亦然。

---

① 臧俊恒：《税收法定主义嵌入国家治理——基于中央与地方之间的互动》，《研究生法学》2016 年第 31 卷第 1 期。

（一）以数为纲：政府管理的新动能

土地生产要素已经被各经济流派反复论证，然而伴随着中国税收体系的"分权—集权"轮回，在分税体制改革中土地出让金成了各级地方政府财政过度依赖的政府性基金。此方法的确可以缓解一时的财政问题，但如果着眼于未来，这无疑是饮鸩止渴。面对着数字时代的潮流，政府管理者必须转变筹措财政的策略，抓住数据这个新兴生产要素去筑建数据财政的新模式。

当下的中国已逐渐成为"数字中国"，各方力量都逐渐开始重视数据的效能。身处数据时代，所有网络行为都被记录在数据中，而政府因其社会治理职能的不断扩张而获取了极大规模的政务数据。然而，尽管掌握着如此大规模的数据生产要素，现行政府体系却没有很好地用数据创造出价值。因此，当下社会各界广泛关注的焦点是如何解决数据这种生产资料浪费的问题。

政府是国家权力的实际执行者，其行为应是民意的体现，以宪法与法律为准绳执行其社会管理职能。在执行其职能的过程中，无论是管理工作还是服务工作，都需要围绕着基础政务数据信息来开展。

来自公民自身权利的让渡是国家权力与政府的起源，通过汇集这些让渡的权利来实现社会的稳定与秩序。这种现象背后的逻辑是社会公民需要一个可信赖的权威力量。进一步来说，人类社会各项活动的秩序都与记录、使用信息有着密不可分的关系。随着社会活动的内容越来越复杂，仅仅靠降低信誉这种道德约束已很难使社会关系中的主体相互信任，基于此原因整个社会就有了对信任中介的需要，政府这种历史产物也就随之产生。

如果以数据作为出发点去理解政府，其性质是一种社会层面上处理数据的机器，其功能是获取、分配以及处理社会特定需求的信息。追溯历史,这种机制最早的记载是出现在苏美尔文明的"抄书吏",这些抄书吏在石板上记录社会中的各种交易信息,以此来建立社会信任体系。接下来把视角转向中国的历史,数字账目的管理一直是传统封建社会体系内部的"病根",然而受制于当时时代的技术,顶层的统治者无法获得庞大帝国的各项准确数据,因此各项政策只能停留在宏观指导方针这个层面,而无法提供具体、合适的政策,这也就导致了"天高皇帝远"的治理真空地带。

随着现代科技的高速发展,全球每天所产生的数据量成指数态增长,数据已经有了成为管理技术基础的势头。着眼于中国的电子政务系统,其发展已逐渐纵向深化,随之而来的就是由公民产生的极大规模的数据资源。然而数据作为一种生产资料,如果不对其加以开发利用,其自身是无法创造出价值的。

(二)电子化还是数字化?

当下中国的电子政务工作仍是建立在中心化权威机构之上,其相较于传统模式的改变仅仅是将纸面上的数据记录在电子系统中。而政府的电子系统相较于公权力的权威性是具有瑕疵的,政府系统可能被黑客攻击,甚至某些政府的电子信息系统严重老化,完全跟不上技术的进步,导致政务工作的效率严重低下。当社会对政府工作进行评价时,是以政务工作的实际效果,而并不是政府采用的政务工作形式为衡量尺度的。传统政务工作体系存在着安全性较低、管控能力较弱等诸多问题,而区块链技术的去中心化、可靠性等特性可以很好地解决这些问题。政府从获取到利用数据资源是一个持续性的动态过程,接下来的论述将从数据的生命周期这个角度去研究数据化政务中存在的问题。

数据产生、数据存储与数据销毁是数据生命周期的三个阶段,其中数据存储阶段还可以细分为使用共享与归档两个阶段。在数据的整个生命周期之中,质量问题、共享效果和安全性一直是数据应用的三个疑难问题,并且这三个问题互相迭代存在于数据生命周期的各个阶段,因此如果某个问题没有得到有效解决,其产生的影响将会一直持续,直到数据销毁。

数据质量:数据作为一种载体所记载的信息是否与客观现实相符,记载方式是否统一且稳定进而有助于数据共享是数据质量关注的两大主要问题。在当下的政务工作中,传统体系与已更新的新体系同时存在,各系统之间没有连接的桥梁,逻辑结构复杂烦琐且不稳定,这种种弊端导致了数据传递的效率低下。

数据共享:产权的清晰界定与较低成本流通可以为激发财产价值提供有效保障,而数据共享机制的不完善严重阻碍了生产要素价值的释放和数字经济的纵向发展。现如今,存在某些大体量的数字共享平台通过种种手段(如控制搜索、限制竞争等),阻碍了数据共享与开放的通道。而在政府层面,数据共享程度低也会在一定程度上致使某些部门由于缺少与其他部门的竞争和公共舆论的监督而跟不上社会发展的步伐。有序、高效的管理要求条块畅达、系统有序、指令清晰、执行有力。而分层制使得政务数据被各职能部门的壁垒所阻隔,无法畅通共享。2016年5月,李克强总理在全国深化推进简政放权放管结合优化服务改革电视电话会议上的讲话中指出了政府所存在的数据信息开放与共享不足的问题。同年国务院印发《"互联网+政务服务"技术体系建设指南》,指出要实现"三融五跨",即发挥政务在外网的基础设施价值与作用,同时支撑技术融合、业务融合、数据融合,建成跨地域、跨层级、跨部门、跨系统、跨业务的政务协同服务和管理。学术界也认为建立数据共享机制是克服政务数据化建设中存在的各种问题的关键所在。

数据安全：在数字时代的大环境下，个人、社会、国家利益与政务数据紧紧捆绑在一起，因此政府政务数据系统承担着巨大的安全风险，一旦出现问题，造成的后果会因政府的特殊地位而被放大好几倍。因此可以利用区块链技术推动政府工作方式改革，其根本目的就是解决上述疑难问题，达成政务数据全控制、全监管。

（三）政府管理嵌入区块链

目前学术界在区块链技术与政务结合这方面的研究中存在着过分夸大区块链技术治理能效的不良风气，其症结的关键在于理想化地将区块链技术应用到政府治理的各个场景，如金融监管、数字身份登记、产品防伪溯源等，却因此而没有重视电子政务工作对区块链技术的真正需求是什么，以及区块链核心技术能为政务工作带来什么样的积极效果。在进行政务体系改革时，要兼顾效果与成本，有些场景下，采用区块链技术的成本过高，甚至其本身特性与区块链技术相排斥。除此之外，在许多场景中，区块链技术并非核心技术而仅仅是技术手段中的一环，需要与其他技术相配合而发挥作用，因此过分夸大区块链技术的作用往往会产生不利于现实实务的效果。当前学术界通常以区块链技术自身的路线去进行拓展研究，其中央行发行的法定数字货币（DCEP）就是一个重要的研究对象，然而央行并没有将区块链技术作为预设的根本技术路线，而采取了技术中立的态度。由此可见，对待区块链技术的多场景应用需要保持更加理性、客观、中立的态度。

区块链技术是多种技术累加并演进形成的一种综合技术，而并非一种全新且独立的技术。它是点对点传输、分布式数据存储等已存在的计算机技术的新型应用方式,为在不依赖中心化第三方的条件下建立数据信任提供了可能。区块链技术的基本运行原理如下:创建者首先要建立一个"创世区块"又称"原区块"(Genesis Block),创世区块建立后,当其他主体想要进行对数据的处理(Transaction)时,该数据处理行为便会向P2P网络中其他所有的参与者发布,当其他主体认可该数据处理行为时,该行为就会被记录在创世区块中,成为其一部分,之后类似的每一个行为都会如之前所述被记录在区块中,进而形成一种链式数据库,区块链也就此被建立。

根据上述原理可知,区块链可以保证数据上链后的完整性(即每一个有关数据处理的行为都将被记录)却不能保证数据在被记录之前的真实性。另外,区块链技术的分布式记账特点使得每一个请求都需要被链上其他所有主体所认可才能继续,这无疑大大降低了数据处理的效率。由此可见,如果数据在上链之前就被篡改,那么区块链所维持的数据完整性也就失去了意义,其作用也仅仅是担保链上的数据安全。在区块链技术的应用场景中,如果各单位都各自为政单独开发结合区块链技术的业务系统就必然会导致各个系统之间兼容性低下的情况出现。可见各部门所建立的系统需要一个统一的标准体系和访问途径,然而,区块链技术自身还并不具备一个完整统一的标准体系,其中就包括业务、应用、方法、过程等关键方面的标准,存在诸如此类的问题将会导致各部门之间的数据交互活动变得效率低下,给数据整合处理工作带来巨大的不便。综上所述,区块链政务系统在开发初期成本太高的症结在于仍缺乏一个统一的区块链应用平台和应用标准。

在当前阶段,各级地方政府对于"区块链+政务"的探索工作是发散的,这种"广撒网"的策略的存在为区块链技术的成熟应用提供了广袤的土壤。但如果着眼于未来,这种不计成本的发散式技术开发必然会导致政府资源的浪费,因此区块链政务系统能否有一个统一的标准体系取决于信息基础设施的建设者。区块链尤其是无许可链总是依附于信息基础设施,然而其标准体系的建设更多的是非技术因素所支配的。

从数据共享这个角度来看,国内外理论界对阻碍数据共享机制的不同因素做出了总结与归纳,其中就包括在数据存续周期这个维度对各个阶段的数据共享中存在的障碍进行了分析。针对中国当前的政务工作环境,导致数据共享障碍的症结在于激励不足,而并非技术不达标,即利益与责任不相称,作为政务去中心化改革的推动者,政府在"有效激励"的这个方面的工作是与现实需求不匹配的。分层体制的确有利于信息从上到下地贯彻与落实,却很难有效地保证基层信息的及时反馈。在分层制的模式下,下级政府之间的协同配合往往是被动的,从这个角度来说,区块链技术能够真正落实于实务是离不开有效的数据共享机制的。除此之外,在区块链政务工作中插入数据共享激励机制也是一条可行的道路,比如共票(Coken)等数据权益凭证,以此为凭证对数据的共享者给予相应的激励,为数据"明码标价",进而提升区块链政务的效率,以达到优化政务的目的。或者可以把各级政府的数据共享程度纳入绩效考核体系,以不同的形式为数据赋能。

导致数据共享通道不通畅的原因除了激励措施不足之外,没有很好地把握数据共享关系中主体的供需情况也是一个值得关注的不良因素。政府各部门之间各司其职,其对数据的需求也是多元的,泛泛地去谈论数据共享很难去满足实际的需要。以上所论述的造成数据共享障碍的两点因素都是非技术性的，是区块链技术自身无法解决的，更需要着眼于技术之外的体制问题，才能更好地发挥区块链技术的功能。

从数据安全角度来看，政务信息往往与个人隐私、商业机密紧密捆绑，因此政务数据的安全问题一直是政府关注的焦点，也是上级政府没有全面推行数据共享的原因所在。只要数据存在，政府就有相应的保障其安全性的义务，因为数据安全性是区块链技术的本质特征。区块链被称为信任与事实机器，链上数据可以被信任的原因，是其技术核心在于保障数据的安全性与完整性。第一，每一次对数据的处理行为都会以时间顺序记录在区块链上，使每一个行为都被记录在案，具有可追溯性，非法行为因此而不能被抹去。第二，区块链技术建立在P2P网络之上，每笔交易都是点对点的数据传输，因此在区块链中，单一的某个节点出现故障无碍于整体。第三，参与主体要取得区块链的信任，需要获得工作量证明（Pow）等共识算法，这将使得想要破坏区块链的主体需要付出极大的工作量，进而失去破坏区块链的必要性。第四，区块链采用非对称加密、数字签名、零知识证明等技术手段对参与主体的涉密信息进行加密保护，同时可以根据主体的需要进行权限区分，使得参与主体的涉密信息得到有效的保护。

笔者曾多次率团队参与地方政府开展区块链政务建设工作，如深圳市区块链智慧政务体系建设、北京市区块链不动产登记贵阳市的区块链金融应用等。在众多成果之中，湖南省娄底市的区块链政务现实应用，是发展较早且成果颇丰的一例。娄底市人民政府于2016年开始，就在密切关注着区块链政务的应用情况，并投入资金展开相关调查研究。经过缜密的考察、研究，娄底市政府于2018年11月13日利用区块链技术发放了全球首张不动产电子凭证,且该凭证与传统不动产凭证一样可与其他部门互认。法律规定纳税人需缴税后才能进行商品房备案,然而不动产的交易往往涉及多个部门,因此存在着政务数据传递与验证等相关问题。为解决此问题,娄底市政府筑建了以区块链作为基础技术的智慧政务系统(四网互通),这样既能够保证先税后备案,同时实现各部门之间的政务数据共享,保证数据的安全性与完整性。

娄底市智慧政务系统在投入运营后针对企业备案、信息网络备案等全面实行"一表申请、一套材料、加载一码、无一遗漏"。在下一步计划中,还将综合税务、工商等部门协同打造娄底市区块链"智慧政府"体系,建设成"食品药品安全城市应用、诚信体系区块链应用示范、区块链场外股权流转网络、区块链锑金所"四个区块链政务优秀示范平台。

(四)政府的角色定位反思:去中心化技术与集权

部委的集权会带来目标之间存在的悖论,进而造成制度供给质量下降。本部门利益最大化与社会产出最大化是部委制定规则的两个目标,但是这两者有时也存在矛盾。这就不难发现中国不少制度是妥协的产物,也可以发现中国一些规则或政策的制定总是带有相关利益集团的痕迹,从而会大幅度地降低制度供给的质量。①

"去中心化"是区块链技术的最大特色,也正是因为这一特点,在目前处于中心地位的政府部门开始对其传统的优势地位感到忧虑。对于天然具有较好信誉的政府机构,区块链最核心的特征是"去信任",但是对政府机构来说这一点有时并非刚需。反

---

① 卢现祥:《转变制度供给方式,降低制度性交易成本》,《学术界》2017年第10期。

而，区块链系统的附带特点"账本共享""信息共享"机制可以应用于公共服务中的很多关键领域，如数据存储、共享与溯源，与政府运行所强调的日益公开化、透明化目标高度一致，可以有效解决现代政府治理过程中面临的诸多棘手问题，包括腐败问题、政府信息公开问题、社会福利问题、税收问题等。[①]

除政府之外，一些无政府主义者与密码朋克也聚焦于区块链技术的应用，其认为可以借助区块链技术去取代现代官僚体制，瓦解这种最具主导性且最精细的中心化社会组织。这些"去中心化"的支持者认为区块链技术与官僚体系有着密切的联系与相似之处：①都是一种社会信任体系；②都是在处理社会信息；③都由规则设立并设定预先的规则。区块链技术的应用还不够成熟，因此仍需更加理性的目光去看待去中心化所产生的效果。虽然去中心化有更好的安全性和鲁棒性（Robustness），但同时也会降低数据共识的效率，因此就目前来说，区块链技术还很难被广泛推广，尤其是应用于关系国家民生的领域。政府作为区块链技术的实际操作者，必须更加注重引导与监管，而不能一味地放任其发展。

"不可能三角"与"三元悖论"一直是限制区块链整体功能的两大因素。就目前技术应用水平来看，数字货币在应用时无法同时兼顾中心化、环保与安全。这一问题还可以从另一角度解释为：去中心化、安全性与可扩展性不可兼顾。从理论上来说，"三元悖论"与"不可能三角"其本身并不是根据现代化理论研究所总结出来的客观理论，而是各应用主体通过对其过去应用效果的总结（以 BTC、EOS、ETH 为主）。而 Eric Brewer 从概括的

---

① 汤道生、徐思彦、孟岩、曹建峰：《产业区块链：中国核心技术自主创新的重要突破口》，中信出版集团 2020 年版。

层次提出了分区容忍性、可用性、一致性不能兼顾的猜想，业内称其为 CAP 定理①。

根据对以上各概念的论述，笔者旨在说明当下如果想要达到去中心化的目的就必须以降低效率为代价，然而降低效率显然是与政府工作目标相违背的，这也是类似比特币这种纯粹的公有链难以被广泛应用的原因。考虑到这一问题，想要实现区块链政务、区块链司法就必须依靠多中心化的（甚至是全中心化的）私有链和联盟链。区块链技术由于其去中心化特性，必然在应用时会产生去中心化的效果，此种效果就会在一定程度上与作为中心化机构的政府产生矛盾。然而当行政机关作为行政关系的主体时（例如行政协议），就不存在去中心化的应用空间。

根据前文所述，区块链技术可以为参与主体提供方案以解决信任问题，但对其改造、发起、维护工作仍然需要政府去实施并同时对技术应用所产生的不利后果承担相应的法律责任，这是因为参与主体需要一个实体的责任承担者而区块链本身无法满足此需求，即代码之治不能完全替代法治与人治。另外，区块链技术所筑建的信任系统是一种自动化系统，该系统并不能保证绝对的错误与公正，但目前存在的法律并没有跟上技术的进步，即现有法律体系无法很好地约束区块链信任体系，因此需要人为措施去保证其可控性。

比特币、以太坊等区块链技术应用案例已经证实了区块链自

---

① CAP 原则，又称 CAP 定理，指的是在一个分布式系统中，Consistency（一致性）、Availability（可用性）、Partition Tolerance（分区容错性），三者不可得兼。CAP 原则的精髓就是要么 AP，要么 CP，要么 AC，但是不存在 CAP。如果在某个分布式系统中数据无副本，那么系统必然满足强一致性条件，因为只有独一数据，不会出现数据不一致的情况，此时 C 和 P 两要素具备，但是如果系统发生了网络分区状况或者宕机，必然导致某些数据不可以访问，此时可用性条件就不能被满足，即在此情况下获得了 CP 系统，但是 CAP 不可同时满足。

身容易受到攻击、操纵等不良行为的干扰，仅仅依靠代码去维持体系的安全是不现实的，因此政府作为社会的管理者必须承担管控、监管的责任。如前文所述，区块链应用系统需要借助外部力量来保证自身系统的安全，然而不同外部力量各自为战的情况层出不穷，这使得政府需要以其权威力量来扮演领导者的角色。区块链政务系统必须由特定的主体来设计、实施、监管，外部政务数据信息录入区块链也须通过可信赖主体实施，很明显，这个主体必须，也只能是政府，即使额外引入其他企业作为第三方技术提供者。

政府引入区块链技术来推动政务工作变革的目的是为适应数字时代的大趋势以及重大公共安全事件所带来的非常态化管理风险。具体来说，是利用技术去改革传统政府管理体制，筑建平台政府和双维管理体系。归根结底，区块链技术所带来的社会体系演进过程仍要以政府为主导，其他主体为重要组成部分，共同作用保证社会以持续稳定的态势前进。

第三节　构建数字经济背景下的司法信用体系

一　数字经济时代的司法变革之惑

数字经济时代的大潮流下，既产生了数字货币、区块链存证、时间银行、政府管理、档案验证等创新应用，也出现了利用区块链、数字货币进行网络传销诈骗，利用区块链分布式、跨国界等特点进行洗钱和其他金融犯罪等问题。

迅猛发展的数字经济时代并未给司法应对预留充足的时间空间，新型案件频繁出现、电子证据形式复杂和执行难度大大增加是司法必须直面的现实问题。互联网带来了前所未有的便利,人们之间的经济往来更加密切且频繁,而在数字经济时代下又将面临新型案件激增的现实压力。

各级法院一方面着力于解决区块链带来的新问题,另一方面则积极探索区块链技术在司法数字化中的创新应用,全国诸多法院已将区块链技术应用为其数字化业务发展的底层技术之一。截至 2019 年 6 月,已有杭州互联网法院主打的"司法区块链""区块链智能合约司法应用",北京互联网法院打造的"天平链",广州互联网法院推出的包括司法区块链、可信电子证据平台、司法信用共治平台"一链两平台"的"网通法链"智慧信用生态系统;此外吉林、山东、天津、河南、四川等 12 个省(市)的高院、中院、基层法院也都上线了区块链电子证据平台。[①] 这标志着摸索区块链司法应用的探索之路已经启程,以区块链为代表的新兴技术成为未来司法变革底层技术的前景可观。

这不禁让我们思考,在数字经济时代背景下,区块链技术如何应对层出不穷的司法问题?如何解决司法审判中存在的诸多数字化挑战?更为紧迫的是,以金融为主要应用场景、以比特币闻名的区块链技术应如何适当而精准地嵌入中国司法数字化运行之中?

二 司法的"数据滞留"困境

数据正在逐渐成为一种新的生产要素,而如何利用数据这一新兴生产要素,成为包括司法在内的所有部门都需要关注的重点。党的十九届四中全会通过的《中共中央关于坚持和完善中国特色社会主义制度 推进国家治理体系和治理能力现代化若干重

---

① 中华人民共和国最高人民法院编:《中国法院的互联网司法》,人民法院出版社 2019 年版,第 5 页。

大问题的决定》指出："在按劳分配为主体的基础上，允许和鼓励资本、土地、知识、技术、管理、数据等生产要素按贡献参与分配，不断完善再分配调节机制，促进社会分配合理有序。"这是中央首次在公开场合提出数据可作为生产要素按贡献参与分配。

在数据的助力推动下，人类活动在现实与虚拟的互相交织中得以无限扩展延伸。① 以共享单车为代表的共享经济，以腾讯、阿里、抖音等平台为代表的平台经济等新模式、新业态在衣食住行等各个方面不断涌现。

公民的个性表达和自由言论等数据在一定程度上体现了个人的心理和情感，个人的浏览记录、交易记录等数据也因此被企业广泛收集形成数据画像用以精准营销。② 数据的累加使得算法能够拟制出一个个"数据人"。更进一步说，现实生活中的数据是由政府、企业、个人等主体的各种行为交互而形成的，③ 因此数据不仅能忠实地拟制"人类"，也能反映其他更复杂的自然情况与社会状况，甚至对未来具有一定程度的预测性。可以这样说，我们正在走向一个高度数字化的"数据地球"。

（一）人力资源错配与技术补强

工业发展形成一定的规模和达到一定的程度之后，则具有普遍的规律性，即资本的有机构成不断提高，同时资本吸纳的劳动就业人数相对减少。但问题在于，像中国这样一个人口众多、资源相对稀缺的农业大国，在工业化初期就过早地走上资本排斥劳

---

① 马长山：《"互联网+时代"法治秩序的解组与重建》，《探索与争鸣》2016年第10期。
② 丁晓东：《用户画像、个性化推荐与个人信息保护》，《环球法律评论》2019年第5期。
③ 龙卫球：《再论企业数据保护的财产权化路径》，《东方法学》2018年第3期。

动的道路，必然会抬高工业化的成本，对就业结构的变化和居民居住方式的变迁造成一定程度的妨碍，并阻滞大量农业剩余劳力转移，这不利于中国实现从一个农业大国向工业大国的转变。①

与之类似，在司法、行政等机关中，过早过快地应用新技术将会大量消解公务员这一群体的价值。在经济基础没有发生革命性变化之前，对上层建筑过快的变革，势必削弱国家与社会整体的稳定性，反而致使发展的负面作用凸显。换言之，在一定历史阶段，公务员的"游手好闲"本身就会带来"闲不住的手"，影响社会的有序发展。

数据作为此轮技术集群涌现的重要驱动，在区块链、云计算、人工智能、物联网、5G等技术的发展过程中发挥基础性的作用。从生产要素理论的视角来看，每一个经济发展阶段都存在着起主导作用的生产要素，该要素代表了特定经济发展阶段的特点，因而成为经济增长与发展的基础性动力。与工业时代石油的相对稀缺性不同的是，数据作为数字经济中的新型生产要素，具有可复制性、易增殖性等特点，并且其价值在人类的二次使用和交互行为中得以不断增加；更为关键的是数据的非排他性特征使得数据可以进行共享共有。

另外，数据也是司法审判中各项辅助技术发展的"原材料"。如今，语音识别、区块链存证、人工智能等技术都不同程度地应用于司法审判的各个流程之中，但这些技术离开了数据供给将成为无源之水。比如当前智能化司法中存在的概率建模下的司法要素限缩、裁决算法的价值偏见、裁决算法黑箱等问题的有效解决，② 都

---

① 郭庆：《论我国工业化进程中资本对劳动的排斥》，《农村经济与社会》1990年第3期。

② 马靖云：《智慧司法的难题及其破解》，《华东政法大学学报》2019年第4期。

依赖于数据的大量供给。只有源源不断地向算法模型进行数据投入，才能使人工智能算法不断自我演化升级，从而更加符合人类的社会行为规范，在司法审判中更为"智能"。

当前司法人力资源配置存在错位，需要数据进行补充。司法审判中的事务工作繁重，并且与司法工作如影随形，其根本原因就是司法文书的送达成本很高，证据验证和审查很复杂，司法执法阻力大，大量的司法资源被投入包括传票填写、证据识别、起草文书、送达文书、归档等琐碎的程序性事务中。其中最典型的就是法律文书的送达问题，因为我国是一个大国，国土面积大且人口流动大，这就使法院的文书相关工作压力巨大。司法文书传递的实质是信息的传递。如果在司法过程中能够以多种方式获取数据，就足以填补传统人力资源错配的困境。

促进司法中数据的功能补位是当前各类区块链司法创新的实质。现有的区块链司法创新主要可以分为两种类型：一类是以北京互联网法院、杭州互联网法院和广州互联网法院为代表，它们通过区块链技术保证各种电子数据的真实性；另一类是以宁波市中级人民法院的"移动微法庭"为代表，把线下的诉讼转移到线上进行，使审判等司法活动可以借助现有的通信技术摆脱空间障碍，诸如广州互联网法院推出了"网通法链"，其依靠智慧司法政务云、百度超级链，并联合"法院＋检察院＋仲裁＋公证"多主体数据调用方，集聚"运营商＋金融机构＋企业"的跨域数据提供者，为智慧信用生态系统的建设提供了多方可查、安全可控、中立可信、负载均衡的区块链技术支持；区块链技术在"移动微法院"的应用，可以在线验证标准签名并确认各方当事人身份。上述法院积极将区块链等新技术运用至司法审判创新中，确保了数据的真实性和可访问性，部分完成了司法程序的优化，实现了司法数据的功能补位。

（二）数据滞流处，没有价值

承载数据的重要主体、决定数据流动模式的关键是机构和平台。《电子商务法》中"电子商务平台经营者""电子商务经营者"等概念的表述强调了平台在电子商务中的重要地位。数据存储具有相当的资金、技术、政策门槛，企业要想成为数据库的建设者、管理者，必须达到一定的规模与相关产业支撑。[①] 数据主体的门槛也决定了在推动数据流动的过程中必须对机构和平台的相互关系与运作流程进行综合考量。

从数据承载主体之间的关系的角度，可以将数据流动分为纵向流动与横向流动。由于纵向的数据流动往往发生在具有上下级关系的机构之间，所以数据流动较为顺畅。如最高人民法院先后建立的中国审判流程信息公开网、中国裁判文书网、中国庭审公开网及中国执行信息公开网等司法信息公开系统，"移动微法院"诉讼平台和以互联网法院为代表的专业法院建设，均是对构建全流程在线审理机制的有益探索，其有效解决了法院系统内的数据纵向流通问题。而横向数据流动往往发生在互不存在隶属关系的机构或平台之间，往往会出现"全频带阻塞"。从主观角度来看，由于各类数据具有巨大的经济效益，数据对外流转可能会因用户信息泄露而引发安全风险、行政处罚和公关危机。从客观的角度来看，不同的机构有不同的数据库建设标准，数据收集和分类也有相同和不同之处。此外，由于缺乏对外部数据开放的 API（应用程序编程接口）或 SDK（软件工具包）端口，使得数据流动在客观上也存在技术障碍。

---

① 杨东：《"二选一"是否垄断不可一概而论》，《经济参考报》2019年10月28日第7版。

市场机构之间的横向数据流动也可以通过市场交易、机构合并和爬虫技术来实现。现行法中也存在一系列可以调整和保护数据负载利益的制度,[①] 例如近些年出现的以消费者为中心的金融数据共享机制——"开放银行",其就是通过开放金融机构的 API 或 SDK 端口,将金融数据与第三方进行共享,从而实现金融消费者的数据转移和传输。[②]

由于长期缺乏共同激励等原因,非市场机构之间的横向数据流动十分困难。非市场机构往往是行政或者司法机构,其缺乏横向数据流动的主要原因:一是出于信息安全的考虑而拒绝共享,数据共享导致的信息泄露往往会导致相关机构承担责任;二是数据本身质量参差不齐,数据共享会暴露出组织机构对数据库的管理问题;三也是最根本的原因是缺乏激励机制。数据存储在不同机构的集中数据库中,向外传送出去的数据将会成为对其他数据库的"无偿贡献"。市场手段方法往往很难在相互不关联的机构之间形成数据共享的正向激励,无论是司法还是行政机关,其最大的激励手段是行政晋升。[③] 这就使得数据共享往往流于形式,停留于"运动式治理"状态,[④] 也因此难以形成数据流动的长效机制。

沉疴需猛药,司法资源配置不当需要从根本上解决"数据滞流"背后的激励机制的构建问题。而在传统路径乏力的背景下,有必要寻找一种新的方法来解决"数据滞流"之痼疾;选择以区

---

① 纪海龙:《数据的私法定位与保护》,《法学研究》2018 年第 6 期。
② 杨东、程向文:《以消费者为中心的开放银行数据共享机制研究》,《金融监管研究》2019 年第 10 期。
③ 周飞舟:《政府行为与中国社会发展——社会学的研究发现及范式演变》,《中国社会科学》2019 年第 3 期。
④ 周雪光:《寻找中国国家治理的历史线索》,《中国社会科学》2019 年第 1 期。

块链技术为核心的数据治理方式可能成为解决司法数据访问难题的另一选择。

三 司法系统数据内外循环流动

"移动微法院"和以互联网法院为代表的专业法院建设，在构建全程在线审理机制方面进行了有益探索，从数据真实性角度有效解决了司法数据纵向流通问题。无论是以三大互联网法院为代表的区块链存证创新，还是以"移动微法院"为代表的诉讼程序的创新，都只是在有限的民法领域内对相关证据规则和司法程序的优化，由于法院与当事人的关系相对简单，在这个过程中不需要涉及其他司法或行政机关。然而，在这一类以后的刑事甚至行政领域还缺乏具体的场景应用，仍需进一步的探索。

（一）区块链：分布式的对等平台

根据区块链的开放程度，可以将其分为公有链、私有链和联盟链。公有链的参与门槛低、参与者数量多，只要具备一定的资质便可加入，其在数字货币领域大量应用，如比特币（BTC）和以太坊（ETH）。私有链则是组织内部使用的，不向外界开放的区块链，因而具有速度快的优势。而联盟链则是介于公有链和私有链之间的区块链，其偏向于私有链的范畴。联盟链主要有以下特点：（1）不完全分布式；（2）可控性较强；（3）数据的有限访问；（4）交易速度快。当前大型跨国金融机构对联盟链青睐有加，较为著名的有R3区块链联盟、超级账本（Hyperledger）和俄罗斯区块链联盟。

联盟链在技术上可以实现节点之间的完全平等。联盟链更类似于分布式的数据库技术，联盟链与公有链的不同之处在于它只对特定的组织开放，因此联盟链的共识过程是由预选节点控制的。换句话说，联盟链上的所有节点都受到一定资格限制。简单来说，联盟链上的信息对每个人来说都是只读的，只有节点有权验证或发布交易。这些节点形成了一个联盟，如果普通用户想发布或者验证交易，则需获得联盟的许可。

在联盟链中，许多机构可以在联盟链的基础上平等地工作，并且每个节点的数据库也是一致的。许多参与机构将接受统一的数据标准并在多个数据库之间同步记录，这将减少不同机构之间的数据录入成本。如果数据记录不准确，则还可以在联盟链上提出"异议"，以通过比较多个数据和"投票"机制来更正数据库记录。与传统的集中式数据库之间数据流动的"零和游戏"形成对照，联盟链之间的数据库结构改变了传统的集中式数据库数据有去无回的数据共享方式，理论上可以实现"$1+1 \geq 2$"的效果。

联盟链可以兼顾数据开放和信息保密，满足司法数据的保密性要求。首先，数据的开放性往往与信息的保密性不可兼得，但在联盟链上可以设置相应权限，只能读取、上传和修改联盟链上的节点数据库。其次，在数据库中应用"零知识证明"，可以实现最小泄露证明的过程，具体来说，联盟链中的每个节点都有自己的私钥，每个节点生成的数据仅为该节点知道。如果需要在节点之间进行信息和数据交换，就必须知道对方节点的私钥，这样既可以保证信息的流通，又可以避免节点隐私泄露的问题。最后，私钥的获取可以通过相应的法律法规进行规范，甚至可以在满足必要条件的情况下通过"智能合约"自动获取，这在司法等领域具有极高的价值，并且具有一定的保密性。

全国一些司法机关和机构已经对联盟链进行了试验，联盟链有望成为司法机关联合建立数据库的基础支撑。杭州互联网法院侧重于"司法区块链"和"区块链智能合约司法应用"。广州互联网法院推出了包括司法区块链、可信电子证据平台、司法信用共治平台"一链两平台"的"网通法链"智慧信用生态系统,将电信、移动、联通三大运营商,法院、检察院、司法局、仲裁委、南方公证处和广州公证处等司法机构,腾讯、平安、华为、百度、阿里、京东等 30 余家企业纳入智慧信用生态系统。北京互联网法院建设的"业务链、管理链、生态链"三链合一"天平链 2.0 版本",已完成跨链接入区块链节点 19 个,已完成版权、著作权、互联网金融等 9 类 25 个应用节点数据对接,北京互联网法院受理的 4 万件案件全部上链,上链电子数据超过 1000 万条,跨链存证数据量已达上亿条。①

截至 2019 年 10 月 31 日,全国已完成共计 27 个联盟链节点建设,共完成超过 1.94 亿条数据上链存证固证,支持链上取证核验。②

(二)寻找一种好制度:数据流动的激励机制

在实现技术上的平等共享之后,还需要一种有效的激励机制来确保各个机构上传的数据的质量和数量。一种制度安排如果能够把经济主体的贡献和回报正相关地联系在一起,能够公平公正地在社会成员中分配其劳动成果,能够通过适当的机制设计,降低经济主体从事经济活动的风险和不确定性,能够形成公平竞争的环境,能够在短期和长远、局部和整体的结合上,给经济主体带来利益或福利最大化,这种以人民为中心的制度

---

① 徐伟伦:《北京互联网法院打造"天平链 2.0"》,《法制日报》2019 年 12 月 10 日第 3 版。

② 中华人民共和国最高人民法院编:《中国法院的互联网司法》,人民法院出版社 2019 年版,第 29 页。除互联网法院外,截至 2019 年 10 月 31 日,全国已完成北京、上海、天津、吉林、山东、陕西、河南、浙江、广东、湖北等省、直辖市的 22 家法院及国家授时中心、多元纠纷调解平台、公证处、司法鉴定中心,共计 27 个联盟链节点建设,共完成超过 1.94 亿条数据上链存证固证,支持链上取证核验。

安排就是有效率的制度，就能充分调动个人、企业和政府的积极性。①

"共票"（Coken）是以区块链为基础、实现利益分配为目标的机制创新。② 对于共票制度，可以用这样一句话来概括："众筹是核心制度，区块链是基础技术，'共票'是共享权益。"③ 数据与"共票"之间的关系是共票制度的核心，而区块链技术是"共票"理论的技术基础。④ 区块链为数据赋权，让每个数据提供者都有参与数据共享的权利；"共票"为数据赋能并旨在实现两大功能：一是价值发现，锁定高价值数据；二是让每个参与者分享数据共享的红利，调动数据共享的积极性。

共票制度的核心在于构建内在激励机制，促进司法诚信体系的良性运行。区块链为数据共享提供了基础性技术。基于区块链技术，数据可以在多个数据库（节点）之间同步，甚至从理论上说，以区块链为根本也可以为数据共享提供有效的动力。"共票"对于激励制度有着很大的影响，与其说是一场技术革命，毋宁说是一次制度革命。"共票"是一种权益凭证，在数据流动中，可以根据贡献数据的质量和数量将共票作为激励凭证反馈给不同机构。一方面，"共票"可用于衡量相关机构提供的数据的质量，并作为其业务评估的凭证之一，甚至可以形成"锦标赛体制"以共同构建司法诚信体系；⑤ 另一方面，"共票"作为一种权益凭证可以在一定范围内针对某些商品和服务自由流通，兑换一定的实物或公共服务。通过"共票"可以激发司法机关和其他数据共

---

① 方福前：《寻找供给侧结构性改革的理论源头》，《中国社会科学》2017年第7期。
② 杨东：《Libra：数字货币型跨境支付清算模式与治理》，《东方法学》2019年第3期。
③ 杨东：《区块链+监管=法链》，人民出版社2018年版，第43页。
④ 杨东：《"共票"：区块链治理新维度》，《东方法学》2019年第3期。
⑤ 周飞舟：《锦标赛体制》，《社会学研究》2009年第3期。

享的热情,并产生数据共享的内生力量。

四 重构数据时代的信任机制

信任问题是人类社会的基本问题,没有信任就不会有社会,① 而区块链被视为数字经济改变信任的"工具",它将带来一种新的生活方式、交往习惯和社会形态。互联网作为一种信息渠道,已经联系了全球超过 70 亿人类,极大地提高了人类生活的便利性,而区块链、大数据、人工智能、云计算、5G、物联网和其他技术变革正在逐渐渗透至经济和社会生活的各个方面,极大地改变了人类生活和思维方式。信任的建立和维护也经历了瓦解与重构,纯粹的信息互联网已经发展成为人们可以互相信任的价值互联网。

(一) 司法电子化为司法信任体系做好了铺垫

从历史发展的角度来看,司法的发展从纸质走向电子化,从电子化走向数字化是一个必然的发展过程。早在 1983 年,龚祥瑞和李克强就借鉴了美国、欧洲和苏联在司法电子化建设方面的成果,提出了法律工作电子化(计算机化)对中国司法制度的重要意义。② 2007 年至 2017 年,全国各级法院迅速进入信息化时代,"中国审判流程信息公开网""诉讼服务网""律师服务网络平台""最高人民法院域外法查明统一平台"等一系列网站也先后开通。③ 被各机构、大学、图书馆"禁锢"的以纸质文本形式呈现的法律文件、资料被转换成电子形式,以便能够进行快速检索。

---

① 翟学伟:《从社会流动看中国信任结构的变迁》,《探索与争鸣》2019 年第 6 期。
② 龚祥瑞、李克强:《法律工作的计算机化》,《法学杂志》1983 年第 3 期。
③ Swan Melanie, *Blockchain: Blueprint for A New Economy*, Reilly Media Inc., 2015, p.16.

法律文本和文件的电子化为司法审判的数字化提供了现实可能性，但这并不意味着司法审判的数字化将自动实现。司法数字化意味着案件起诉、立案、调解、举证、质证、庭审、宣判、执行等诉讼环节都是在线完成的，这就要求在信息传输中直接按照"数据库→数据库"的模式进行数据转移，而不是在"数据库→纸质文本→数据库"的模式下进行。由于电子化的纸质文本被上传至各自独立的数据库中，因此不同的数据库构建标准意味着不同机构的数据库之间无法实现有效的数据交换，缺少数据入口与格式不兼容使得数据在不同数据库之间的传输存在巨大的技术障碍。

只有从根本上脱离纸质文本的有效性，司法审判才能真正走向数字化。电子化和数字化的根本区别在于文件有效性的来源不同，电子化的有效性来自第三方机构的背书，而数字化意味着数据本身是有效的。电子化是纸质文本的电子化，在这一过程中，第三方机构的法律效力是不可替代的，例如，庭审中提交的电子证据通常是一份文件的纸质版本的扫描件或是相关页面的截图，传统意义上的纸质文件的电子化仍然需要第三方"公证"。以二进制码形式呈现的数据具有不需要借用外来对象的法律效力，这就是司法数字化所期待达成的目标。

（二）区块链存证是构建司法信任机制的先声

法律和技术都是解决问题的手段，在许多领域，它们是可替代的。[①] 由于篡改和伪造电子数据，仅仅是电子化的证据无法自证其"真"，数字化仍需要区块链技术来实现证据的不可篡改性。正如单个人无法篡改微信群聊天记录一样，区块链也通过众多"节点"形式的数据库保存了记录，防止数据在上传之后被篡改，

---

① 龚祥瑞、李克强：《法律工作的计算机化》，《法学杂志》1983年第3期。

保证了电子数据的真实性。天平链的技术架构分为应用层、管理层、服务层、核心层和基础层。其中，应用层即为天平链电子存证平台，主要有用户功能、业务功能和管理功能。在管理层有访问和接入功能节点功能，北京互联网法院积极与司法鉴定中心、公证处、行业组织、大型央企、大型金融机构、大型互联网平台等合作，使其作为"天平链"的节点基于区块链可以实现去中介化认证，大量区块链存证如雨后春笋般出现。比如法大大、法链存证等区块链存证平台都在分布式记账的基础上保持节点的相对数量，既提高了司法存证的共识效率，又保证了司法存证内容的可信度；不同机构间的数据同步有效解决了传统流程复杂、公信力不足、信息不对称、传递效率低的痛点。例如，北京互联网法院建设的"天平链"，利用区块链技术多方参与、防篡改、可追溯的特点，实现了"数据生成"、数据存证、数据取证、数据采集的全流程上链，解决了审判中电子证据难以获取、储存和识别的"三难困境"，是区块链技术在司法领域的典型应用。

广州互联网法院的"网通法链"的事前存证、自动验证系统也实现了证据全流程的数字可信化。具体来说，在这种情况下，司法区块链、广州互联网法院电子证据平台、互联网应用平台、广州互联网法院诉讼平台之间，通过合同和相关证据的事前保存，在诉讼发生时，迅速提取司法区块链上存证的证据，实现了快速无争议的证据提取、验证，通过九个步骤的无缝衔接，从根本上有效地提高了司法效率。

区块链存证的应用改变了传统的证据结构，也促使最高人民法院通过司法解释方式承认了区块链证据的合法性。[①] 在民事诉

---

① 季卫东：《人工智能时代的司法权之变》，《社会科学文摘》2018 年第 3 期。

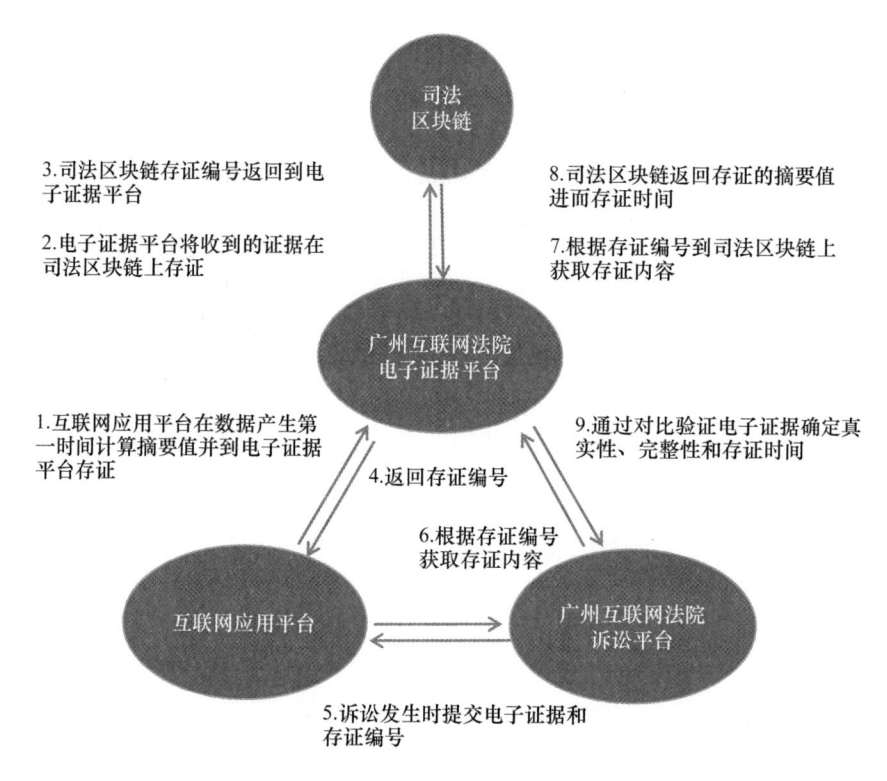

图 2-4　广州互联网法院的"网通法链"的事前存证、自动验证系统

讼中当事人通过私力取证获得的电子证据往往要对真实性、关联性、合法性进行全面解释，而电子证据的技术化程度越高，由于当事人缺乏相应的技术和专业水平，其取证难度也越高，以至于民事诉讼中电子证据虽种类繁多却难以自证其效力，[①] 尤其是证据符合"真实性"审查的法律要求，通常要求法官消耗大量时间进行甄别和判断。而就登记在区块链上的证据而言，其真实性不需要其他证据补强和链式论证，本身就具有了真实性。因此在2018 年 9 月 7 日，最高人民法院发布《关于互联网法院审理案件

---

①　郑戈：《区块链与未来法治》，《东方法学》2018 年第 3 期。

若干问题的规定》，确认了在符合真实性的条件下，区块链存储的电子证据可以作为有效证据被法院直接采纳。

区块链存证开启了司法数字化的先河，提高了个人与审判机关之间的数据流动的效率，使得证据的"真实性"在诉讼中不必纠结，这意味着一套合适的诉讼系统足以"解放"繁重的事务性工作中的人力资源。广州互联网法院在 2019 年 8 月探索了"互联网+"纠纷解决机制创新，并成功研发在线纠纷"类案批量智审系统"。当事人可通过该系统，在线批量提交证据、发起立案申请。法官可批量实施立案审查、排期、在线庭审、生成裁判文书、送达。与传统送达相区别的是，送达全过程通过区块链留痕，可实时追踪送达时间、地点、签收人等关键的节点信息。同时，对于代表性及示范意义强的典型案件，法官可以通过发送邀请码等形式，实现同类型案件当事人在线旁听，推动平行案件达成和解、调解协议或自动履行。随着在网络世界嵌入程度的进一步提高，区块链也将从当前的数字货币交易、存证、不动产登记、发票、产品溯源等领域向更多的社会应用场景扩展。

（三）信用司法体系是要实现的最终目标

司法变革与人类社会的进步源于技术创新，滥觞于制度变革。[1] 区块链技术具有分布式、时序数据、集体维护、可编程和安全可信等特点，特别适用于构建可编程的货币系统、金融系统乃至宏观社会系统。[2] 对于司法而言，这意味着可以建立一个基于区块链的信用司法体系。区块链存证有助于解决数据从当事人向司法机关传递过程中的真实性问题，数字化的最终目标是实现从

---

[1] 杨东：《论金融领域的颠覆式创新与监管重构》，《人民论坛·学术前沿》2016 年第 11 期。

[2] 袁勇、王飞跃：《区块链技术发展现状与展望》，《自动化学报》2016 年第 4 期。

"数据库→纸质文本→数据库"的信息传递到"数据库→数据库"的数据传输，从点到面，从起诉到执行，整个司法流程的数字化。未来，需要拓展数据触达的深度，延伸数据流动的广度，构建以数据为驱动的信用司法体系，这是未来司法建设的主要方向。

表2-5　　司法时代与载体（以中国为例、以载体划分）

	竹简司法时代	纸司法时代	电子司法时代	数字司法时代
载体与授信	竹简、帛、鼎等	纸+印章	中心数据库+可查询	区块链+密码技术
技术应用	刀笔	印刷术	计算机与互联网	区块链、人工智能、云计算
司法目标	法律原则标准化	从业人员标准化	个案规则标准化	裁判自动化
组织结构	依附行政（司寇、廷尉等专职司法官员开始出现）	科层制、官僚制（三法司-机构健全）	专门化（知识产权法院、互联网法院）	平台化（互联网法院）
代表成就	成文法（铸刑鼎）	法典（大清律例）	裁判文书公开网	智能合约
时代名言	法不可知则威不可测	春秋决狱	案子不在系统里	待定

区块链的2.0形式——智能合约被视为数字世界运行的齿轮和一种可以在未来信用系统中运行的诉源治理新模式。① 智能合约最初由 Nick Szabo 博士提出，它被认为是可以自动执行条款的以数字形式定义的合约。② 在未来，大量的合同可以转移到区块链上，对于违反合同条款的行为一般可以通过智能合约直接处

---

① 杜前：《智能合约，让纠纷解决更高效》，《光明日报》2019年11月7日第7版。
② Nick Szabo, "Smart Contract: Building Blocks for Digital Markets", *Phonetic Sciences*, (Dec. 4, 2019), http://www.fon.hum.uva.nl/rob/Courses/InformationInSpeech/CDOM/Literature/LOTwinterschool2006/szabo.best.vwh.net/smart.contracts.html.

理，只有出现智能合约无法处理的纠纷时，法院才会进行干预。

可以假设这样的一种场景，当事人对智能合约中约定的事项存在争议，无法通过预设条款解决，那么法院将介入处理，而后在整个网络上"广播"判决结果，并直接在区块链上执行诉讼标的。2019年10月24日，杭州互联网法院正式上线了区块链智能合约司法应用，构建"自愿签署—自动履约—履行不能智能立案—智能审判—智能执行"的闭环司法体系，这一体系旨在高效处理违约行为，并通过智能合约减少了不可控因素的发生，排除了人为因素的干扰，实现数据可信化全记录，多部门协作，全节点见证，是智能合约在信用司法体系应用的先驱。

智能合同在司法系统中的广泛应用取决于相关成就条件的"上链"——广泛的有形资产的数字化和法律行为的数字化。目前区块链已应用于不动产、学历登记、农产品溯源、遗嘱、发票、门票、债券发行、身份验证、遗嘱继承、合同订立等领域。以娄底市不动产区块链信息共享平台为例，传统的法院判决与执行之间存在一定时滞，为诉讼对象的转移提供了违法操作的余地。特别是在现有的各个独立的数据库系统分割的状态下，房管部门与法院的不动产登记记录不一致，甚至可能现实情况和登记情况也存在不一致，在执行中不动产的过程发现产权已经转移。区块链不动产登记就是在这种情况下，打通了不动产的数据登记，解决了执行中存在的标的不符状况。

要因地制宜，构建多元统一的信用司法体系。区块链技术在我国各地的应用有快有慢，特别是在证据的提取和执行层面需要社会治理手段的配合，每一个区域也会因本地化色彩而产生创新的"地方特色"，在不同地域之间形成一定差异的信用司法生态。例如，广州互联网法院利用区块链技术，形成了以保证数据可信度和真实性为基础的"五色信用"评价体系、"网通法链"智慧信用生态系统、"E法亭"便民诉讼服务设施、"E链智执"执行工作平台等立足于广东地区的信用司法小生态。

有必要鼓励司法与基层治理创新有机结合,在证据保存提取、执行财产网络处置等方面形成多元并存、良性促进的格局,最后在互补的基础上建立一个延伸至全国乃至世界范围的信用司法体系。在可预见的将来,传统的司法体系与建立在区块链技术基础上的信用司法体系将同时并存,对于这两种体系的长期并存而言,司法创新将继续发挥"扬弃"的作用,从而在整体上推动中国司法制度的革新,而两者的动态变化最终将孕育生成契约化的法治秩序。[1]

---

[1] 梁平、冯兆蕙:《基层治理的法治秩序与生成路径》,《河北法学》2017年第6期。

第四章　数据：生产要素的演化升级

目前来看，金融是现有互联网平台生态中必不可少的一部分，以阿里集团的蚂蚁金服为例，其推出的金融产品已拥有了足够的社会认可度，微信等互联网巨头也同样推出了类似金融产品，加入金融行业的竞争之中。从政治经济学角度来看，此过程是互联网的一个发展阶段，当产业资本累积到一定水平后将必然会向金融资本过渡，进而打造出依托产业的金融资本集团。

毫无疑问，大型互联网平台的数据垄断会阻碍内部乃至外部行业的创新，相较于传统工业时代，在数字经济时代，数据的力量与资本的力量相结合，其影响力已达到历史的最高点，随之而来的垄断问题给监管部门提出了难题。以疫情中微信禁封钉钉等非腾讯旗下软件的微信分享通道为例，这使得消费者的使用成本激增，然其并不能真正达到"禁用"的效果，因此这无疑是个三方都不得利益的无用措施。除此之外，阿里集团通过其大量客户购买平台金融产品所得资本大肆进行并购活动，在此过程中，数据垄断展示出的力量要大大强于传统资本的力量，而数据垄断的源泉就在于社交平台"吸引用户"和"锁定用户"的性质。结合现实案例考量，实际上，比"资本无序扩张"中资本并购问题更为可怕的是数据垄断所带来的数据封闭问题。前者利用资本并购竞争对手与互补企业，扼杀竞争与创新；后者则是用收购等手段攫取数据以及屏蔽竞争对手数据的方式来达到支配市场的目的。二者手段不同但本质目的相同，都是对市场竞争机制的破坏，抑制竞争的结果必然导致创新消沉。

第一节 数字普惠金融的新发展、新趋势

一 "抗疫"中的数字普惠金融

（一）"普惠金融"带来的亮点涌现

在新冠肺炎疫情防控期间，各大普惠金融平台积极承担社会责任，全力配合国家的抗疫工作，也借助疫情中的不同应用场景涌现了众多普惠金融亮点。

中国人民银行、财政部、银保监会、证监会、国家外汇管理局五部门于2020年2月1日发布了《关于进一步强化金融支持防控新型冠状病毒感染肺炎疫情的通知》，打响了金融抗疫的第一枪。以中国工商银行率先推出的"专属服务＋绿色通道＋优惠政策"为例，为小微企业开通绿色通道进而提升信贷效率。蚂蚁金服作为金融科技企业代表在疫情中迅速反应，从捐助公益到保障医务人员生命线，用普惠的能力＋科技的效率，承担起企业的社会责任。

在此次疫情之中，支付宝、微信等专业性与综合性平台在线下及线上两个维度中都发挥了重要的作用。例如，支付宝旗下的蚂蚁金融发挥其资本便捷性优势向受到疫情冲击的市场主体（以小微商户为主）增加贷款额度、降低或免除利息、为投身于疫情防控的医疗人员提供保障金，探究其本质，此类普惠金融行为都

是以数据为工具为市场主体提供符合其需求的普惠金融服务。

综合各维度考虑，笔者认为此类普惠金融措施增加了国民经济的韧性，使政府与市场在遭遇突发事件之后有了更广阔的操作空间，起到了一个缓冲的作用。从客观来说，普惠金融的出现，究其原因，既存在必然性也存在偶然性。其必然性源于微观情景中金融产业的竞争大幅度增加以及宏观情境中普惠金融的发展大趋势，而偶然性源于本次新冠肺炎疫情的出现，直接为普惠金融搭建了大展身手的舞台。

党的十九大提出，"深化金融体制的改革，增加金融服务的实体经济占比"，这代表着在国家层面，经济发展将从高速发展转变为高质量发展，不再一味地去追求GDP增长率，而普惠金融恰好是高质量经济发展的一个有效切入点。对比国家层面，市场中的金融行业目前存在着巨大的竞争压力，甚至金融行业之外的主体也急于进入行业去分一杯羹。

普惠金融之所以能产生如此之大的影响力，其根本原因在于依托大数据的数字平台的存在。平台通过在后台收集海量用户数据，精准识别不同主体的金融服务需求，将更多的主体纳入普惠金融的服务范围，用更加灵活的方式服务大众。同时，中美两国于2019年达成的贸易摩擦阶段性协议中扩大了金融行业的开放，国内国际的双重压力，也在客观上给予了普惠金融更多的发展空间。除此之外，2019年年底暴发的新冠肺炎疫情则扣动了普惠金融井喷式爆发的扳机。

在当下"普惠金融"的各亮点中，存在短期与长期之分，其中长期的部分，被新冠肺炎疫情的暴发提前"释放"。于此而言，金融行业中的"二八定律"将被普惠金融这类新型金融模式所冲击。同时，包括健康宝在内的各类数字管理系统，在与普惠金融深度融合后,借助数据累计效应,帮助那些在过去不被关注的"长尾人群"也能享受到普惠金融的服务。

尽管普惠金融作为一种新兴金融模式,给传统金融业带来了积极的效果,但因其金融的本质属性,普惠金融也就同样存在着多维度的风险。其中,笔者认为数据作为一种生产要素所创造出的价值是最值得关注的一个维度。可以预见,在未来的普惠金融中,由于其"普惠"特性,众多主体将会关注数据利益分配的问题,基于此,市场需要一套能够实现平台数据高效流转的奖励机制。笔者基于先前的理论研究,提出了"共票"理论。

"共票"是一种数据流转激励机制,其作用在于为数据确定所有权、确定数据的具体价值、为交易赋能,进而有效推动数据共享。在"共票"、区块链等一系列技术的支持下,数据生产要素的价值将被极大限度地开发,数据流转也将更加高效。在数据市场逐步形成之后,将会实现市场模式由"客户本位"到"数据本位"的转变,在此体制下,数据的流转不再是"一次性",而是通过共票机制,在不断流转中实现价值的累增进而回馈各方主体。当"共票"与平台数据所嵌合,特定的数据就可以被单独识别,在不断的使用、交换进而再使用、再交换的大循环中来匹配。"共票"作为定价的工具,进而在公开交易市场中发挥价值发现的作用,同时亦可标识高价值的数据。

(二)无接触贷款助微计划与小微企业困境缓解

在 2020 年 2 月 20 日,全国工商联携手网商银行与浦发银行、中国邮政储蓄银行等 25 家银行开展合作,针对全国符合标准的小微企业的需求,推出依据信用、无担保及抵押的"无接触贷款"及相关优惠政策。该政策一经实施就受到广泛好评。2020年 3 月 5 日,中国商业联合会同全国工商联、中国银行业协会、中国个体劳动者协会等多家社会组织，同时联手三大政策性银行以及六大国有银行等100多家银行，推出了"无接触贷款助微计划"。该计划支持了全国约1000万家个体经营者、小微企业及农户有序复工复产，助力疫情之后的扩大生产。

本次"无接触贷款助微计划"是金融与科技深度嵌合应对突发公共事件的一个经典案例。"助微计划"以全国工商联作为中心纽带，协同网商银行等传统金融机构、县域政府和品牌企业、数字金融平台，从餐饮、电商、物流、快消、地图、汽车等十多个方面提供了特殊专项支持。大型金融机构拥有着强大的资本实力，品牌企业搭建起供应链支撑，县域政府能够提供政策支持，这些主体与数字金融平台进行功能结合，将搭建更高效地触达小微企业的通道，使不同主体的优势功能提供可以互补。

1. "无接触"是"助微计划"的首要关键

疫情发展态势尚不可被人力掌控，防控工作仍是一道难题。"助微计划"的"无接触"优势，在线上进行全流程的普惠金融服务，可以有效满足中小型主体的金融需求。能够实现"无接触"的根本原因，并非仅仅是疫情的客观外部环境，主要原因是数据生产要素所创造出的价值。而实现生产要素转化为价值的方式则是大型数字平台利用平台客户的多维度数据，结合人工智能数据分析、大数据挖掘等技术，生成动态的风险模型，进而确定授信额度等一系列后续工作，此种模式摆脱了传统抵押方式的束缚，真正实现"信用抵押"。

在实务操作中，大量贷款需求量较小的主体，可以在很短的时间内完成办理贷款业务，整个流程摆脱了人工干预，最大限度地满足了各方主体的需求。

2."助微"是计划的最终目的

目前中国的市场经济进入更深层次的发展阶段,越来越多的小微主体出现在市场中,在国民经济发展中扮演着重要的角色,而普惠金融服务完美契合了这种市场发展趋势。在"助微计划"中,数字金融平台在不同场景内运用人工智能算法与大数据挖掘等技术所构建的风险控制模型,将大量有贷款需求的小微主体纳入金融服务的范围,用客观数据作为指标搭建信用评级体系,真正做到普惠性的金融。网商银行的数据显示,在疫情暴发之后的时间段内,"无接触贷款"很好地满足了小微主体的贷款需求,整体发展态势成功实现扭亏为盈,流水较节前有了46%的大幅度增长,为后疫情时代的经济发展提供了可靠保障。

可以说金融与科技的结合是"助微计划"背后的根本驱动力,同时"助微计划"也反馈推动了科技与金融深度融合。

第一,网商银行等此类数字金融平台已成为金融业的"毛细血管",是传统金融业的有力补充。数字金融平台以各维度金融、非金融数据为生产要素,借以云计算、人工智能、区块链等技术,搭建风险控制、征信评级机制,在未来将会成为金融行业的发展基础。本次疫情防控阶段,数字金融平台完成了服务于传统金融主体难以触达的客户群的目标,很大程度上稳定了实体经济,保障了国民经济的持续健康发展。

第二,资本实力雄厚的大型金融机构能动地加速金融科技的发展与开放银行的战略部署。各银行机构逐步采用开放式 API 模式,将各类金融服务结构性嵌入其合作平台的业务流程中;同时基于云计算、人工智能等技术的"共票"机制,将数据作为核心生产要素,把数据共享所创造的价值反馈给相关主体,驱动开放银行的数据共享,实现数据的有效治理。

第三，技术开放是中小金融机构从数字金融平台获取数字金融科技的主要途径。金融科技的研发所需成本极高，中小金融机构很难承担巨大的花销。大型数字金融平台由于其坐拥大规模客户数据的优势，可以便捷地将其技术成果生成为技术产品，用平台化的形式将技术服务提供给传统银行，这能够为数字金融技术的应用提速，驱动金融与科技的结构性融合，成为金融行业迭代发展的新引擎。以南京银行为例，其所开发的"鑫云+"平台借助阿里云等技术搭建；除此之外，人保健康通过蚂蚁金服的科技能力去支撑其保险业务的持续发展。

从另一维度去看，"无接触贷款"充分体现了以数据作为生产要素的平台经济结构性优势。目前，中国已进入了数字时代，"互联网+"的平台经济已成为金融体系下的一种新模式，为经济发展注入新动能。同时，以数据为生产要素的数字金融平台，凭借新技术的优势，结合传统金融业的资本优势，在抗击疫情的工作中发挥出巨大的效能。数据生产要素在疫情防控的大环境中，经过赋能、共享、使用、流通之后，其特征优势得到了较充分的体现。

"助微计划"对中国未来的金融行业发展的影响是长久且持续的。笔者认为，在疫情过后，这些产生于特殊时期的新技术、新实践、新模式、新理论，将为平台经济带来更广阔的发展空间，进一步而言可能颠覆社会管理模式，驱动社会向数字时代迈出更大一步。

（三）平台经济优势的充分发挥

2019年8月，国务院办公厅印发了《关于促进平台经济规范健康发展的指导意见》，该意见指出平台互联网经济是一种新型生产力、新组织方式，已成为经济发展的新动能。目前，数字经济中，平台已经成为其中的一个重要主体。平台同时具备市场与企业的双重性质，同时兼具政府及各行业协会的公共属性，深度影响着国民经济的发展与稳定，可以说，平台是数字经济的基础设施。而数字普惠金融平台作为数字经济平台的一种，在此次抗击疫情的工作中展示出其强大的效能。

第一，技术优势。依托于大型科技公司的数字普惠金融平台借助成熟的数字科技搭建新型金融技术底盘，即"大科技金融"（BigTech in Finance）。在抗击疫情的过程中，数字普惠金融平台为各主体提供了"零接触""全线上"的金融服务。以中国工商联与网上银行等100家银行机构合作推出的"无接触贷款"方案，在达到疫情防控标准的同时，最大限度地满足了客户的金融服务需求。除此之外，阿里旗下的蚂蚁金服借助区块链技术搭建了"双链通"平台，以平台大数据量化企业信用，很好地解决了产业链下游小微主体资金困难的问题。

第二，"长尾效应"优势。在社交、支付、电商等场景获得大量数据后，数字普惠金融平台借助人工智能、大数据挖掘等技术构建动态风险控制模型，将原本处于尾部的客户群体的信用水平量化，进而提供与之匹配的金融服务，使"普惠"金融成为现实。网商银行自成立以来已经拥有1500万家小微企业客户，其中70%都是在线下开展金融业务。在本次疫情中，普惠金融平台实现了从"线下"到"线上"的转变，满足各维度的需求，实现了降低金融风险、使金融回归本质的作用。

第三，基础设施优势。交叉网络外部性是平台经济的一大重要属性，数字普惠金融平台因其拥有巨大的客户优势，形成了自身的"生态系统"。以支付宝为代表的支付平台以及以微信为代表的社交平台已经成了数字经济的重要基础设施。在进行疫情防控工作中,数字普惠金融平台充分发挥了其平台属性的种种优势,搭建了社会捐款平台,筹集到大量捐款,弥补了传统公益组织在本次疫情中暴露出的不足。"武汉加油"项目是阿里集团上线的公益筹款项目,该项目于8小时之内筹集到71140万元善款。除此之外,数字经济平台作为一种新型社会基础设施,其自身具有极为特殊的公共性,同时具备了政府与企业的双重属性,因此在资源整合、舆情管理、信息处理等方面都更具优越性。

数字普惠金融平台能够蓬勃发展的原因,究其根本,是金融与科技的深层次结合,这也将是中国乃至世界金融发展的大趋势。

二 发挥数字普惠金融平台在防范金融风险中的作用

随着本次疫情扩散到世界各国,世界经济开始陷入动荡,国际货币基金组织(IMF)作出预计,2020年世界整体经济将衰退至负增长,这是自20世纪30年代"大萧条"之后出现的最差态势。放眼国际,美国股市的连续跌停撼动世界经济,因此引发的黄金市场、债券市场的波动可以说已经造成了一定程度的市场危机。与此同时,还未走出欧债危机的希腊、意大利等国家也遭受了更为严重的冲击,可以说,本次疫情所导致的经济衰退必将是大规模且持续的,甚至有引发主权债务危机的可能。

着眼于国内,本次疫情是对国内金融市场与实体经济的一次巨大挑战。从不同维度去看待,首先,疫情的不可抗力使市场中的主体面临着解约与破产的风险危机,这使得国内的信贷市场处于超负荷运行状态;其次,国内金融市场虽目前并未完全开放,但开放始终是未来的大趋势,这也将使国内资本市场更多地暴露在世界经济危机的大环境之下,其所面临的风险可想而知。瑞幸咖啡被国外资本做空便是一个生动、现实的案例。虽然目前全球性金融危机还未形成,但风险已是初见端倪,因此在国家层面必须给予金融风险足够的提前量,做好随时面对危机的准备。党的十九大报告中提到了"守住不发生系统性金融风险的底线",这给金融监管部门提出了现实要求,是国家层面的战略部署。因此,相关监管部门当加倍重视疫情中的金融风险,从维护金融稳定、监管方式创新的维度把控系统性金融风险,具体而言,有以下几点。

(一)提升资本市场防御系统性金融风险能力

系统性金融风险的诱导因素是多维度的,从国际层面来看,国外政局、国际金融波动都会在一定程度上干预中国金融体系的发展,基于此,当下进一步深化国内资本市场改革的需求是迫切的,其目标是提升国内资本市场体系的韧性,充分发挥资本市场本质的枢纽作用。首先,普惠金融作为金融的一种新型分支,应充分发挥其特殊功能以弥补传统资本市场的不足;其次,实体经济作为资本市场的基本盘,是决定资本市场态势的第一要素,因此必须坚持发展实体经济的脚步。在数据成为生产要素之后,数字经济成了实体经济的一个重要组成部分,为实体经济注入新的动因。相较于境外,中国目前的资本市场因并未完全开放,其发展状态也较为平稳,因此面对本次疫情引起的资本市场波动,国内A股展示出其结构韧性,这也必将吸引部分国外资本的流入,这既是机遇,也是挑战。中国应继续保持资本市场的稳定与发展,保证资本与实体的挂钩,在抵御系统性金融风险的同时求得发展与进步。

(二)推进"无接触"银行与开放银行建设

传统金融借助新兴科技,在本次疫情中展示出巨大活力,其中"无接触银行"成为一大亮点。中国工商联与网商银行等其他银行机构协作发起"助微计划",以普惠金融的方式,利用不同情境中获取的平台客户数据,将处于金融产业末端的客户群纳入信用体系,以数据技术手段生成动态风险控制模型进而确定授信额度,按需求为大众提供金融服务。信贷风险一直是信贷客户与银行机构之间的中心矛盾,相较于传统信贷模式,以数据为量化要素的动态风险控制模型会更加客观、精确且便捷,使信贷摆脱传统抵押模式的束缚。除此之外,还应推动开放银行的建设,使新兴金融科技注入银行机构,加速金融与科技的融合。针对大型金融机构,可以采用开放式 API,将自身金融服务与其平台合作伙伴业务相结合,形成"生态系统"。中小银行机构则应着眼于普惠金融的建设,使金融打破"二八定律"的束缚,真正惠及大众群体。

(三)缓解中小企业融资难引发的解约与破产风险

目前,普惠金融平台利用数字技术在不同场景收集具备规模的数据,生成动态风险控制模型,进而将之前无法获得金融服务的中小微主体纳入金融服务体系,实现了普惠的金融。近一年内,由于疫情的不可抗力,许多中小微企业面临着解约与破产危机,然而这些小微企业所面临的难题,并不是因为经营不善,而是源于不可抗力所导致的资金流断裂。因此,给予贷款去帮助小微企业摆脱资金困境是有必要的。面对这个信贷难题,普惠金融充分发挥了其准确性、可靠性的特点,将大量小微企业纳入金融服务对象的范围,同时降低了金融服务成本,化解信贷风险,使金融回归其本质。除普惠金融之外,为了拓宽小微企业的融资渠道,中国证监会于 2018 年开始推动《股权众筹试点管理办法》的制定,目前起草阶段已经完成。笔者认为,本次疫情是一个很好的契机,应尽快在《证券法》的结构下推出"股权众筹"相关法规,将股权众筹正规化、专业化、系统化,更好地帮助小微企业渡过本次疫情的难关。

(四)谨慎推进 P2P 平台的清退工作以防止人为性系统性风险

在经历了 P2P 热潮与退潮之后,监管部门于 2019 年年初发布《关于做好网贷机构分类处置和风险防范工作的意见》(简称"175 号文"),在政策的影响下,各地方都在加紧 P2P 平台清退工作,山东、重庆等地更是明确表示清退其辖区内全部 P2P 机构。P2P 平台的整顿以及存量风险的化解是目前信贷市场整治工作的重点,在具体实施层面,"一刀切"的做法是不可取的。2015 年国内股票市场出现异常波动,正是由于证监会盲目斩断了券商的场外配资渠道。目前,市场中仍存在几十家注册资本在上百亿的 P2P 机构,可见市场仍承担着较高风险,因此如果盲目地处理,无疑将倾覆整个市场,其后果也难以预料。针对此情况,政府部门应合理把控整顿力度,区分存在性质差别的主体,有序推进整顿工作。《关于网络借贷信息中介机构转型为小额贷款公司试点的指导意见》(整治办函〔2019〕83 号)于 2019 年 11 月底出台,意见中明确了引导无严重违法违规、具备从事信贷业务能力的 P2P 机构转为小额贷款公司。而针对已存在的具备雄厚资本实力且符合规定的 P2P 平台,应将其改制为各类金融机构,以保留其融资渠道。综合看来,该文件的出台,本质上是根据不同性质的主体作出区别对待,以防止市场出现系统性金融风险。

(五)大力发展监管科技,防范系统性金融风险

证监会于 2018 年发布的《中国证监会监管科技总体建设方案》,是对监管科技应用的顶层规划,方案中明确了监管科技应用的"十二大机制";在此之后,证监会又于 2019 年推出了"深

改十二条"，使监管科技的应用更进一步。种种措施表明，证监会意在利用新科技来打通、整合现有监管系统，搭建大数据监管体系，以此来应对金融科技企业"监管难"的问题。与传统金融机构相比较，金融科技公司因其规模与商业模式等因素，极易受到大环境波动的影响，并且产生的后果容易波及其他行业。除此之外，金融科技的操作性与技术性风险在特殊情境下会出现急剧量变直至质变的情况，进而造成系统性金融风险。在传统模式下，监管手段缺乏对金融科技市场运作的反馈信息，难以应对当下的难题。基于当下态势，应当在传统监管模式的基础上，增加科技维度，由"双峰"模式转变为"双雄"模式，使科技驱动监管、技术迎接挑战。笔者认为，银保监会、中国人民银行等机构应当尽快建立科技监管的基本框架，补齐短板，以金融科技的监管体系去防范系统性金融风险。

（六）推进法定数字货币尽快落地，实时监测、预警金融风险

中国人民银行于 2020 年 4 月 3 日召开"全国货币金银与安全保卫工作电视电话会议"，会议强调要加强对顶层制度的设计，大力推进法定数字货币的研发工作。早在 2014 年，央行就开始了针对法定数字货币的研究，结合当下防范系统性金融风险的目标，法定数字货币的推出则更具意义。法定数字货币是一种新型货币体系，其发行有助于创新货币的发行、流通与调控方式，进而降低交易成本，提高整体金融体系的运行效率，优化金融运行的质量。

姚前（证监会科技监管局局长）曾表示，根据一般规律，新型金融业态将可能出现新型金融风险，考虑到数字经济的智能化、虚拟化与网络化，当发生危机时可能会使风险进一步放大。而推行法定数字货币则可以对金融运行的状况进行实时监控，及

时获取反馈数据辅助宏观的决策与调控。同时,监管可以借助区块链、人工智能等技术手段对存在的金融风险作出提前预警。法定数字货币的发行,在辅助监管的同时也有助于推进人民币的国际化进程,建立锚定人民币的货币体系。放眼全球,中国凭借巨大的用户市场取得了移动支付领域的国际领先地位,笔者认为,可以借助微信、支付宝等现有平台推行法定数字货币,给予跨境支付实际应用的场景,进而达到提升中国在国际上的金融影响力、抵御美元霸权主义而引发的系统性金融风险的效果。

三 数字普惠金融的未来展望

(一)数字普惠金融平台前景广阔

普惠金融的出现提升了国民经济的韧性,使市场自身的调节能力大大提升。究其本质,其原因有二:首先是金融行业内部的竞争逐渐加剧,而普惠金融的出现拓展了金融服务的对象,顺应了发展潮流;其次是疫情暴发的外部因素在客观上诱发了大量小微主体的金融需求,使普惠金融有了着力点。

截至2020年,中国国民经济的发展规划已从高速增长转变为高质量发展,党的十九大报告提出"深化金融体制改革,增强金融服务实体经济能力"。普惠金融因其关注实体经济主体的特点将在未来金融业发展中大有可为。《中国金融稳定报告(2019)》同样明确了普惠金融对金融发展各维度的积极作用。

从金融业微观市场来看,其竞争已越发白热化,传统金融市场已是"红海",无法做到进一步开发。普惠金融的出现,是对金融市场边界的扩展,将更多的小微客户纳入服务范围,顺应了行业发展趋势,有着广阔的发展前景。

(二)以区块链技术助推金融高质量发展

尽管新冠肺炎疫情在一定程度上冲击了国民经济的发展,但由于国家及时采取了有效的防控措施，中国经济仍处于稳中向好的状态。然而，在国际大环境的消极影响下，系统性金融风险仍时刻威胁着中国的金融行业。中国银保监会为应对种种金融风险出台了一系列相关政策，然而静态的政策再完善，如果没有监管者的严格执行，就无法体现其生命力。在后疫情时代，金融领域的"灯下黑"问题格外值得关注。

1. 金融监管中的"灯下黑"问题

根据经典组织管理理论，组织规模越大，层级越多，其组织链条就越长。将理论放到行政中看，行政层级越复杂，行政链条也随之变长，同时会导致冗杂的官僚配置体系以及高额的行政成本，进而会严重减损行政效率。笔者认为，中国现行金融监管体系存在相同的问题。

例如，为了防范金融科技的信用风险，在立法层面将其概括为非法集资。司法解释、证券法、公司法试图用擅自公开发行证券罪，去排除发行主体与投资者之间因信息不对称而可能出现的信用风险。然而在实务中，金融监管则为了排除公众型融资带来的信用风险，在一般情况下会认定交易行为非法。各方监管主体的不同态度，给了市场主体以套利的空间，却将信息不对称的问题暂时抛给了市场。

除此之外，在监管实务中，针对欺诈性融资、数字货币交易、复杂机构型金融产品、现金贷等采取了"一刀切"的监管模式，其本质则是逃避承担责任，是一种"不作为"。此等行为是对中介机构、融资者等强势主体利用信息不对称转嫁风险行为的纵容。同时将金融消费者等弱势群体推入黑色产业链中，使有需求的主体得不到满足，表面上是保护，实则是伤害。

将金融创新主体限制在非常狭小的空间内是管制型金融监管

的特征，而这种过分的限制在阻碍金融科技主体创造价值的同时，还将迫使金融消费者在看到实在利益后将资金投入"黑市"，最终导致与最初监管目的背道而驰的高风险。此外，管制型金融监管模式下，对于金融行为是否合法的判断需要根据既有非法金融行为标准来进行一一核对，这必定会导致监管的滞后，至于复杂型与融合型的金融产品更是如此，滞后产生的监管空窗期，即便是合理的创新行为，在无监管的环境下，就有可能会畸形发展直至触碰到法律的边界，危害国家金融行业的稳定。

以 P2P 平台为例，笔者认为在立法层面应确立 P2P 平台的市场准入标准，平台应按注册资本金计提风险资本金，同时风险资本金应与平台融资规模和杠杆率相匹配；假使风险预警模型已暴露出平台相关风险问题，平台就必须允许投资者将其资金转移至风险保障金账户。特别值得注意的是，风险资本金挂靠风险预警系统为互联网金融安全与信用风险规制提供了制度基础；其中的信息工具无疑起着揭示风险的基底作用。

在金融监管的细分领域，还存在一种"灯下黑"现象，即在已经制定并出台相关法律法规等制度之后，监管主体却不予以执行，致使制度无法落地，损害了国家法治建设与政府形象。

除此之外，支付宝等平台解决了电子商务的担保问题以及网络小贷满足互联网跨区放贷需求等实例，都向社会展示出其具备一定的可用性。也正因为有了这些小额放贷产品，才有了 2013 年后互联网金融以及数字普惠金融的井喷式发展。强调金融风险监管是必需的，但是监管部门对待第三方支付机构政策的常态化摇摆，如类似现金贷、P2P 等虽然在一定阶段中发挥了普惠金融的作用，监管部门都将其一棍子打死，这种要么"不管"、要么"管死"的"一刀切"监管方式或许也是"灯下黑"的表现。

2. 以区块链技术解决金融领域"灯下黑"问题

目前,世界各国都在面对金融监管"灯下黑"的难题。美国次贷危机的余波仍未平息,或许是监管部门对于金融风险因之前的种种教训而过于谨慎,在2015年监管部门为了防止大量场外配资给资本市场带来负面冲击,采取了完全禁止券商向场外配资提供账户的渠道,致使部分出资人对市场失去了信任感与安全感,造成资本市场中资金出逃的情况,增加了系统性金融风险,最终导致了2015年股灾的爆发。在经历过P2P市场清理之后,当下注册资本在几百亿元之上的P2P平台仍有几十家之多,盲目地对其作出限制容易引发市场的崩塌,因此细化对监管对象的分类,做出区别处理才是明智之举。

以数据治理为导向的制度创新强调对数据的共享,身处数字时代,传统体制显然难以适应市场的需求。笔者认为新冠肺炎疫情的暴发是划分工业经济与数字经济的分界线。以人工智能、区块链、大数据、5G为代表的新技术首次被大量应用到现实中,拓展了这些理论技术应用的深度与广度。在动态的过程中,数字平台作为一种理论上的新兴经济组织,展示出强大的生命力,在信息登记、筹措善款等方面都大有所为。可见,此次疫情中数字平台以其技术优势完成了重要的社会工作,相关经验及做法值得参考。

(1)推行科技驱动型监管(RegTech)

从实务操作角度看待"一刀切"的做法,其主要原因是监管技术与监管能力的不足,"一刀切"实为综合考虑下不得已而为之。随着数字时代到来后技术群的爆发,一系列配套技术使科技驱动型监管成为可能。其中以区块链技术为基础的"以链治链"

理论，搭建出解决市场与政府在双重失灵的状态下的监管途径。监管者利用实时、透明的共享账簿在恶果出现前及时识别风险并作出回应，或可将合规体系嵌入监管自身的区块链系统之内。

（2）"共票"驱动政府数据共享

本次疫情的暴发，使监管体制中存在的漏洞暴露在各类问题之前，其中政府疫情防控主管部门之间的信息横向与纵向共享严重不足，出现"数据孤岛"的现象，大大减损了公权力运行效率。"共票"是笔者提出的一套数据共享激励机制，在帮助政府信息内部共享方面，本理论有以下两点优势。

第一，"共票"可以实现数据价值发掘，共票在于某一段数据结合之后，可以使该段数据被单独识别，在数据共享的过程中，以"共票"为定价依据，进而对高价值的数据进行锁定。在应对突发事件时，共票机制可以帮助监管部门在短时间内识别关键数据，同时对特定数据进行数据分析，以数据生产要素去创造价值，从而改善数据利用不足的现象。

第二，共票以为数据赋能来推动数据共享。"共票"使数据在流转中不断增值，同时不断回馈数据的初始提供者。共票为数据赋能，而不同机构对所需数据质量与数量的标准则是为共票赋能，从而激励数据的持有者将高质量的数据共享，形成一个良性循环。"共票理论"以区块链作为技术基底，运用分布式账本、P2P等技术搭建共识机制，使其形成可追溯、隐私保护的技术约束力，由时间顺序串联，构成信息证据的载体。以此来搭建政府部门之间实时信息交换机制，在面对突发重大事件时可以实现各部门之间的实时信息共建共享，实现在重大事件中的"全国一体化"。

（3）推动跨境支付，竞争全球的合法数据资源

在当下疫情的大背景下，针对金融创新的政策不宜过于苛

刻，而应要为由于疫情而处于困境中的中小企业提供融资工具与金融环境。区块链技术与金融的融合发展是大趋势，因此应尽快脱离当前平台数据红利被他国垄断、独享的困境，实现全面突围。

为帮助国内企业在国际数据竞争中取得优势，政府应鼓励企业充分利用国内市场处于国际优势地位的窗口期，积极"走出去"，占领数据高地进而掌握数据市场的主导权。国内企业应充分总结国内应用情景下的经验，结合国际市场的特性，争取在国际支付市场中占据有利地势，搭建"基础设施"，以此来竞争全球合法数据资源。除此之外，可以通过"共票"机制驱动数据开放共享，为跨境支付赋能。通过搭建数据核心的"共票"体系，用更高维度的视角来应对美元和他国数字货币的挑战。

（三）高度重视新技术、新制度、新理念

第一，需高度重视区块链技术与数字普惠金融结合的重要意义。由于区块链具备防篡改的真实性优势，可以将其作为重组经济链条传统上中下游的基础技术，将传统经济结构转变为环形的平台经济结构，使得企业主体通过平台直接与消费者进行接触，提升整体生产链中的效率水平。

第二，需高度重视针对央行法定数字货币的研制、试点与推出。一方面，在后疫情时期经济下行压力较大时，数字货币能够使交易更加公平、安全、有效，从而促进整体经济的增长。另一方面，法定数字货币借助区块链属性，能够突破传统账户资金流、信息流的时间差，节约交易成本，进一步促进后疫情时期经济的恢复与发展。

第三，政府需要对数字经济平台保持较为宽容的态度。新冠肺炎疫情防控期间，数字经济平台为信息即时获取传递、物资整合调配作出巨大贡献，电子支付等流量入口也为政府提供用以决策的科学、合理、稳定的数据来源。因此，只有存在一个宽容、开放的政策环境，数字平台经济才能够更加迅速地生长并激发内生价值。

第二节　数据生产要素市场化实现机制

整个20世纪中后期的国际权势争斗，几乎总是与制度之争紧紧地捆绑在一起，不同制度之间的争论焦点便是这个"国家与市场"问题。在人类经历了数轮国际性大辩论，并且动用了坦克、飞机乃至核武器来支持自己的观点之后，整个世界的主流观点终于趋向中庸和妥协：国家很重要，但是光靠国家控制，没有市场来配置资源，那么经济必然缺乏活力，最终国家力量也会衰竭，苏联便是典型案例；市场的确很高效，但是离开了国家力量的规范和约束，市场秩序和市场结构难以自我维持，频繁发生的金融危机与经济危机便是明证。

一　数据成为市场竞争的核心要素

马克思唯物史观根据各阶段的生产力发展状况和生产关系对各个历史时期进行划分，其划分依据与各时期占主导地位的生产要素密切相关。经济发展阶段中所有的经济活动会受到占主导地位的生产要素所带来的根本性影响，其性质也经历了一系列的演进过程。从历史发展来看，经济活动的性质已从最初的资源密集型发展到劳动密集型，再从资本密集型发展到组织密集型和知识密集型阶段。

随着社会的发展，生产要素的种类也在不断丰富，目前国家层面已认识到推动数据要素市场化的重要性。中共十九届四中全会提出,"健全劳动、资本、土地、知识、技术、管理、数据等生产要素由市场评价贡献、按贡献决定报酬的机制",2020年3月30日中共中央、国务院发布的《关于构建更加完善的要素市场化配置体制机制的意见》明确提出土地、劳动力、资本、技术和数据也作为生产要素,提出要加快培育数据要素和数据市场化配置。2020年10月29日推出的《中国共产党第十九届中央委员会第五次全体会议公报》更是提出了"十四五"时期经济社会发展主要目标——"产权制度改革和要素市场化配置改革取得重大进展,公平竞争制度更加健全,更高水平开放型经济新体制基本形成"。这些表述,都说明中央高度重视以数据为代表的新型生产要素的发展,并着力于推动新型生产要素对于双循环的推动潜力挖掘。

构筑于工业时代的法学研究方法难以包容数字经济时代的生产要素,其背后是私有制作为一种历史的范畴,正在随着生产力的发展、社会的进步被取代。以数据为代表的新生产要素具有极强的特殊性,包括数据本身的信息化、结构化、代码化等以及数据市场的高初始固定成本、零边际成本、累积溢出效应等特点,而其中的个人数据在产生方式上更是具有独特性,因为其是收集方与被收集方共同作用的产物。被收集方实施的相关行为需借由网络平台或传感器等载体进行记忆与存储才能形成数据。而且,个人数据从根本上来说,蕴含着强烈的人身属性。因此,个人数据权利的归属、应用与流通应有其独特规则。

数据具有的特殊性,包括信息化、结构化、代码化等以及高初始固定成本、零边际成本、累积溢出效应三大特点,决定了数据与传统生产要素的区别明显。这些特征决定了数据与传统工业时代的土地、石油、劳动力、技术、资本等生产要素存在明显区别，其核心是考虑如何以更高效率、更低成本、更佳组织方式和利益分配机制来实现。总之，数据在社会生产过程中所承担的日益重要作用很可能会对现有的社会经济体制产生颠覆性变革，权利边界或所有权可能不是最重要的，对数据的采集储存、交易流动、共享和价值实现、利益分配等一系列行为会产生新法律客体、法律主体的法律关系调整和重构的问题。

二 建立有效合规的数据市场

（一）数据市场竞争典型案例

案例一：Google Search 滥用市场支配地位。

在用户的搜索结果中，首先显示谷歌购物服务对象的信息，之后才会显示竞争对手的信息。《欧盟运作条约》第一百零二条规定，欧盟竞争委员会判定谷歌在某些市场中占据极高的市场份额，因此判定市场支配地位。经过考察，监管主体发现，谷歌公司将其所有的购物服务在用户搜索时优先于其他购物服务之前，从法律角度来说该行为是"差别对待"。基于此，欧盟监管部门认为，谷歌公司利用算法阻碍竞争对手的行径，已经构成滥用市场支配地位。

案例二：Facebook/WhatsApp 合并案。

Facebook 收购 WhatsApp 的目的是让 WhatsApp 成为 Facebook 的全资子公司。在案件审查之后，监管部门得出结论，决定合并后两主体竞争市场地位的数据可归为两类：第一类是双方用户数据，第二类是用户应用平台提供的信息，其中包括行为信息。合并后，即便 Facebook 利用 WhatsApp 的数据去提高其市场地位，市场上还会存在大量不在 Facebook 独家控制之下的数据。

Facebook 与 WhatsApp 合并案例的结果显示，如果以数据为核心的平台在合并过程中涉及用户数据的集中与应用，那么适当提高数据在合并过程中的价值是必要的，这同时包括网络效应的要素。用户隐私与数据利益是核心矛盾点，如果降低对隐私权的保护，那么就可以获得更大的市场利益。在双方合并时，出于市场利益的考虑，适度降低对用户隐私和安全的保护是可行的。

（二）数字经济平台竞争的实质：注意力竞争

平台取得优势地位是通过一系列竞争行为达成的，而目前平台间竞争的实质是数据和流量入口的竞争。在经济活动中，数据是不能忽视的新型生产要素。而数字经济平台利用其数据汇集地位，通过数字技术与各类算法的设计与操作，通过快速有效的分析及决策的投入利用，试图取得或者强化其市场影响或优势地位的力量。在数字经济发展的环境下，平台凭借其作为数据集合体的中心，可以很容易地收集用户数据，通过算法的运用将大量数据快速联结与分析，而得以在相关市场产生或增强竞争优势甚至支配地位。数据的价值需要平台和企业运用科技手段有效地被挖掘，平台利用自身的技术优势，收集海量数据，进行分析，能够最大化数据价值，在相关领域内实现数据流量的高效利用。

当前，谷歌、腾讯等一些大型数字经济平台控制搜索、社交等流量端口排除限制其他企业，阻碍了数据的开放和共享。平台一方面在购物方面为用户提供免费的服务，另一方面也在其他业务上将用户数据货币化。大部分具备竞争价值的数据被市场上少数平台所持有，或仅有少数大型的平台有能力获取足够快速而多元的数据。这不仅造成了平台间的恶性竞争，破坏市场竞争秩序，还会严重损害消费者福利和用户的数据权益。数字经济平台竞争的核心是数据的竞争。但是根据现行《反垄断法》，仍很难认定大型数字经济平台控制流量端口限制竞争行为属于滥用市场支配地位。中国《反垄断法》形成于工业经济时期，在将其适用于数字经济时，某些方面则显得有些滞后，因此需要革新规制手段和理念。在竞争执法中，市场支配地位的认定比较困难，而相对优势地位的认定和滥用相对优势地位的行为界定较之则更具操作性和灵活性。

用户注意力成为经济学所称的"稀缺资源"的一种，可以直接代表一定的经济价值，这在反垄断上成为一种值得被探讨的"流量相关市场"[①]。个体用户可以在平台上投入的时间是一个定值，当一个平台获得一分钟的注意力，那么其他平台就丧失了一分钟的访问可能。注意力寻求者面临着这样的危险：新的注意力寻求者对现有用户的注意力会起到分散的效果，而现有或新生的注意力寻求者一旦有突破性创新，也会起到分散现有用户注意力的作用。因此，注意力寻求者们必须频繁提升服务质量，譬如引入新功能、优化原有功能等。

注意力是审视流量垄断的关键性切口，从注意力市场的角度出发，可以认为互联网平台企业是特殊的销售商。[②] 注意力

[①] 基于这一观察，2015年笔者便已关注互联网领域的流量入口垄断问题，2018年更是率先提出数字平台（互联网）通过其持有的各类技术，对其他互联网应用软件实行流量劫持，以期阻止消费者访问竞争对手平台，进而引导消费者转向自身平台。笔者主持的中国人民大学竞争法研究所、未来法治研究院数字经济研究中心发布了国内最早的相关研究报告，具体参见《数据垄断法律问题研究报告》（2018年1月）、《互联网平台新型垄断行为的法律规制研究报告》（2019年5月）。

[②] 侯利阳、李剑：《免费模式下的互联网产业相关产品市场界定》，《现代法学》2014年第6期。它在上游购买消费者的注意力，并用包含了广告的产品（服务）作为支付的对价；同时，它将购买到的注意力向下游的广告商进行销售，并获得广告费收入以维持运作并从中获利。如果争议在上游市场，则从这一边将相关产品市场界定为用户注意力或者其他；如果争议在下游市场，则从这一边将相关产品市场界定为广告市场或者其他。

第四章
数据：生产要素的演化升级

平台通过开发新功能来吸引更多用户的访问，获取更多的注意力。以现有的微信小程序为例，其已经接入了包括滴滴打车、微博、美团、携程、当当等一系列应用，使得微信从一项即时通信软件出发，集成了包括购物、商旅、出行、餐饮在内的超级应用。

以即时通信为代表的注意力平台与匹配平台最大不同在于其背后的运行原理。匹配平台通过对相应的数据进行收集，根本目的是通过用户的习惯完善丰富其产品，进而获取更多的利润，最为典型的就是电子商务、餐饮外卖、影视音乐等平台通过将海量的商户、版权等吸纳成为其产品端，进而通过高质低价的商品大量吸引用户，其运行的主要是双边市场，其根本的原理是规模效应。与之相对应的就是以微信为代表的即时通信软件，左右其发展的是网络效应，其将其核心业务以免费形式开放给个人，其利润获取集中于广告，易言之，个人信息成本和注意力成本被认为是用户向平台支付的对价，也就构成了数字平台转换成本的重要来源。①

与之类似的还有 Facebook，② 在 Facebook 一案的决定中，德国联邦卡特尔局就从各种社交软件的功能和使用目的上对有效的替代性进行了甄别和分析：用户使用社交网络的目的明显区别于使用其他社交软件，其主要需求在于发现并找到已经认识的人，并在基于身份信息的、由用户自己定义的联系人范围内分享其经

---

① J. M. Newman, "Antitrust in Zero-Price Markets: Applications", *Washington University Law Review*, Vol. 94, 2016, pp. 64 – 69.

② 参见德国联邦卡特尔署官网，Bundeskartellamt-Homepage-Bundeskartellamt prohibits Facebook from combining user data from different sources。德国竞争执法机构主要从 Facebook 的市场份额判断其拥有市场支配地位，从全球来看，2018 年 12 月 Facebook 拥有 15.2 亿日活跃用户和 23.2 亿月活跃用户。在德国，从日活跃用户数来看，Facebook 拥有超过 95% 的市场份额，从月活跃用户数来看，拥有超过 80% 的市场份额。

历、想法或图片等内容。出于这样的使用目的，Snapchat、WhatsApp、Skype等专注于实现通信需求的社交软件不具有可替代性。① 易言之，其价值核心在于其上的关系链，也就是熟人社交，但凡是涉及个人隐私类信息的领域，其用户黏性越强，越是难以被替代。

（三）中国滥用相对优势地位相关法律规范的评析

综合考量所涉立法内容，中国现行竞争法缺乏对滥用相对优势地位行为的规范，特别是具有可操作性的实施细则。

1. 滥用相对优势地位与《反垄断法》

《反垄断法》并没有规定滥用相对优势地位，而只规定了滥用市场支配地位。在市场支配地位滥用的各类具体行为中，即使其中存在市场相对优势地位滥用的相似性行为，但在认定行为的违法性以及违法程度时，也必须以行为者需具有市场支配地位为前提。市场支配地位的含义是指平台在特定的市场上所具有的一定程度的支配或者控制力量，② 这与优势地位有所区别。根据《反垄断法》第十八条以及第十九条的规定，行为者是否具有市场支配地位，首先应明确限制竞争行为所涉及的相关市场，也即需对相关市场进行准确界定；其次，需要行为者在相关市场上占据较高的市场份额。市场相对优势地位的认定却无须相关市场并考察市场份额，只需在交易关系中，与交易相对方相比较，一方具有交易上的优势地位即可。由此可见，现行《反垄断法》并未将市场相对优势地位的滥用行为纳入调

---

① Bundeskartellamt, "Facebook, Exploitative business terms pursuant to Section 19（1）GWB for inadequate data processing", 2019, https：//www.bundeskartellamt.de/SharedDocs/Meldung/EN/AktuelleMeldungen/2019/15_02_2019_Fallbericht_Facebook.html.

② 刘继峰：《商品零售中滥用优势地位行为的法律调整——兼评〈反不正当竞争法（修改稿）〉之完善》，《中国流通经济》2012年第6期。

整范围之内。

2. 滥用相对优势地位与《反不正当竞争法》

滥用相对优势地位与滥用市场支配地位不同，不属于《反垄断法》调整的行为，而应当是《反不正当竞争法》规制的对象。①《反不正当竞争法》旨在维护公平竞争秩序，因此其规制不正当竞争行为。②2015年国务院法制办公布的《反不正当竞争法（修订草案送审稿）》第六条对滥用相对优势地位有所规定，③但是基于相关市场界定困难和法律的确定性及可预测性等方面的考量，最终通过的《反不正当竞争法》没有保留相对优势地位条款，因而导致缺乏明确规定。

3. 滥用相对优势地位与《电子商务法》

《电子商务法》中涉及滥用优势地位规制的规范主要是第三十五条，④我们对其条款进行详尽分析，以究其核心要义。

第一，利用交易规则、服务协议以及技术等方式。电子商务平台的经营者是网络碎片化资源的集合体，也是实现自身利益最大化的市场主体。但由于网络技术的发展，网络平台在规则的制定与发布方面具有先天的优势，为内部市场制定、发布和实施了大量的规则。⑤当平台的规则制定权越来越强、优势地位越来越

---

① 王永强：《网络平台：市场规制主体新成员——以淘宝网电商平台为例的阐述》，《经济法论丛》2014年第2期。
② 不正当竞争行为包括假冒他人注册商标、伪造名优标志、商业秘密侵害、商业贿赂、虚假宣传、有奖销售、商业诽谤等。
③ 2015年国务院法制办公布的《反不正当竞争法（修订草案送审稿）》第六条规定："经营者不得利用相对优势地位，实施下列不公平交易行为。"
④ 《电子商务法》第三十五条："电子商务平台经营者不得利用服务协议、交易规则以及技术等手段，对平台内经营者在平台内的交易、交易价格以及与其他经营者的交易等进行不合理限制或者附加不合理条件，或者向平台内经营者收取不合理费用。"
⑤ 龙俊：《滥用相对优势地位的反不正当竞争法规制原理》，《法律科学》（西北政法大学学报）2017年第5期。

明显的时候，其就有可能滥用此种地位。因此，需要严格限制电子商务平台对权力的行使。

第二，对平台运营商的交易、交易价格和与其他运营商的交易进行不合理限制，是指电子商务平台的运营商通过格式条款在网络平台上签订服务合同、制定交易规则或使用技术销售商品或提供服务，对销售目标和销售区域进行不合理限制。将不合理条件附加于市场交易主体的行为是电子商务的经营者对购买者实施的纵向控制行为。这种行为不仅不符合自主自愿原则，而且违反了公平原则。

第三，对平台内的经营者施加不合理条件，包括但不限于上述交易相关的不合理限制，是指电子商务平台的经营者利用职务之便签订服务合同，制定交易规则或利用技术手段，以格式条款、格式合同等方式迫使其签订独家销售协议，接受不合理的进入条件，或者增加具体不利条件，如减少各类活动的资源、减少搜索的权利、实行屏蔽等，它一方面侵犯了平台经营者的自主经营权和交易自由，另一方面阻碍了电子商务平台之间的公平竞争，最终损害了消费者权益和公共利益。

第四，向平台运营商收取不合理费用，主要是指通过服务协议、交易规则和技术手段对其他市场主体进行横向控制。收取不合理的费用会产生不利影响：一方面，平台内的经营者往往只在特定的电子商务平台上从事销售，就好像签订了独家销售协议；另一方面，通过自身交易成本的转移，可以扩大电子商务平台的市场份额。以通过排他性地位排挤竞争对手或限制其他经营者自由贸易为目的的销售行为，对市场结构和竞争公平构成威胁和破坏。

电子商务平台在平台内的交易过程中的确存在相对优势地

位，因此《电子商务法》第三十五条旨在约束电商平台在平台内从事的竞争行为和交易行为，这是该条文的核心要义。该条是规制滥用优势地位行为在立法上的体现，表明中国立法者已经注意到经济交易中存在滥用优势地位排除竞争之可能，并且积极进行了有关立法探索与实践。但是该条款限定于电商平台经营者，其适用范围有限，且缺乏一定的救济手段。且该条款也是《电子商务法》中唯一涉及优势地位的条款，除此之外，《电子商务法》并无其他条款以规制优势地位。

4. 滥用相对优势地位与部门规章

中国目前虽未在法律层面对滥用相对优势地位行为作出规定，但在部门规章里已有初步规定。例如，《零售商供应商公平交易管理办法》（下称《办法》）①。对滥用相对优势地位进行了规制，② 但《办法》存在以下不足。

第一，就适用范围而言，《办法》仅适用于零售业，忽略了其他各个行业领域中存在的滥用相对优势地位行为，适用范围有限，调整对象单一。

第二，就法律位阶而言，《办法》毕竟只是部门规章，即使是由五部委联合发布，其仍无法与法律法规具有同等位阶和效力。

第三，就执法效率而言，《办法》由五部委联合公布，虽在一定程度上增强了其强制力和震慑力，表明中央部门对滥用相对

---

① 2006 年 7 月商务部、发展改革委、公安部、税务总局、工商总局五部门联合颁布了《零售商供应商公平交易管理办法》。

② 《办法》第三条表明其规范的主体为"直接向消费者销售商品，年销售额 1000 万元以上的大型零售商"。第六条和第七条具体规定了大型零售商滥用相对优势地位从事不公平交易和妨碍公平竞争的行为。第八条至第十八条还规定了大型零售商和供应商之间的不公平交易。上述规定表明，在法律条件尚不成熟的情况下，中国应采取部门规章的形式来限制滥用相对优势地位。

优势地位行为予以高度重视，但这也在一定程度上导致了执法的困境。①

从上述法律和部门规章中可以发现，当下中国对滥用相对优势地位的立法存在不足。

（四）完善数据竞争法律体系的建议

1. 鼓励创新嵌入《反垄断法》之目的条款

在数据经济时代的背景下，中国应将"鼓励创新"纳入《反垄断》的法律框架，并为其提供更为适当的法律标准。2020年1月2日，国家市场监管总局起草了《〈反垄断法〉修订草案（公开征求意见稿）》，以保护公平市场竞争，鼓励创新，其进一步明确了互联网垄断的相关规则，提出互联网运营商应考虑网络效应、规模经济、锁定效应以及掌握和处理相关数据的能力，以确定互联网运营商的主导地位。本书的内容与修订草案的精神基本一致。

2. 隐私与安全纳入反垄断法分析框架

在与数据集合相关联的平台上，隐私保护的相关问题日益突出，在《反垄断法》的案例研究中也出现了越来越多的隐私分析。如果隐私构成特定市场竞争的一个重要方面，或者是交易理由中的一个重要因素，反垄断执法机构应当对其交易进行密切审查，以此确定合并是否会降低向消费者提供隐私保护的动机。如果说隐私是竞争的一个重要因素，那么它也应该纳入市场竞争的评价之中。

3. 执法机关需要秉持谦抑性规制理念

对于平台经济的监管，政府需要在理念和方法两方面进行创

---

① 例如《办法》第二十一条第一款规定："各地商务、价格、税务、工商等部门依照法律法规及本办法，在各自的职责范围内对本办法规定的行为进行监督管理。对涉嫌犯罪的，由公安机关依法予以查处。"依据此条规定，各部门只能对属于自己职能范围内的滥用相对优势地位行为履行监管职能。如果某一经营者同时实施了多种滥用相对优势地位行为，则需要由不同部门分头监管处理，这必将导致行政执法效率低下。

新,实行包容审慎的监管态度,对诸如滥用市场支配地位以限制交易与不正当竞争等互联网领域的违法行为依照法律、法规进行调查处置。由于平台在经济领域具有较强的创新能力,政府对其需要坚持谦抑的监管理念。虽然平台在某些情境下会起到消除和限制竞争的作用,但我们绝不能盲目地予以干预。对于相关反垄断法律法规在适用过程中出现的问题,如相关市场界定困难或算法造成的相关执行障碍,本书建议,在创新领域,反垄断执法机构应当秉持谨慎态度,以减少对创新竞争和市场的损害。

4.《电子商务法》规范平台经济竞争秩序

《电子商务法》第二十二条和第三十五条规定了平台竞争中滥用市场支配地位和相对优势地位的行为。在交易过程中,一些平台出于占据支配地位或优势地位的目的,利用规模经济形成聚集效应,不合理地限制交易或阻碍相关市场竞争。这在规范平台经济发展的过程中发挥着重要作用。《禁止滥用市场支配地位暂行规定》考虑到掌握和处理相关数据的能力,在一定程度上弥补了滥用市场支配地位的规定的不足。基于平台经济具有的复杂性特征,《电子商务法》第二十二条和第三十五条将在今后发挥举足轻重的作用。

5. 调整数据驱动型相关市场界定方式

判断市场进入壁垒和市场地位,应该根据市场进入壁垒出现的时间以及竞争对手能够获得补充或替代数据。平台建设所需的数据,能否先通过其他替代数据的获取,再经过一定时间的积累,还是采用更先进的技术获取,都需要考虑。

6. 加强对新经济业态经营者的集中审查

在现实生活中,政府并未将大批量数据驱动的并购行为纳入经营者集中度的审查。为了取得数据上的优势,平台较为常见的选择是激进的行业并购策略。关键是高数据平台能够及时把握优势，不断提升服务质量，推出创新服务，利用对市场发展的判断，抢占潜在的竞争对手，保持市场主导地位，抑制消费倾向和潜在竞争力量的出现。因此，必须灵活适用有关经营者集中度的审查制度。至于集中度申报的门槛，如果被并购的平台是一个初创平台，在合并的时候其营业额可能还达不到一定数量，甚至可能出现零销售量的情况，但它有能力影响市场竞争或者发展潜力，应该还是在集中度监管的范围之内。

7. 推动创新与监管利益平衡

在数字信息革命时代，超级平台控制着数据垄断，利用数据先行者优势塑造行业的行为必须引起警惕。平衡是法律的本质，竞争政策不能对超级平台的行为视而不见，竞争执法机构绝不能冷眼旁观。判断微信、抖音的垄断性，要将微信实际控制用户昵称、头像等数据，以及其背后所具备的庞大用户群体是否构成"基础设施"这一点考虑在内。

8. 依托监管科技强化执法效能与竞争机制

党的十九届四中全会《决定》提出："建立健全运用互联网、大数据、人工智能等技术手段进行行政管理的制度规则"。从产生开始，平台经济一直是竞争执法机关的硬伤。在平台经济的技术不断升级的同时，监管部门不应停滞不前。这种权力制衡的失衡，毫无疑问需要监管部门不断推广监管技术，依靠监管技术促进监管平台和企业平台的对接，强化对平台经济的监管。同过去被动治理的角色不同，新型技术在新的方法论的基础上演变为一种新的治理方式，对我们原有的法律和治理进行了深刻的改造。

9. 数据作为新型生产要素的制度建构

在互联网和大数据时代，数据的共享对数据产业的发展有着根本性的意义。数据的共享需要处理数据产业发展与个人信息和数据权利保护的关系的平衡。在动态竞争和高科技发展变化特征的数字平台市场中，与其他传统产业市场相比，更容易突破现有的战略或网络效应，构筑新的网络效应或创新服务。将来，我们需要依托强大的技术本身，借助技术手段将法律规则和原则植入其中，实现更加合规的数据共享。而采集、利用、存储、交易等一系列基于数据的法律行为在不断变化。更多法律客体和新的法律主体将不断涌现，犹如公司制度和资本制度的形成一般，一个有价值的数据体系正在展露其雏形。

10. 建立区块链技术辅助型监管路径

规则可以规定技术的标准、所有权和规避技术风险，却很难干预技术的运行。对区块链进行适当有效的监管，规则的供给是必需的，除此之外还需要破除对传统的监管路径的依赖，采取诸如监管技术等的新方法。就其本质而言，区块链技术是一套治理结构，其核心是基于多种技术组合的激励约束机制。针对这一技术所造成的新技术形态的变化，监管理念和监管技术都需要向"自动化"的方向发展转变，启用以区块链技术为核心的"连锁治理"监管模式。有必要借助监管科技（RegTech），包括区块链技术，增强监管能力，以弥补法律调整的局限性。

三 数据利益分享机制的完善途径

科技的创新不仅仅是生产力上的突破，更是在生产关系上的突破。目前，我们已经能够深刻地感受到技术驱动的创新对社会生活所带来的影响。可以说，人类社会已经迎来了数字时代，数字文明正在推动全球经济增长。根据历史经验，我们可以发现，人类社会发生重大经济变化的同时，伴随着新的生产要素的诞生,同时也伴随着先进生产力的形成。作为经济社会发展的新形式,数字文明也产生了新的生产要素数据。就像工业时代的石油一样,数据很可能成为未来国家间竞争的核心之一。

在中央明确指出要加快培育数据要素市场的历史背景下,中国人民银行也提出了发行法定数字货币的计划,即由央行直接发行数字化的支付工具以代替现金,而法定数字货币的实质是一种特殊的信息数据合集。在数字经济时代,数据在生产过程中的作用日益重要,在制度上也对此给予了高度的重视。

国际上看,近年来世界各国开始高度关注数据、平台、算法等竞争相关的热点。经济合作与发展组织(OECD)竞争委员会连续发布《数据驱动型创新:大数据带来经济增长和福祉》《大数据:在数字经济引入竞争政策》《算法与合谋》三个报告。欧盟竞争委员会发布《数字经济的竞争政策》研究报告,致力于解决平台、算法、数据所带来的新型三维竞争市场结构。"金砖国家"发布报告旨在探讨数字经济正在应对的广泛挑战并提出新的理论框架与政策建议。同时,加拿大、法国、英国、日本等相关的政府机构和组织也发布了各种官方报告和政策,持续推进对数据、平台、算法融合的新型规制体系的探索与研究。

由此可见,在当今历史与政策背景下,数据作为生产要素是数字经济时代的根本命题。要实现数据的大生产则需要数据的集中,其复杂程度远超工业革命时代的煤矿、石油,甚至资本。当前亟待解决的问题是,在生产方式已经发生巨大变化的今天,应该如何以更高效率、更低成本、更佳的组织方式,来更好地进行分配,以解决数据集中的问题,同时,数据利益分享机制的完善迫在眉睫。本节以问题为导向,首先分析数据作为生产要素的特点、价值实现方式等,再从当前数据利益分享中的困境出发,探索如何完善数据利益分享机制。

(一) 构建数据利益分享机制的关键

1. 数据作为生产要素

生产要素是指生产过程中的投入品。在数字时代的背景之下，生产要素已经不再局限于传统的劳动、资本和土地，数据已经成功取而代之，成为数字经济时代的关键性生产要素。而数据之所以能够作为独立的生产要素，是基于以下两点。

首先，在平台等新经济主体发展的背景下，数据的价值日益凸显。在数字时代的背景下平台正逐步整合企业和市场的功能，成为组织的主导形式，在资源配置和经济组织中发挥着越来越重要的作用。在区块链、人工大数据、云计算、智能、大数网、云技术条件下，集企业和市场功能于一体的数字经济平台最终将站在舞台的中心。

在最初的发展阶段，数据开始从辅助地位走向价值创造。数据仅仅是用于简单的分析，以帮助决策者作出更好的生产决策。因此，当时数据并没有价值创造的过程，故不被视为生产要素。而当下，数据资源已经能够直接参与创造价值的过程。由于数据分析技术的进步，数据解读更加精准；大数据的巨量、快速、多元等特色也为大数据带来了价值创造能力。数据能够赋予相关产业极高的附加价值。

其次，数据难以用传统生产要素来代表。相比传统的生产要素，数据的特征与价值实现方式具有很大的不同。数据具备虚拟性、可复制、可共享，以网络效应为价值创造形式，没有任何一个生产要素可以代表数据。

最后，数据对当前的数字经济形态具有重要非凡的意义。数据被誉为新时代的"石油"，蕴藏着巨大潜力和能量等待挖掘，并不断推动人类社会进入全新的数字经济时代。相比于其他生产要素,数据资源打破了自然资源的有限性,又为经济的持续增长提供了可能。因此,数字经济发展的关键生产要素是数据。数据对于经济而言的重要程度不亚于任何一个传统生产要素。

数据作为一种新的生产要素具有一定的时代性。而数据财政的实现可以有两条路径:第一是通过传统的数据归集,通过对相应政府的数据质量、数量进行标准评价,进而实现财政转移支付;第二是通过打开政策缺口,容许地方政府实验性地对部分数据进行有偿开放,将其作为地方税收的重要补充,浙江省和湖南娄底已经展开了相应的实践。① 截至 2020 年 5 月 28 日,浙江省全省共开放 7248 个数据集(含 3670 个 API 接口)、32808 项数据项,共 71839.37 万条数据,通过开放数据,鼓励企业发展,通过企业的纳税实现税收增长。

2. 数据要素价值产生、分享的原理与规律

在一个大的数据集合中,存在各种格式的数据类型,对其进行分类、加工、过滤掉不相关的数据,挖掘出相关数据之间的逻辑关系,并进而提炼出有意义的语义信息,是对数据的初次利用;被过滤掉的数据则封存暂时进入休眠,当其与其他数据相遇或组合,在新的条件下会有所发现或突破,是对数据的再利用。对数据利用和再利用、提取有用信息的过程就是实现数据价值的

---

① 娄底市的区块链应用打破了部门层级的障碍,构建了一个联盟链的体系,并以联盟链模式来取代原有的中心化机构,这不仅促进了各个领域中心机构的数据共享与赋能,更实现了数据在多领域、多部门之间的无障碍流通。自 2018 年 11 月 13 日上线以来,娄底市的全市 15 万户、35 万套不动产完成上链登记,新增不动产登记全部实时上链,已经为法院、公积金中心、银行提供不动产信息共享服务,群众可以直接在银行办理不动产抵押登记业务,办结时间从 5 个工作日缩短到 6 个小时以内,正在为纪委、工商、民政、水、电、气、中介机构等部门实现数据共享;全面推行区块链电子凭证,实现银行政府机构间以电子凭证流转,不再以纸质形式归档和移交。

过程。例如借助大数据和云计算，互联网金融公司可以以比传统金融机构更低的成本，更高效、更可靠地处理信息，也可以更深入地分析更多的客户。根据从这些数据中提取出的有用信息，金融平台更有可能销售客户所期望的产品，从而使他们免受过度风险的影响，如此数据便产生了其价值。再进一步说，若欲完全实现数据的价值，则不止于此，还需要完成数据利益的分享，充分活跃数据作为生产价值的功能。具体而言，还需做到数据的确权、定价、共享与开放，使数据之间充分组合，达到$1+1>2$的效果，由此打破数据垄断，还数权于民，带给公众更多数据价值的利益回报。

比如，以北京市不动产登记为例，北京市积极在全市推动"三联办""两联办"模式：通过税务部门、住建部门等在不动产登记中心派驻人员开设综合窗口，将普通民众的不动产登记负担转移到后台工作人员身上，工作人员短时间内需要完成的复审事项多，且人工比对易出错，大幅增加了工作人员工作量。并且北京市部分不动产数据通过"日报"甚至"月报"的形式上传共享数据供其他部门使用。而不动产登记中部门单位资产价值相对较大，对需要校验的数据的实时性、准确性要求很高，非实时性共享数据的参考价值大打折扣，限制了数据价值利用的方式。若税务部门、住建部门等部门已经对房屋信息利用区块链进行数据采集，并推动数据共享开放，则可以有效解决不动产登记中心的重复采集负担，并且在保证实时数据价值的同时，促进房地产数据与其他数据融合，充分挖掘数据的价值。

由此可见，根据数据价值产生与分享的机理，利益分享机制构建应当注意以下两点：一是数据的确权。只有数据的权属被确认了，其主体才能从数据中获得利益，并向法律寻求权利保护；

反之即使数据实现了其价值，利益归属无法确认，也无法做到真的分享。二是数据的开放与共享。数据价值的实现在于其巨量带来的数据与数据之间的相遇或组合。在数据的利用与再利用中，才能提取出更多有用的信息，使数据产生更高的价值。

（二）当前数据利益共享困境

目前中国对于数据价值的内涵、产生机理以及规律认识仍然不清，导致现有制度难以适应数字经济时代的生产方式，制约了中国数据利益分享的实现。具体而言，目前中国数据利益分享机制存在以下困境。

1. 数据权利内涵不清

在数据利益的分享机制中，根源问题在于，作为基础的数据权利内涵并不够清晰，明确数据利益分享的第一个流程——确权上即存在不足之处。数据极有可能打破权利的边界，对现有社会经济体制带来颠覆性的变革。而目前，数据质量、权利内容、权属等诸多方面存在问题，这些问题的存在使得数据利益分享受阻，个人信息权利难以得到完善的保护，企业发展数据的动力也被削弱。

一方面，数据权利的性质与内容并不明确。2020年5月28日通过的《民法典》对数据权利做了相关的规定。在"总则"中，第一百一十一条对自然人的个人信息权进行了规定，且内容较为明晰；第一百二十七条则是有关数据与网络虚拟财产，但其具体内容交给了其他法律另行规定。同时，在"人格权编"中也专章规定了隐私权和个人信息保护，构建了完整的个人信息权内容，赋予了数据处理者对于依法取得和加工的数据的权益，并明确了对于数据的处分规则，为数据要素在市场中稳定有序的发展夯实了法律基础。由此可见，法律对数据作为生产要素作出了积极的回应，充分保护了个人信息权，为数据权利确定了原则性的大方向。但为了进一步完善数据利益的分享机制，还应当在《民法典》的基础上对权利进行细化，确定个人数据可携带权与企业数据财产权等相关权利。由于数据权利内容的不确定，作为能够实现数据价值的企业，往往其数据利益难以得到全面的法律保护，容易引发数据纠纷。不仅损害了数据企业的权益，也使得中国数据市场的秩序和社会秩序都处于巨大的动荡风波之下。

另一方面，数据权属的确定亦有一定的难度。确权是权属确认的指引，是确认权利主体、权利内容，以及划定相对义务人的基础。只有明确了权利的归属，我们才能构筑起清晰的权责体系，保障各方主体的合法权益，并推进完善大数据交易秩序。目前来看，从技术上来说，对数据的发掘追踪、权属确认存在一定的难度，应当发展区块链技术对其进行完善；从制度上来说，数据权的归属在法律上并未明确规定。这不仅造成了一定程度上交易秩序的混乱，也不利于企业与作为数据产生方的个人之间的数据收益分享。

2. 数据价值难以被识别

在定价环节，数据价值往往难以被精准定价。在利用数据这一生产要素的同时，往往需要数据的集中。在集中时，冗杂的、构化的数据容易导致信息的堆积，不仅导致资源的占用与信息的错误，甚至会使关键数据和结构化数据难以被识别。传统的数据交易往往追求"量"，标的均为海量的数据甚至是整个数据库或其查询的端口。虽然大数据的特点之一即为"巨量"，但主要问题在于关键数据难以精确定价；进行言之，根据当下的技术与制度，部分重要的数据难以被定位与发掘，从而造成了数据价值实现的不充分。若数据的价值难以被识别发现，遑论充分发挥数据所带来的生产力，实现数据利益的分享。因此，需要一种理论与技术，使某段数据能够单独被标识，从而对数据进行准确定价，实现数据价值发现的功能。

3. "数据孤岛"现象严重

"数据孤岛"现象严重也是阻碍数据利益分享机制的关键问题，削弱了数据的开放与共享环节。数据的价值不仅在于带来流动，消除信息不对称，重点还在于 1+1>2 的数据共享，实现生产要素的升值。目前，中国大数据的巨大价值还没有被充分利用，具有价值的数据有很大一部分被集中掌控在政府、垄断国企以及互联网巨头手中；而企业之间、企业与政府之间往往不愿意共享数据，相互之间数据封闭，形成数据孤岛。分散的数据又不能发掘出大数据的巨大潜力，反而难以推动数据经济蓬勃发展。

究其原因，可以分为政府和企业两个层面。在政府层面，首先是因为中国政府部门长期以来都习惯于各自为政，把对自身所掌握的数据进行开放当成一项权利，主观上并不会采取积极的态度来共享部门数据。其次，中国在数据共享开放领域存在法规制度缺失问题。因此，政府机关人员担心将有关政务的数据对外共享开放，会引发一系列的网络信息安全问题，造成重要数据泄密，对国家和社会利益造成无法挽回的损失，故对于数据共享开放具有强烈的抵触情绪。最后，目前中国也未制定对数据共享开放的方式格式以及质量标准等做出规制的相关法律，致使政府部门以及其他机构的海量数据无法进行开放与共享，即便开放了数据，其共享开放能力较弱、数据质量不甚理想，严重制约大数据作为数字经济时代重要的国家基础性战略资源的发展应用和价值实现。

一方面，就企业而言，企业在一定程度上对自身利益进行了仔细考量，并不愿意将自己收集与掌握的数据进行开放与共享，却反过来想要在数据层面实施垄断。近十年来，由数据争夺点燃的平台纷争屡见不鲜，从早期的"3Q大战"、菜鸟顺丰数据纠纷到如今的平台二选一、"头腾大战"、微信与飞书纠纷。这些数据的背后隐藏的实际上都是和数据的开放与拒绝使用相关的问题。而另一方面，社会信用机制仍不健全，企业与政府之间缺乏信任基础，政府与企业之间数据共享不顺畅。目前主流的数据例如有限公司股权的占比、公司研发机构的科研数据都是价值密度比较高的数据。围绕着共享这一核心，政府、企业与个人之间想达到亲密无间的合作关系，必须建立在一定的信用基础之上。在实践中，监管部门对于数据监管存在盲区，数据在共享开放方面存在较多障碍，在数据隐私泄露后无法及时惩处，政府与企业在信息的开放共享中存在较大责任风险等问题非常普遍。政府与企业之间缺乏最基本的信任，互相无法触达数据，无法对双方有一个更加客观全面的了解，因而就无法判断出企业是否可信，也难以监控企业是否合理使用数据，是否存在侵犯数据安全和隐私权的行为，基于上述考虑，监管部门一般采取严监管和强监管，导致大量企业更不愿意开放共享自身数据。

由此可见，为了缓解数据孤岛现象，促进政府与企业的数据开放与共享，应当采取以下措施。一是完善数据开放共享的制度标准。一方面，可以根据数据的性质与功能对数据予以分门别类。涉及公共利益与公共管理的数据，企业应当与政府数据共享；涉及公众知情权的数据，政府应当及时开放；而明确何为涉及信息安全的数据，对此类数据并不开放。另一方面，应当明确数据开放的标准，推动政府共享信息。二是确立一种激励机制，使企业共享数据所获得的利益大于保留数据库所获得的利益，如此则可刺激企业对数据进行共享,从而实现利益分享。三是建立社会信用机制,完善监管模式,使企业与政府之间形成可交互的信用基础。

(三)"共票"理论完善数据利益分享机制

数据具有的特殊性,包括数据信息化、结构化、代码化,数据存储、收集、分析和规范化数据开发利用的场景,以及数据采集标准化等方面,数据还有高初始固定成本、零边际成本、累积溢出效应三大特点。这几大特点决定了数据和传统工业经济时代的土地、石油、煤矿、劳动力、技术、资本等生产要素之间存在明显的差异,如同工业经济过程中需要集合上述要素去实现工业化大生产,但数据生产要素的大规模集合共享和价值实现极为复杂,除了数据性质,个人、企事业单位、行业协会、公益组织甚至国家也会成为数据的权利主体或者利益共享主体。更要考虑如何才能通过更高效率、更低成本、更佳组织方式和利益分配机制来实现数据的利益分享。

1. 构建数据利益分享机制的关键:数据确权、开放与共享

若要完善数据的利益分享机制,首先需要对基础的数据权利问题进行完善。只有从制度上明确了数据权,才能充分发挥数字经济下数据的经济推动作用,实现数据利益的分享。具体而言,应当完善数据确权以及构建公正的数据权利义务规则。

第一,完善数据确权。应当对数据的权属予以明确,即确定数据的权利主体,进而促进其主体充分利用数据创造价值。例如,在相关的法律规范中可以对个人数据可携带权[①]予以明确,

---

① 个人数据可携带权是《欧盟通用数据保护条例》对数据主体的一项创新权利规定,简而言之是指数据主体针对已经向数据控制者提供的个人数据,有权向数据控制者处获取结构化、通用化和可机读的上述数据;同时,数据主体有权将这些数据转移给其他数据控制者。

将数据的权利赋予数据来源的主体,确定个人与企业之间的权利与职责。①

然而,值得注意的是,数据可携带权的实现需要建立通用的数据传输格式,因此需要耗费较高的成本。如果将其不加区分地实施于整个行业,那么小规模企业的合规成本较高,将导致其竞争劣势。所以,应提前调查相关行业的市场集中度,并根据调查结果落实数据可携带原则,推动企业向个人分享数据收益。此制度在技术层面也具备可行度。可以通过区块链、大数据、云计算等新技术和概念范式,依托科技共识与信任来满足数据权利确认的需求。

当前,区块链的线下权益、线上确权、交易等都有实际案例。未来我们可以探索在区块链上标记数据的相关权属和利益,以便于数据利益共享和交易。

第二,构建公正的数据权利义务规则。应当建立起一套公正的权利义务法律体系。数据的价值难以进行评估的特征会使得数据在交易中出现权责不明的现象,如果分别进行谈判可能会造成高额的交易费用,因此与数据相关联的交易通常不会表现出活跃的态势,进而导致数据形成封锁的局面。因此建立一套明确公正的权利义务体系是非常有必要的。在数据的出现、搜集和利用的过程中,通常会涉及两类主体:个人与企业。因此,应当有效维持个人与企业在数据问题上的平衡。这就要求我们一方面要对公民个人信息的相关权利予以全面维护,另一方面也要对企业的各种数据相关权利进行合理设置,对数据转

---

① 个人数据可携带权的引入能够加快企业间的数据流动,促进数据利益共享。当个人拥有数据可携带权后,个人则可以获得个性化定制服务,同时该权利还可以促进数据的共享以及企业间的竞争。《欧盟通用数据保护条例》就是很好的参考范例。

让时的全责体系予以明确，进而带动企业发展数字经济、开发数据利益的积极性。

首先，应当充分维护公民的个人信息相关权利。在数据存储、处理、传输等过程中，数据内含的个人信息与隐私数据长期存在多种安全风险。随着数据分析能力的加强，掌握数据的企业越来越倾向于利用数据以牟取私利。这导致数据安全问题与隐私保护的需求日趋强烈。因此需要完善个人信息保护体系，不仅要保证企业的经济利益，还要要求企业承担相应的更大的个人信息保护和数据安全义务。

其次，应当保障企业合理的数据权利。一是企业数据保护财产权化，使企业在法律上具备相应的排他性权利，给予数据企业充分的法律保护。二是可以通过施加必要的干预，事先确立公允价值，允许按照责任规则获得数据和分享数据价值，这对数据的自由流转将会起到一定的积极推动作用，并促进建立公正的数据利益分享机制。

最后，国家在监管层面，可以充分利用数字科技，以区块链技术实时监控数据利用情况。保证企业在数据使用过程中实时进行记录并不会篡改数据使用内容，以此强化企业在数据利用方面的保护责任与问责机制。

第三，鼓励数据产业链和数据商业模式先行。在技术与法律等方面，对于数据权利的界定是存在一定争议的，如果盲目地将确权作为数据共享的前提无异于故步自封。因此，在数据产业的发展中可以暂时将数据边界或所有权放置一旁，而是关注谁能够将数据进行共享、整合、加工，形成一个自有的数据集合，以推动中国数据产业链和数据商业模式的先行，并进一步为数据权利的界定提供现实的技术支持与模式。

2. 以区块链作为数据利益分享机制的底层技术

在数字经济的生产关系变革中，区块链起到了至关重要的作用。以区块链作为数据利益分享机制的底层技术，可以使数据利益分享存在技术上的可行性，并使分享更加高效公平。

第一，区块链能在技术上实现数据的共享。传统的中介化信用模式从根本上被区块链技术所改变。区块链通过一套基于共识的数据算法，在各参与系统的节点之间建立起"信任"基础。在这一算法下，节点之间就可以进行数据交换，而无须重新建立信任，提高了数据的处理效率，并且可以同步记录数据，同时该记录无法被篡改。因此，在区块链技术下，可以实现数据的分布式共享。就具体实践而言，可以结合区块链技术，联合数字经济平台建立双向信息沟通机制，可以促进政府向社会发布技术信息，提高信息的权威性和及时性，充分发掘信息的价值，尤其是在重大突发事件中能产生很好的应用效果。

第二，区块链技术能够实现数据的确权、定价、交互。区块链技术能够对数据的权利来源进行记录和定价，在节点之间基于共识发生数据交互，将创造的价值在不同主体之间分配。区块链技术能够用以调整人与人之间的利益分配关系，并且能够改变以往由股东垄断利润的局面，更加合理地将利益分配给各类提供数据的主体，这充分体现了基于区块链技术运行的利益分配机制的公平性和平等性。简而言之，区块链技术使得数据得以和土地一样具备获得回报的特征，区块链的理论在完善数据利益分配机制的过程中起着举足轻重的作用，因此，应当将区块链技术作为一种底层技术来看待。

第三，最为关键的是"以链治链"，建立起"法链"，依托区块链技术来对相关行业实施监管。例如政府部门可以运用区块链等新技术来进行监管方式的创新，提高监管效率，降低监管成本，提升管理和服务能力。换言之，应在现行数据管理的法律监管维度外增之以科技维度，形成法律与科技的双维监管体系，如此能够更好地在数字经济时代的背景之下妥当应对数据之中潜在的风险及其带来的相应的监管层面的挑战。

3. 构建数据利益分享的中国范式——"共票"

如前所述，区块链应当作为数据利益分享的底层技术，但是目前区块链理论仍需要进一步完善。中国区块链技术位于世界前列，我们应当有理论自信与制度自信，既要借鉴国外区块链理论的精华部分，也要摒弃与中国国情不相符合的部分，从而构建中国的理论范式。

在区块链的应用与实务之中，经常会用到"Token"一词。但正是因为对"Token"一词的错误认识与错误翻译，在中国造成了在区块链应用方面的误解。因此，为了借助众筹制度引导区块链行业健康发展，笔者提出"共票"[①] 理论。"共票"一词意指区块链层面上的共享新权益，可用英文翻译为"Coken"。这是对"Token"一词的承继与发展，同时也确立了区块链正确的发展导向，在理念上可以引导区块链应用转向正轨，消除对区块链的误解，让数据利益真正惠及大众。

"共票"具有共享、共治、共识的特点，同时也是基于数据价值确权的利益分配的机制。共票表明过去由股东垄断利润的不利局面是可以改变的，更多的包括消费者、普通的劳动者等在内的提供数据的主体，也能够借此获取相应的利益分配。这一变革

---

① 共票包含以下功能：（1）红利分享的功能，以吸引系统外部参与并贡献内部系统；（2）流通消费的功能，以便利系统上资源配置优化；（3）权益证明的功能，是凝聚系统共识的机制与手段。

也将利益分配机制的公平性和平等性体现得淋漓尽致，同时更能体现社会主义的共享性与优越性。"共票"理论是基于中国实践而创造的，是符合中国国情的。中国应当根据国情建立起带有中国特色的数据利益分享机制，促进数据应用追根溯源，并通过"共票"这一新范式挖掘数据经济和制度创新的内在潜能，数据也得以在实质意义上成为数字经济时代最重要的生产要素，分享数据利益。就该点具体展开，共票理论主要可以在以下几方面完善数据的利益分享机制。

第一，以"共票"理论对数据赋能。共票为数据赋予动能，促进社会群众分享数据经济带来的红利。一方面，可以利用"共票"机制来对数据确权。长期以来，由于技术与制度上这两层原因，数据权属配置、交易制度设计等方面一直是社会争议的焦点，这就使数据的流动分享机制构建受到阻碍。而"共票"可以从技术上解决这一问题，对数据赋权、确权，作为大众参与数据流转活动的对价，并可以完善处理个人与企业双方的数据相关权利之间的平衡，赋予以数据为核心的数字经济以新动能。另一方面，"共票"理论能够解决数据价值难以准确和及时地被发现的难题。"共票"能够与数据嵌合，并标识某一段数据。在不断使用与交换的循环过程中，"共票"被当作一种定价的工具。因此，在公开的交易市场中，共票可以实现其发现价值的功能，也可以进一步锁定高价值的特殊数据。

第二，以"共票"机制加强数据使用的透明度。区块链中的"共票"机制，能够随时发现、收集、跟踪数据。"共票"的智能合约机制与区块链的记录是不可篡改的，这一性质使得数据串能够进行一对一匹配，进而实现数据的追踪。易言之，"共票"机制可以使数据使用更为公开和透明。数据使用的公开化和透明化也有助于监管机关更好地监管各类数据企业，数据企业也因此会更加规范地利用数据，在此过程中数据权属方面的个人利益也能够获得保障；与此同时，数据的开放与共享，充分激发了新型生产要素——数据的活跃度，这也有助于共享数据利益的进行。

第三，以共票论激励数据共享。"共票"理论能够解决如何推动数据拥有者主动、积极共享数据的问题。数据企业往往不愿意进行数据共享。一方面可能是出于商业利益而不愿意与其他企业共享数据，另一方面也可能是由于与监管机关之间缺乏信任基础。在规制这一命题中，规制对象往往会为了获得最大利益而规避监管，而不论其是否真的存在违规操作。如果提供更加真实全面的数据，被规制对象可能相应地会受到更加严格的规制，这样反而增加数据利用的成本。所以，若想从根本上解决数据孤岛问题，就要使数据拥有者共享数据时所获得的利益大于垄断数据时所获得的利益。利用"共票"理论，则可以构建出数据共享的激励机制，以充分实现数据价值的挖掘与分享。通过赋予数据分享与再分享，"共票"能够让数据不再是无价值的物品或者一次性的交易品，同时通过"共票"能够在不断的分享中增值来回报对其的初始贡献者。只有共享数据，才能在社会中充分发现和分享数据的利益。

总而言之，中国应当首先为数据确权，并构筑起以区块链为底层技术、以"共票"为核心的数据利益分享制度，借此来规范完善数据的确权、定价、共享、开放过程，并在最大程度上推动数据创造价值，激发其动能。除此之外，数据利益分享机制依旧需要有一定的法律制度与之相匹配。例如可以在《反垄断法》中引入必要设施原则，在一定情况下将数据界定为必要设施，要求数据拥有者以公平、合理且不歧视的交易条件，开放数据供竞争者使用，而避免数据垄断，促进数据的流通与共享。①

第三节 流量垄断是数据要素争夺的最新表现

数字平台的加速崛起引发"垄断之忧"，其技术特征以及权力行使的过程赋予巨头拥有超过传统政府组织和国家边界的行政能力，其权力深度嵌入社会经济政治体系的微观运行，进而模糊了传统的"政府—市场"边界，"二选一""断开链接"等现象从个案成为一种竞争手段，数字市场正在走向内卷。

世界各国政府都在密切关注技术巨头的广泛深刻影响，以强监管和反垄断为特征的国家行动持续进行。美国反垄断法学界就是否放弃"消费者福利"（CW）范式，回到"保护竞争"作为美国反垄断法的公认目标产生了争论，② 与此同时，美国众议院司法委员会在 2020 年 10 月发布了一份《数字市场竞争状况调查报告》③，并随即召开科技巨头反垄断听证会，美国联邦贸易委员

---

① 但不加区分地将数据界定为必要设施是一种误导和错误，按照传统反垄断法理论，判断数据是否构成必要设施需要满足如下条件：垄断者必须控制并拒绝获取原告寻求的数据；没有数据竞争一定会失败；原告必须缺乏复制数据的手段；垄断者必须有分享数据的手段；原告必须证明被告在反垄断市场上的垄断力。但在数字时代下如果固守传统判例法的适用标准则势必会加重举证责任，不利于保护弱者。

② Tim Wu, "After Consumer Welfare, Now What? The 'Protection of Competition' Standard in Practice", *The Journal of the Competition Policy International*, April 2018. Douglas M. & Nicholas P., "Before 'After Consumer Welfare' – A Response to Professor Wu", *The Journal of the Competition Policy International*, July 2018.

③ Subcommittee on Antitrust, "Commercial and Administrative Law of the Committee on the Judiciary, Investigation of Competition in Digital Markets", 2020.

会 FTC 和 48 个州、哥伦比亚特区、关岛，联合对 Facebook 提出反托拉斯诉讼。FTC 还单独提出诉讼，要求 Facebook 出售 WhatsApp 和 Instagram。① 随后，美国众议院司法委员会在对苹果、亚马逊、Facebook 等巨头进行长达 16 个月的反垄断调查后于 2020 年 10 月 9 日提出对四家互联网巨头实行结构剥离，并进一步完善《联邦贸易委员会法》《克莱顿法》《谢尔曼法》等相关法律以应对数字经济挑战。② 德国《反限制竞争法》第九修正案（9. GWB-Novelle）引入"数字市场反垄断条款"，规制跨市场竞争的重要企业的滥用行为，③ 使德国成为世界上第一个明文规定数据市场反垄断法的国家；该法在 2020 年进行的第 10 次修订更是强调了数据在平台竞争中的作用，致力于推动市场力量监管现代化，构建德国的"竞争法 4.0 框架"。④

2021 年 2 月国家市场监督管理总局制定并发布的《国务院反垄断委员会关于平台经济领域的反垄断指南》，亦强调预防和制止平台经济领域垄断行为，引导平台经济领域经营者依法合规经营，促进线上经济持续健康发展。2020 年 12 月，习近平总书记在中央经济工作会议上指出"强化反垄断和防止资本无序扩张"。

---

① Daniel, A. H., "The FTC's Strong Case Against Facebook", *Washington Monthly*, December 10, 2020, http://washingtonmonthly.com/2020/12/10/the-ftcs-strong-case-against-facebook/.

② 王利军、王海涛：《反垄断法中的消费者权益研究》，《法学杂志》2007 年第 3 期。

③ 最新版本的德国《反限制竞争法》，参见：http://www.gesetze-im-internet.de/gwb/index.html。数字市场反垄断条款主要适用于具有网络平台特点的市场，但不限于此，它由相关市场界定条款、市场力量认定条款和交易额条款组成。《反限制竞争法》第 19 (1) 条：占据市场支配地位的企业的禁止行为：禁止一个以上经营者滥用支配地位。同时关于滥用市场支配地位的规定，并不总是假定市场支配地位与受到谴责的反竞争行为（行为因果关系）之间存在因果关系。

④ 杨东、臧俊恒：《数字平台的反垄断规制》，《武汉大学学报》（哲学社会科学版）2021 年第 2 期。

这背后既包含数字平台垄断所带来的艰巨挑战,① 又暴露出国家在加强数字平台反垄断监管方面所面临的种种困境。

一 "零价格市场"策略下的注意力争夺

数字经济时代,数字经济的竞争模式与传统竞争模式大不相同,移动智能终端的产生、普及带来了交易效率大幅提高,产生了 C 端的"交易大爆炸",体现为 C 端的巨大数据流量成为平台竞争的焦点。这意味着:第一,交易主体的扩大化,线上化的交易使得拥有智能终端设备的每一个个体都成了交易相对方;第二,交易时间的拓展,线上交易摆脱了传统"柜台交易"的时间限制,实现了全时间交易;第三,交易内容最大化,数字平台的出现使得交易商品可以被全部展示。从这一角度而言,数字平台的出现,使得商户端增加供给的潜力已近于饱和。

时空限制在数字时代全面解放带来的是数字经济竞争烈度远超工业经济时代,24 小时 ×7 天的全天候无限制交易,更使得平台之间的竞争转向用户有限的注意力,这在反垄断领域也被称为"注意力市场"的争夺。在数字化时代,数字产品的边际成本为零,那么消费导向更加明显。与无限增长的内容和渠道相比,集中、稳定、可聚合的注意力资源更加稀缺,吸引或捕获受众的注意力、建构注意力市场,成为各类数字平台为了生存与发展而孜孜以求的目标。扎克伯格曾提到,通过向用户提供更多网页搜索的途径,社交网络公司可能会强化与互联网搜索巨头谷歌之间的竞争。在国内,社交软件特别是微信成为具有实际支配地位的流

---

① 数字平台在成为新的经济组织方式的同时,也出现了"二选一""封禁"等现象。近年来"头腾大战"愈演愈烈,腾讯频繁在其微信、QQ 等社交平台屏蔽字节跳动旗下 App 的分享链接。2020 年 2 月 29 日,字节跳动旗下办公套件飞书发布官方公告称,飞书相关域名被微信全面封禁,并且被单方面关闭微信分享 API 接口。

量入口，拥有了以流量为形式的注意力分配权，对微信生态体系内用户、商户、竞争平台实行封杀、限制、冻结、不合理搭售等行为，严重损害了互联网市场的良性竞争生态。

　　与一般数字经济、平台经济研究的关注市场结构不同，掌握流量入口这一行为还未被学界所重视。面对生产要素型数据所致的竞争损害，调整反垄断法的分析范式，是执法机关面临的重要课题。数字经济时代的数字产品与数字平台的运行规律发生了质变，静态、单向的分析框架难以适应动态、双向的数字平台。① Diane Coyle 就提出，传统的市场定义应该被放弃，转而将平台更广泛地分类为社会结构。② 其中，"竞争瓶颈"的存在，使得用户归属状况需要被特别关注，将整个平台作为一个整体计算收益状况成为一种新的选择。③ 以流量形式出现的数据作为衡量注意力市场的一种可量化指标被广泛重视。

　　相关市场的界定是垄断分析的技术起点，而用户的注意力却难以量化，这就给相关市场界定带来了前置性矛盾。现代反垄断法以新古典经济学为坚实基础，而新古典经济学又以价格理论为中心，在价格理论中，没有价格就不可能有市场，因此也就没有市场力量。这种对积极价格的路径依赖导致反垄断执法机构忽视了流量垄断潜在的巨大福利损害。我们在规制流量垄断问题时需要寻找新的市场界定起点。在传统的反垄断分析中，一般会把界定相关市场作为整个分析的原点，实践中以"替代性"原理为指导，以 SSNIP 分析等基于价格的检验来确定相关市场。而数字

---

① 熊鸿儒：《数字经济时代反垄断规制的主要挑战与国际经验》，《经济纵横》2019年第7期。
② José Van Dijck Poell T. & De W. M., *The Platform Society: Public Values in a Connective World*, Oxford: Oxford University Pres, 2018.
③ 陈永伟：《平台的市场支配地位认定：方法、流程和指标》，《经济法研究》2019年第2期。

平台从竞争价格市场转移到了"注意力市场"[1],市场结构标准在数字平台的"零价格市场"竞争中只能提供一个非常粗略的信号,甚至无法进行分析。[2]

解构这一新兴垄断模式则需要全新的分析框架。与工业经济不同,数字经济时代的平台垄断行为具有其特殊性:其以供需匹配的超级平台作为组织形态,以数据生产要素作为竞争的核心要素,以算法为竞争要素的提出,使得在反垄断审查中面临分析框架缺乏难题。平台围绕数据资源展开竞争,控制数据资源的流量入口成了平台间开展竞争的核心要务。[3] 数字经济在时空范围内渗透能力远超工业经济时代的跨国企业,同时以零价格市场为基本的商业模式需要巨大的用户数量,使得以国为界的行政市场保护更是无法阻挡数字平台的势力扩张。扼守流量入口即可像电信运营商一般,通过出售流量赚得盆满钵满,如同当代美国开动印钞机即可收割全球财富一般。

依托数字平台的流量竞争具有跨界性,譬如微信向电子商务市场的其他平台导流,使得阿里巴巴在网络零售平台服务市场份额在近6年间不断下降。[4] 因此传统的相关产品市场和相关地域

---

[1] Tim Wu, "Blind Spot: The Attention Economy and the Law", *Antitrust Law Journal*, Vol. 82, 2019.

[2] Wong-Ervin, Koren, "Assessing Monopoly Power or Dominance in Platform Markets", January 26, 2020, http://dx.doi.org/10.2139/ssrn.3525727, pp. 1-3. 依据企业的收入或产出来计算市场份额是通常使用的手段,但是面对数字平台竞争问题,尤其是免费市场时,数字平台的收入和产出可能都为零,也存在销售额或产出额计算失灵的问题。

[3] 杨东:《论反垄断法的重构:应对数字经济的挑战》,《中国法学》2020年第3期。

[4]《国家市场监督管理总局就阿里巴巴集团控股有限公司涉嫌实施滥用市场支配地位行为行政处罚决定书》(国市监处〔2021〕28号)。第一,从平台服务收入情况看,2015—2019年,当事人(指阿里巴巴)网络零售平台服务收入在中国境内10家主要网络零售平台合计服务收入中,份额分别为86.07%、75.77%、78.51%、75.44%、71.17%。第二,从平台商品交易额看,平台商品交易额是指网络零售平台上的商品成交金额,是平台上所有经营者经营状况和消费者消费状况的综合反映。2015—2019年,当事人(指阿里巴巴)网络零售平台商品交易额在中国境内网络零售商品交易总额中,份额分别为76.21%、69.96%、63.58%、61.70%、61.83%。

市场的划分已经无法反映平台竞争的特殊性，目前各国对于数据是否会带来市场支配地位、数据拒绝接入是否构成滥用市场支配地位等问题没有清晰规定，尤其是传统的反垄断法在面对与数据相关的行为时，往往从反不正当竞争角度出发进行规制，缺乏明确的垄断认定标准。数字经济时代的反垄断问题，需要思考如何摆脱工业经济对于企业的规则范式，重塑对于数字经济时代平台、流量竞争的规制新格局。

二 从数据垄断到流量垄断

对于数字经济而言，由一家平台提供独家的信息匹配服务，且在潜在竞争者的威胁下不享有任何市场势力，是理想中社会总福利最高的模式。但二者之间显然存在矛盾：在企业提供独家中介服务时，必须同时保证存在潜在竞争对手，以便价格处于高度竞争下的水平。[①]

（一）数据和流量垄断的类型

数据与流量都在当前构成了一定垄断，但二者由于目的、运行机制不同，其本质存在根本性差别。当下往往将两者进行混同，基于观察与中国现实，我们可以将现有的中国互联网市场细分为以下领域。

第一类，视频流量领域。这又可以区分为长视频和短视频。长视频主要被知识产权法所保护。短视频流量垄断，这在当下缺乏相应规范，主要通过各个互联网平台的内部规则进行约束。

第二类，操作系统和 App 应用商店领域。典型的就是以苹果 iOS 系统、安卓系统在移动终端设备，以及 Windows 系统在 PC 端

---

① Manfred, N., "Monopoly Welfare Losses in the Long Run", *Empirica*, Vol.26, 1999.

的垄断，这些垄断行为往往与硬件高度捆绑，俗称"全家桶"，这也是以上各类流量垄断希望达致的最终目标。

第三类，购物领域。电子商务采取 B2C 的商业模式，链接商户和消费者两端。在电子商务市场，用户虽相对集中于阿里、京东和拼多多三家平台，但往往会因为商品价格及平台优惠在多个平台间反复横跳，具有多栖性。

第四类，本地生活平台。主要服务于用户日常生活方方面面，涉及电子地图、外卖及出行三个领域。市场上较常使用的电子地图服务提供商有百度地图、高德地图、腾讯地图、谷歌地图等；外卖平台主要包括饿了么、美团外卖以及百度外卖和口碑外卖；国内现存的出行领域本地生活平台包括共享类的滴滴、青桔单车、美团单车等。

第五类，即时通信领域。这也是当前被各方关注的争议焦点，特别是微信事实上已经垄断了现有中国的即时通信市场，造成即时通信的流量垄断问题异常突出。熟人即时通信社交平台与其他平台最大的不同在于，社交是相互联系且形成枢纽的闭环，一旦稳定则基于惯性、黏性、网络效应很少发生更改，用户难以多栖。除此之外，熟人即时通信社交平台往往与娱乐、零售、医疗服务等平台形成联动，通过锁定 C 端来控制 B 端，具有跨边网络效应、强黏性、强绑定以及锁定效应。

以上几类数据和流量垄断是当前中国比较典型的流量垄断类型，这些垄断呈现出层次递进的特点，加上现有的电信运营商提供的各类服务，结合德国联邦卡特尔局以交易为出发点，将平台分为匹配型平台和注意力平台，[①] 我们将数据和流量垄断分为三

[①] 参见德国联邦卡特尔署官网，Bundeskartellamt-Market Power of Platforms and Networks，第 21—22 页。

个层次。①

一是基础硬件平台（集团）。譬如提供基础网络、宽带、云计算服务的各类硬件投入为主的互联网硬件平台（集团）。

二是以操作系统、搜索引擎、门户网站、社交媒体为代表的注意力平台，这一类平台往往以"零价格市场"为商业模式，通过收取广告费用维持利润，通过交叉网络外部性迅速突破临界容量，往往通过"平台包抄"战略形成"多轮垄断"，这也是当前包括微信在内的各种流量垄断的主要模式。这一类平台是当前对流量入口争夺的主要选手。

三是交易中介平台，比如电子商务、餐饮外卖、影视音乐等平台。它们实质上是两个群体之间的中介，通过降低交易成本和减少重复成本来创造效率。② 为了取得成功让市场的双方都广泛参与，③ 协调了不同客户群的需求，满足了用户与商户之间的相互需要，④ 进而形成双边市场。相比于基础硬件平台（集团）与注意力平台，其典型特点是经营模式多样化，这一市场内呈现多个竞争者，往往形成寡头竞争格局。

（二）流量垄断是公共服务性质的注意力平台独占流量入口的结果

相比于"数据垄断"，"流量垄断"则缺乏成熟的概念界定，数据更加强调作为一种客体存在形态，流量则强调一种状态。数

---

① 俞晨晖：《数字平台市场支配地位认定中锁定效应的法律问题研究》，硕士学位论文，中国人民大学，2021年。
② Evans, Schmalensee, "Markets with Two-Sided Platforms", *Issues in Competition Law and Policy*, Vol. 1, 2008.
③ Rochet, Jean-Charles & Jean T., "Platform Competition in Two-sided Markets", *Journal of the European Economic Association*, Vol. 1, No. 4, 2003.
④ Evans, David S., "The Antitrust Economics of Multi-sided Platform Markets", *Yale Journal on Regulation*, Vol. 20, 2003.

据垄断的垄断机制呈现出隐蔽性、局部性、静态性。流量垄断更加倾向于动态垄断状态的维持，也因此呈现出公开性、全局性、动态性。流量（traffic）在日常生活、计算机科学和互联网企业竞争中的含义各不相同。商业竞争中的流量主要指网页点击量和用户数量[①]，流量产生价值。有了互联网，争夺注意力成为竞争焦点。公共服务的受众广泛，进入这个领域能迅速聚集大批用户，产生正反馈：用户量越大，就会有越多人关注，就会带来"免费"服务之外的巨大商机，特别是投放广告的价值。互联网企业作为双边市场的中间平台，以提供免费视频、音乐、影视、游戏等内容的方式，吸引用户的注意力，增强黏度和使用时间，并将其转化为广告收入进行盈利。

用户注意力成为经济学所称的"稀缺资源"的一种，可以直接代表一定的经济价值，这在反垄断上称为一种值得被探讨的"流量相关市场"。[②] 个体用户可以在平台上投入的时间是一个定值，当一个平台获得一分钟的注意力，那么其他平台就丧失了一分钟的访问可能。注意力寻求者面临着这样的危险：新的注意力寻求者对现有用户的注意力会起到分散的效果，而现有或新生的注意力寻求者一旦有突破性创新，也会起到分散现有用户注意力的作用。

注意力是审视流量垄断的关键性切口，从注意力市场的角度

---

① 刘佳欣：《反不正当竞争法视角下的流量劫持——以流量劫持典型案例为分析样本》，《法律适用》2019年第18期。

② 基于这一观察，2015年笔者便已关注互联网领域的流量入口垄断问题，2018年更是率先提出数字（互联网）平台通过其持有的各类技术，对其他互联网应用软件实行流量劫持，以期阻止消费者访问竞争对手平台，进而引导消费者转向自身平台。笔者主持的中国人民大学竞争法研究所、未来法治研究院数字经济研究中心发布了国内最早的相关研究报告，具体参见《数据垄断法律问题研究报告》（2018年1月）、《互联网平台新型垄断行为的法律规制研究报告》（2019年5月）。

出发，可以认为互联网平台企业是特殊的销售商。① 注意力平台通过开发新功能来吸引更多用户的访问，获取更多的注意力。以现有的微信小程序为例，其已经接入了包括滴滴打车、微博、美团团购、携程、当当等一系列应用，使得微信从一项即时通信软件出发，成为集成了购物、商旅、出行、餐饮等在内的超级应用。

以即时通信为代表的注意力平台与匹配平台最大的不同在于其背后的运行原理。匹配平台通过对相应的数据进行收集，根本目的是通过用户的习惯完善丰富其产品，进而获取更多的利润，最为典型的就是电子商务、餐饮外卖、影视音乐等平台通过将海量的商户、版权等吸纳成为其产品端，进而通过高质低价的商品大量吸引用户，其运行的主要是双边市场，其根本的原理是规模效应。与之相对应的就是以微信为代表的即时通信软件，左右其发展的是网络效应，其将其核心业务以免费形式开放给个人，其利润获取集中于广告。个人信息成本和注意力成本被认为是用户向平台支付的对价，也就构成了数字平台转换成本的重要来源。②

与之类似的还有 Facebook，在 Facebook 一案的决定中，③ 德

---

① 侯利阳、李剑：《免费模式下的互联网产业相关产品市场界定》，《现代法学》2014 年第 6 期。它在上游购买消费者的注意力，并用包含了广告的产品（服务）作为支付的对价；同时，它将购买到的注意力向下游的广告商进行销售，并获得广告费收入以维持运作并从中获利。如果争议在上游市场，则从这一边将相关产品市场界定为用户注意力或者其他；如果争议在下游市场，则从这一边将相关产品市场界定为广告市场或者其他。

② J. M. Newman, "Antitrust in Zero-Price Markets: Applications", *Washington University Law Review*, Vol. 94, 2016, pp. 64 – 69.

③ 参见德国联邦卡特尔署官网，Bundeskartellamt-Homepage-Bundeskartellamt prohibits Facebook from combining user data from different sources。德国竞争执法机构主要从 Facebook 的市场份额判断其拥有市场支配地位，从全球来看，2018 年 12 月 Facebook 拥有 15.2 亿日活跃用户和 23.2 亿月活跃用户。在德国，从日活跃用户数来看，Facebook 拥有超过 95% 的市场份额，从月活跃用户数来看，拥有超过 80% 的市场份额。

国联邦卡特尔局就从各种社交软件的功能和使用目的上对有效的替代性进行了甄别和分析：用户使用社交网络的目的明显区别于使用其他社交软件，其主要需求在于发现并找到已经认识的人，并在基于身份信息的、由用户自己定义的联系人范围内分享其经历、想法或图片等内容。其价值核心在于其上的关系链，其用户黏性越强，越是难以被替代。出于这样的使用目的，Snapchat、WhatsApp、Skype等专注于实现通信需求的社交软件不具有可替代性。

各类交易中介平台构建于注意力平台之上，形成屋上架屋，床上叠床之态，那么注意力平台实际上是流量的分配者。本质上流量垄断是处于优势中介地位的数字平台通过算法等带来的信息不对称，垄断用户的注意力分配，隔绝用户和商户的直接联系，从而实现对数字时代的原材料"数据"与数字产品销售市场控制的行为。

因此，在文义上我们可以这样去定义流量垄断：以搜索引擎、门户网站、社交媒体为代表的注意力平台，利用网络效应排斥用户多栖性，争夺以流量入口呈现的数字消费市场，垄断以消费者注意力为表现形式的消费者选择权。简言之，流量垄断是注意力平台对流量入口的独占垄断的竞争结果。

三 流量依附：数字经济的"中心—外围"体系

从数字市场的宏观看，超级平台对其地位带来的市场力量滥用形成了一种"中心—外围"体系。流量竞争中，所处的位置远远高于所拥有的数据，对于数字经济中的经济平台而言，在第一线占据流量垄断的企业处在核心地位，而缺乏流量入口的平台则处于外围地位，或者说是依附地位。中心是指控制了流量入口的数字平台，譬如掌握即时通信的微信、Facebook，① 垄断搜索入口的 Google、Baidu，网购入口的淘宝、亚马逊。而外围则是指各类缺乏独立的应用 App 不得不依附于中心平台的应用，譬如大多数微信小程序的出现，使得微信呈现出"操作系统化的趋势"。介于这二者之间存在一些处于次中心的数字平台，譬如拥有独立 App 与用户且也在微信上开通了小程序的滴滴出行、微博、当当等。

流量竞争市场的"中心—外围"体系带来外围平台对注意力平台的"依附"。这使得创新平台接入现有流量垄断平台成为一种理性选择：第一，省去并购潜在竞争者的财务成本扩张与组织成本上升；第二，使得其他数字平台实际上失去了通过网络效应构建属于自身的用户的潜在可能性，也使得这些数字平台放弃挑战现有流量入口垄断者地位的野心；第三，通过更多创新平台纳入其范畴，又强化了其流量垄断地位。超级平台之所以能够成为市场寡头，是因为其通过自身营造的网络生态系统吸引千万流量、汇聚海量信息，对数据的控制提高了市场进入壁垒及转换成本，带来了赢者通吃的局面。②

这一体系下，流量垄断是超级平台对相关市场企业进行控制、剥削的一种手段。超级平台对外围平台的剥削往往是以某种隐性形式进行，这使得某一平台服务的用户数量庞大却只能说明这一平台服务获得认可，并不绝对可以占据流量市场的中心位置。譬如作为出行软件的滴滴注册人数超过 5 亿人，但其开发微

---

① Dina, S., "The Antitrust Case Against Facebook: A Monopolist's Journey Towards Pervasive Surveillance in Spite of Consumers' Preference for Privacy", *Berkeley Business Law Journal*, Vol. 16, 2021.

② 杨东：《对超级平台数据垄断不能无动于衷》，《经济参考报》2019 年 6 月 26 日第 8 版。

第四章
数据：生产要素的演化升级

信小程序这一行为，一方面通过微信用户扩大其市场占有；另一方面也意味着这是一种依附行为，滴滴的微信小程序使得滴滴成为事实上微信的功能延伸，而这种依附地位带来的是商业上坐收"流量税"。

这种依附地位与剥削手段，使得数字市场的马太效应不断增强，中小匹配型平台失去了通过积累双边用户进化为注意力平台的机会窗口，数字市场越来越呈现出"一家独大"与"寡头竞争"并存格局，这又反过来加强了超级平台的"中心—外围"体系，形成了正向循环。

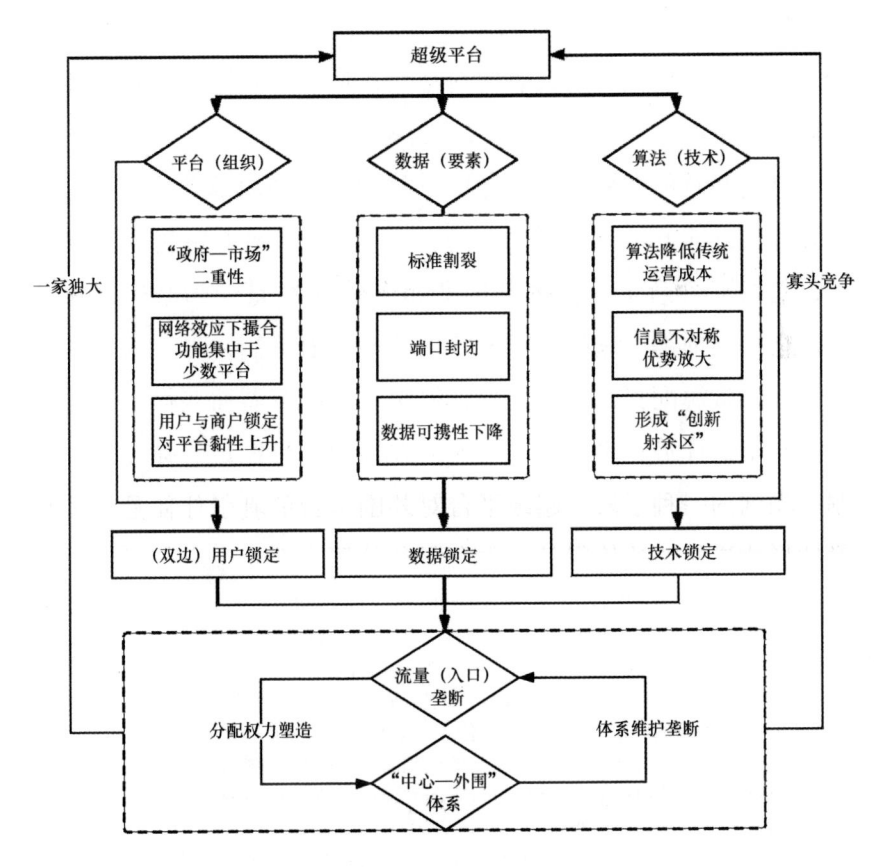

图 3-1 超级平台流量垄断的三维分析框架

四　流量垄断与数字霸权之争

"虎兕出于柙，龟玉毁于椟中"（《论语·季氏将伐颛臾》），皆是典守者之过，数字经济时代的反垄断领域监管不能缺位。欧盟立法对数字平台的攻击性，美国对数字平台相对温和的拆分，① 美国民主党主导的《数字市场竞争状况调查报告》，以及中国出台《国务院反垄断委员会关于平台经济领域的反垄断指南》、修改《反垄断法》，都是加速对内调整，激发其内部数字市场活力，以期在数字竞争中获取优势。

反垄断策略的不同背后是在全球化的数字经济竞争地位不同。以布兰代斯法官为代表的新布兰代斯主义者主张某些行业自然倾向于垄断，反垄断并不意味着数字平台"大就是坏"。② 反垄断这一工具的利用时机不能单单放置于一国内部环境，而需要从开放性的全球市场体系中考察。为了在全球市场获取超额利润，超级平台乃至一国内部的非市场化往往是一种必需。易言之，在一国内部有选择、有分寸地搞些政府管制，尽管会不可避免地导致资源配置效率的损失，但由于这种管制而获得了对外经济博弈中的优势，由此产生的外部超额利润可能足够弥补内部效率损失。③ 中国信息通信研究院报告显示，中国和美国是全球平

---

① Fox, M. E., "Platforms, Power, and the Antitrust Challenge: a Modest Proposal to Narrow the U. S. – Europe Divide", *Nebraska Law Review*, 2019, pp. 297 – 318. 邱静：《"平台经济领域监管问题"学术研讨会召开》，微信公众号"社科院世经政所"，https://xw.qq.com/amphtml/20210407A0EJFH00，2021年4月7日。《比较》研究部主管陈永伟研究员在会上提出该观点。需要质疑拜登政府反垄断的用意，其反垄断的目的很可能在于安抚美国民主党部分成员的情绪，最终结果可能是平台企业接受相应罚款，但经营模式不变。

② Lina, K., "The New Brandeis Movement: America's Antimonopoly Debate", *Journal of European Competition Law & Practice*, Vol. 9, 2018.

③ 翟东升：《中国为什么有前途：对外经济关系的战略潜能》，机械工业出版社2019年版，第290页。

台经济发展的双引擎，但尽管数量上占优，中国头部平台企业的规模和国际影响力仍不及美国，且差距正在逐渐扩大。① 今天，中国缺少美国所拥有的广阔市场，也因此我们的数字平台无法分享世界数字市场，调整国内数字平台格局，认定平台基础设施虽然阻力重重，但却是中国走向世界市场中心的必由之途。

---

① 中国信息通信研究院：《平台经济与竞争政策观察（2021）》，2021年5月28日。

第五章　法定数字货币的创新、监管与跨境体系重塑

近年来，伴随着现代信息技术以及金融科技的快速进步，数字货币受到的关注日益增多，世界范围内逐步出现了多种形式的数字货币，其对未来全球支付体系和国际金融格局演变的潜在影响，也越发受到重视。2019年10月24日，中共中央政治局就区块链技术发展现状和趋势进行集体学习，习近平总书记主持学习并发表重要讲话，对发展区块链技术的重要意义、发展方向等作出深刻阐释，并对区块链技术的发展作出重要部署，对区块链在数字金融领域的应用进行了展望。面对如 Libra 等项目的挑战，中国在内的部分国家的央行提出了发行法定数字货币的计划。同年中国人民银行正式启动法定数字货币研究，是最早进行数字货币研究和试验的央行，具体而言，由央行直接提供数字化的支付工具，用以取代现金，降低交易成本和货币发行成本，提升支付效率。① 目前关于法定数字货币的研究主要集中在技术方面，在法律层面上，法定数字货币与现有法定货币的关系比较模糊。

相较于经济学上的定义，② 在法学中货币通常被限定为国家

---

① 范一飞：《中国法定数字货币的理论依据和架构选择》，《中国金融》2016年第17期。

② ［美］劳伦斯·鲍尔：《鲍尔货币金融学》，刘静、何源译，中国人民大学出版社2012年版。

的本位货币,即法定货币。具备法偿性的货币也被称作法偿货币(Legal Tender)。此处所谓的法偿性,是指货币的占有人具备绝对的支付能力,任何金钱债务的债权人都不得拒收。这种理论被称为货币的国家理论(The State Theory of Money)。① 同时,为确保支付被确认后就不可逆转地完成,每笔支付都具备最终性(finality),由此得出货币的"占有即所有"规则。法定数字货币的发行为支付工具和投资工具的区分提供了新的可能,疏通了货币政策传导渠道,同时也提升了社会经济效率。② 但是现行法律制度仍旧无法充分解释法定数字货币的本质、特性,也无法依照法律规定确保其顺利发行与流通。作为央行提供的数字化支付工具,法定数字货币按理应当被纳入法定货币的范畴,但是在实践中,法定数字货币存在着难以实现其法偿性的问题。为解决这一问题,有学者从经济学角度分析法定货币的合理性,认为货币只有取得了社会主体的"一致同意"才能成为社会与经济意义上的货币,现实中,只有法定货币能够通过社会契约取得"一致同意"。姚前认为,此种解释同样适用于法定数字货币。③ 此外,也有学者从权利义务关系的角度出发,对法定数字货币发行后各银行组织和社会公众相互之间的具体权利义务关系进行了探究与分析,④ 但上述的研究也没有确切解决法定数字货币的性质和定位问题。

也有学者持与上述意见不同的立场,比如,在法定数字货币

---

① 张庆麟:《论货币的法律概念及其法律属性》,《经济法论丛》2003年第2期;刘少军:《金融法学》,清华大学出版社2014年版。在英国、日本等国,纸币具有无限法偿能力,而硬币仅具有有限法偿能力,即对一定金额内的债务具备法偿性。[英]查理斯·普罗克特:《曼恩论货币法律问题》,郭华春译,法律出版社2015年版。

② 姚前、陈华:《数字货币经济分析》,中国金融出版社2018年版。

③ 姚前:《共识规则下的货币演化逻辑与法定数字货币的人工智能发行》,《金融研究》2018年第9期。

④ 刘少军:《法定数字货币的法理与权义分配研究》,《中国政法大学学报》2018年第3期。

的概念出现之前，他们认为货币在实质上更类似于一种特殊的债，也即信用货币在名义上是中央银行的债务和持有人的债权，但这种债是无法兑现的。① 例如，欧洲中央银行的一位官员将货币定义为，"完整制度框架下直接或间接对央行享有的一种债权，债的标的为货币系统建构行为"②。但是，该定义的主要论据是经济学的理论和实践，而缺乏法学角度的深入探究。

法定数字货币是法定货币的一种全新形态，也是国家对非主权货币现象，即比特币、Libra 的一种回应，以数字形式存在，没有物理载体，背后无须纸质货币的支撑，其支付交易与银行账户是松耦合关系。在法定数字货币发行之前，明晰法定数字货币的法律性质，有助于为中央银行发行法定数字货币的行为提供正当的法律依据。法定数字货币的出现是历史发展的必然，是科技进步和经济发展共同作用的结果，更是经济数字化发展的需要。随着区块链、云计算、大数据、物联网、5G 等新技术的发展，未来的货币很可能超越现实空间而存在于网络空间中，甚至具有超主权的特点。超主权货币的法律性质也必然会与以往存在过的各种主权货币产生差异。对法定数字货币的法律性质及其在法定货币体系中的定位进行深入探究，才能在货币形态发生更迭时更为顺畅地接纳新类型的货币。

第一节 法定数字货币发行的背景

党的十九届五中全会通过的《中共中央关于制定国民经济和

---

① 王卫国：《现代财产法的理论建构》，《中国社会科学》2012 年第 1 期。
② Antonio Sáinz De Vicuna, "An Institutional Theory of Money", in Giovanoli M. & Devos Deds., *International Monetary and Financial Law: The Global Crisis*, Britain: Oxford University Press, 2010.

社会发展第十四个五年规划和二〇三五年远景目标的建议》提出了到2035年基本实现社会主义现代化远景目标，以及"十四五"时期经济社会发展主要目标。面对复杂的外部发展环境和"十四五"及二〇三五年远景目标，金融业需要通过改革开放提升服务能力。会议提出要构建金融有效支持实体经济的相关体制机制，要把为实体经济服务作为出发点和落脚点来全面提升服务效率和水平。

支付体系是一国重要的金融基础设施，是主要服务于实体经济运行中交易、清算和结算的有机整体。互联网、大数据、云计算、移动互联、区块链，以及人工智能等技术的进步与应用，逐步对支付体系渗透，并与支付体系不断交叉、融合和迭代，使中国支付体系有了新的发展，逐渐形成了新型金融支付基础设施，有力地提升了金融系统的运行效率，较好地赋能于实体经济的转型升级。

一　电子支付及其困境

电子技术和信息技术的发展使得商业交易中出现了新的支付方式，而不需要依赖纸币或纸质票据。电子支付即为基于法定货币计价、通过电子方式进行处理的支付方式，有时也被称作电子货币（E-Money）。电子货币是现有法定货币的电子化，其具有以下特征：用户需先将法定货币交付给电子支付服务的运营商，然后使用运营商发给的某种凭证，最终完成支付。这种凭证包括但不限于银行卡、信用卡、预付卡、账户密码等。

中国的电子支付体系发展迅猛。中国互联网络信息中心（CNNIC）发布的《第40次中国互联网络发展状况统计报告》显示，截至2017年6月，中国使用网上支付的用户规模达到5.11亿人（含第三方支付和网络银行支付），有68%的中国网民使用网上支付。①

实际上，各国也纷纷立法规制电子支付。为了应对数字经济和电子支付带来的新问题，实现对相关服务的有效监管，欧盟推出了《支付服务指令》（PSD2），日本也颁布了《资金结算法》等。2018年8月31日，中国第十三届全国人民代表大会常务委员会第五次会议通过了《电子商务法》。该法的规范范围包括电子商务经营者的行为，以及电子商务合同的订立、履行和争议解决等。其中，在电子商务的履行部分具体规定了电子支付的有关问题，明确了电子支付服务提供者，以及用户的权利义务；并且还规定了在错误支付、未授权支付等情形下的损失分担问题等。②《电子商务法》的颁布结合中国已实施的《电子支付指引》《非银行支付机构网络支付业务管理办法》《非金融机构支付服务管理办法》等法规，使中国初步形成了一套与电子支付相关的法律法规体系。

但中国的相关法律法规仍存在较多缺漏，《电子商务法》中针对电子支付的规定仅有五条，其他法规中只专门规制了一种特定类型的电子支付，相较欧盟的《支付服务指令》、日本的《资金结算法》等，显得并不全面。这其中的根本问题在于，由电子支付服务运营者提供的电子支付服务存在许多缺陷，无法充分发挥数字经济时代基本支付方式的作用。支付宝等非银行支付机构快速兴起，虽然极大降低了公众的电子支付成本，但也产生了绕过银行体系自行进行清算结算的问题。并且，各家非银行支付机构所提供的电子货币之间无法相互兑换，且仅服务于个人用户，

---

① 中国互联网络信息中心：《第40次中国互联网络发展状况统计报告》，http://www.cnnic.cn/hlwfzyj/hlwxzbg/hlwtjbg/201708/P020170807351923262153.pdf。

② 杨东、黄尹旭：《〈电子商务法〉电子支付立法精神与条文适用》，《苏州大学学报》（哲学社会科学版）2019年第1期。

未进入法人组织、政府机构等对公场景。对公场景下的支付仍然依赖于传统的银行系统，而这并不能适应现实的需要，亟须法定数字货币来突破这一局面，从而为中央银行法和货币法层面的调整提供推动力。①

二 数字货币种类

数字货币本身是应用分布式账本和密码学技术等表彰价值的数字工具，本质为电脑上存储的电磁记录，但其所表彰内容因具体情形的不同而不同，可能是具有"货币认同"群体内的支付请求权（比特币），也可能是兑换为所锚定的一篮子法币的请求权（稳定币）。②

（一）去中心化匿名货币：比特币等私人数字货币

以比特币为代表的私人数字货币天然具有匿名、无监管、跨国等特点。特别是其冷钱包（Cold Wallet），使得大额数字货币的转移摆脱了传统纸钞的体积限制，往往只需要两个不联网的移动终端线下见面即可以实现世界范围内的私人加密数字货币的全球转移。这使得传统意义上基于金融机构中心结算的反洗钱策略完全受到了"降维打击"。

截至 2020 年 2 月，多达 5096 种的数字货币在 20445 个交易平台上进行交易，市值超过 2805 亿美元，全球每天交易金额超过 134 亿美元。③ 按市值计，比特币是目前最大的虚拟货币，占据绝对的垄断地位。由于私人数字货币具有虚拟资产的特性，又逐渐获得了市场的认可，有了稳定的价值，越来越多的人开始使

---

① 周子衡、李发强：《法定数字货币"对私"与"对公"的场景问题》，《清华金融评论》2017 年第 10 期。

② 李敏：《数字货币的属性界定：法律和会计交叉研究的视角》，《法学评论》2021 年第 2 期。

③ 肖凯：《金融科技创新背后的反洗钱风险》，《检察风云》2020 年第 16 期。

用它作为规避金融监管或者避税的工具。

（二）法定数字货币：DCEP

中国的数字货币项目叫作 DCEP（Digital Currency Electronic Payment），由中国人民银行发行，指定运营机构参与运营并向公众兑换，与现有银行账户体系可以兼容，是具有价值特征和法偿性的支付工具。央行数字货币延续了"中央银行—商业银行"二元体系，即中国人民银行先把数字货币兑换给银行或者其他运营机构，再由这些机构兑换给公众，不预设技术路线，不改变现在的货币投放路径和体系，实现现金的数字化，从而替代一部分现金。

在保持实时联网状态下，数字货币同传统银行的电子支付或电子银行类似，属于传统账户体系，面临传统银行反洗钱的风险，因此，DCEP 的反洗钱焦点集中于冷钱包技术的"双离线支付"功能。DCEP 定位为替代 M0（流通中的现金），为了照顾部分难以实现网络覆盖地区，以及在境外进行交易，DCEP 本身设计上也推出了"双离线支付"功能。易言之，如果两台手机在获取 DCEP 后脱离现有的网络，依然可以通过 NFC 进行法定数字货币的转移，而且只要这些手机永远不接入现有网络，机器之间的数字货币转移便永远脱离现有的金融监管机制。

（三）全球稳定币：Diem（原 Libra）

为了解决数字货币币值不稳定、监管困难的问题，一些大型数字平台试图开发锚定特定资产的稳定币，并使其成为自身平台生态的一部分。2019 年，Facebook 走在最前沿，发布了稳定币 Libra（现已更名为 Diem）白皮书的第一版，宣称要开发基于一篮子货币的稳定币。

根据 Bullmann 等人的定义，稳定币是一种"数字价值单位，并非任何特定货币（或一篮子货币）的一种形式，是依赖于一套稳定机制,旨在将其价格波动最小化的货币"。① 金融稳定理事会将稳定币解释为一种数字货币,其目的是保持相对于特定资产或资产池或一篮子资产的稳定价值。② 回到关于稳定币的论述,根据 Bech 和 Garratt 所绘制的"货币之花"(见图 5-1)③,稳定币与比特币和其他数字货币处于同一领域:稳定币具有数字化属性,可以点对点交换,并且由非中央银行发行。同时,在支付过程中,稳定币的有效性通过 Token 验证而非基于账户,因此支付过程中并不需要验证交易相对方的身份。④

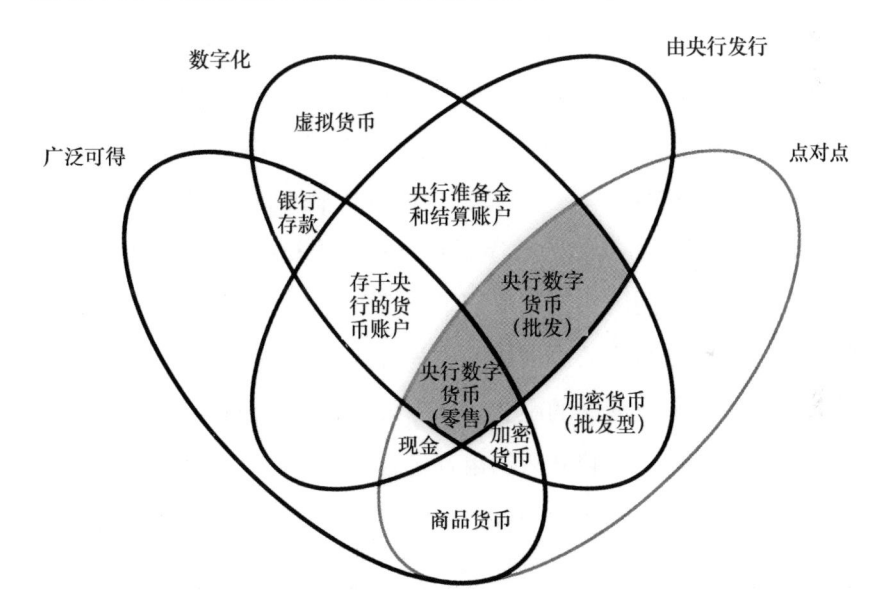

图 5-1 Bech 和 Garratt 所绘制的"货币之花"

---

① Bullmann, Dirk, Jonas Klemm, and Andrea Pinna, "In Search for Stability in Crypto-assets: Are Stablecoins the Solution?", ECB Occasional Paper, 230, 2019, p. 9.
② Board, Financial Stability, "Addressing the Regulatory, Supervisory and Oversight Challenges Raised by 'Global Stablecoin' Arrangements", Consultative Document, 2020, p. 4.
③ Bech, Morten L., and Rodney Garratt, "Central Bank Cryptocurrencies", *BIS Quarterly Review*, September 2017, pp. 65-70.
④ Kahn, Charles M., "How are Payment Accounts Special", Payments Innovation Symposium Federal Reserve Bank of Chicago, 2016, p. 6.

三 数字货币的最高形态：纯粹的信用货币

数字货币的概念经历了一个变化的过程。从20世纪90年代开始，学界就开始出现关于网络空间中新型支付手段的探索，主张将数字货币定义为不同于纸质票据的，用电子手段保存于带有芯片的卡片或电子终端中，能不依赖于银行而独立完成支付的数字单元。21世纪计算机科学和互联网技术进一步发展，数字货币的概念也在新一代金融科技浪潮中进一步发展嬗变。金融科技的代表性技术——区块链技术和比特币，极大地丰富了数字货币的含义，其提供的技术支持使传统上被认为不可能实现的数字货币成为可能。①

自比特币诞生后，市场上出现了诸如以太币、瑞波币、莱特币等多种多样的模仿者、创新者。这些机制不同的"币"由于使用了密码学算法而被称为数字货币（Cryptocurrency）。

数字货币使用区块链技术记录系统参与者之间的交易信息，使得陌生主体间分布式的协同记账成为现实。区块链是指一个分布式的数据库，这一数据库的主要运作方式是维护一条持续增长的数据记录列表链，链上的独立数据集合包含了时间戳、数据、关联到上一个区块的信息以及相应的可执行代码，每个独立数据集合都是一个区块。② 由于各节点之间互不信任，区块链技术在每个区块中记录交易的数字签名和前驱区块的哈希值（HASH），借助共识机制来实现协同记账，从而保证交易数据的完整和安全性。③ 区块链技术支持了一个去中心化的、公开透明的交易总账的搭建，保

---

① 片冈义広:「FinTechの现状と法の课题（总论的试论）」,『NBL』, 1073号, 4-17页。
② 袁勇、王飞跃:《区块链技术发展现状与展望》,《自动化学报》2016年第4期。
③ 姚忠将、葛敬国:《关于区块链原理及应用的综述》,《科研信息化技术与应用》2017年第8期。

证了没有中心化发行者的前提,使得数字货币可以得到可靠、可信的记账。

区块链使数字货币获得了一种更为可靠、可信、透明的底层技术机制。区块链技术支持数字货币能够在不借助中心机构的情况下就建立参与者对账本的信任。同时,由于区块链的链式结构特点保证了账本中的数据难以被篡改,故而公众广泛认可这一技术的可信程度,从而促进了数字货币的大流行。在区块链技术的基础上,分布式账本技术(Distributed Ledger Technology,DLT)得以衍生,虽然同样带有共识机制,但分布式账本技术不一定采用链式的数据库结构。分布式账本技术多变的形态使之可能比区块链拥有更为广泛的应用前景。[1]

数字货币和分布式账本技术的出现为各国央行提出法定数字货币战略提供推动力。分布式账本技术的进展不仅促进了数字货币的演进,也使得央行建立更大规模的清算结算系统、发行法定数字货币拥有更多可能性。

四 螺旋式上升的法定数字货币

法定数字货币的出现基于两个条件。第一,电子支付系统取代现金占据现有的支付主流。这带来的问题是支付工具、投资工具混淆,而且使央行无法全面掌握支付数据,支付机构通过掌握支付数据而形成数据垄断。另外,各支付机构所提供的电子支付服务之间不能相互转化和对接,给用户带来不便,故而需要央行发行法定数字货币予以解决。[2] 第二,相关技术的发展为法定数

---

[1] 关于区块链技术在价值流通领域的广泛应用,参见杨东《共票:区块链治理新维度》,《东方法学》2019 年第 3 期。

[2] 周子衡、李发强:《法定数字货币"对私"与"对公"的场景问题》,《清华金融评论》2017 年第 10 期。

字货币的出现奠定了基础。具体而言，区块链技术和分布式账本技术的出现使得大规模的清结算系统成为可能。其中走在前列的是 Facebook 提出的 Libra 项目，其不仅同时具备电子支付和数字货币的部分特征，保留了数字货币的全球性，而且还引入了背书资产，使得货币价值更加稳定，这将给央行带来挑战。Libra 公布的便捷且低成本的"非主权货币模式"，很可能在未来极大地挤压法定货币的使用空间，给法定货币的运行带来冲击。为了迎接这一冲击所带来的挑战，各国金融监管机构不仅需要对 Libra 进行监管，更需要通过法定数字货币实现法定货币体系的数字化，以实现与 Libra 类似的数字货币项目的竞争。①

基于以上的考虑，各国央行均开始研究自行发行法定数字货币的计划，即由央行直接主导一种数字化支付工具，来实现更为便利和低成本的发行和交易。② 法定数字货币在这样的背景和目的之下，形成了必备的性质和底层技术要求。

第二节 法定数字货币的经济学特征

一 法定数字货币的基本特征

近年来，世界范围内诸多国家的央行，均表现出对区块链、分布式账本技术和法定数字货币的关注，并进行了相应的研究，甚至已经明确提出发行法定数字货币的设想。其中，英国、瑞典等国的进展较为突出。从 2016 年开始，英国的英格兰银行就与伦敦大学学院合作，联合研发了由其央行主导的数字货币 RSCoin，并对 RSCoin 进行了一系列的测试。瑞典在近年提出的

---

① 杨东：《Libra：数字货币型跨境支付清算模式与治理》，《东方法学》2019 年第 6 期。
② 本·布劳德本特、蔡萌浙：《中央银行与数字货币》，《中国金融》2016 年第 8 期。

电子瑞典克朗（E-krona）计划，是瑞典中央银行为了顺应无现金化时代趋势所做出的试点性方案，其愿景是实现支付效率的提升。中国人民银行副行长范一飞对于中国央行是否发行数字货币的问题，其观点为数字货币是货币形态发展的必然，充分肯定了数字货币的前景，并且指出现阶段中国人民银行也应当主动探索关于发行法定数字货币的路径，为未来的创新打下基础。[①] 中国人民银行原行长周小川也在多个场合指出，中国中央银行应重视以 Libra 的发展方向所代表的数字货币趋势，因此人民银行可能甚至会考虑委托部分商业机构来发行数字货币。

虽然各国有关法定数字货币的计划仍处于研究和设想阶段，但从目前已公布的阶段性成果来看，各国已在法定数字货币的基本特征方面达成如下共识。

第一，发行的法定数字货币应当与现有的法定货币等值。法定数字货币的发行主体是中央银行，故其可以被看作"央行版"的电子货币。由于法定数字货币的主要任务是替代现金来作为支付结算工具。因此，其不需要拥有独立的计价单位，直接沿用既有法定货币的计价单位即可，且需保持与现钞相同的币值。第二，发行的法定数字货币应当属于流通中的现金。持有人账户中的法定数字货币不属于在银行类金融机构的存款，在经济学上这些数字货币应归于 M0（流通中现金）的范畴。持有人账户中的法定数字货币不能被用于发放贷款，持有人与保管机构之间也没有货币投资的关系，正因为如此，持有人不需要面临信用风险，但持有人也不会因持有法定数字货币而获得相应利息。在实际生活中，电子货币通常的存在形式为直接或间接的银行存款，属于

[①] 范一飞：《中国法定数字货币的理论依据和架构选择》，《中国金融》2016 年第 17 期。

狭义货币供应或广义货币供应。在符合相关规定的情况下，商业银行也可以动用客户账户中的资金来投资放贷，故电子货币的持有人要应对银行的信用风险，反之也可以取得利息。

第三，法定数字货币的相关服务应当免费。法定数字货币是现钞货币的替代形式，被较为普遍地认为是一种社会基本公共服务，基本公共服务应当对于社会公众是免费的，而不应为此而支付费用。至于商业银行因代理央行经营相关业务而产生的必要性成本，商业银行可以向央行请求支付管理数字货币业务的费用。而电子货币的相关服务由商业机构等组织提供，如商业银行、第三方支付公司、信用卡组织，即便是支付清算等基础性服务也是有偿的，用户需要为这些服务支付一定手续费。具体而言，实际模式是直接从向用户支付的利息中预先扣除支付清算服务费。

二 央行对法定数字货币的构想

目前，中国人民银行已经对法定数字货币进行了较为成熟的研究，并对未来发行法定数字货币的实际方案和技术基础形成了相对系统化的观点。实际上，早在2014年，央行就已经专门成立了数字货币研究小组，其重点任务是对数字货币的运行框架、关键技术等问题进行前瞻性研究，探索并尝试论证发行法定数字货币的实际可行性。[①] 2016年1月20日，中国人民银行召开了数字货币研讨会，并在研讨会中提及了央行发行数字货币的现实意义。发行数字货币不仅可以降低发行成本和打击违法犯罪行为，不能忽视的是，它还可以助力实现普惠金融。简而言之，发行法定数字货币和建立流通体系，还有助于建设中国金融基础设施，

---

① 《央行正研发法定数字货币系统未来同纸币并存流通》，中国新闻网，http://www.chinanews.com/fortune/2016/11-16/8064284.shtml。

完善中国支付体系,提升支付清算效率,推动经济提质增效升级。①

第一,记账。在记账方式上,可能会采用区块链技术,通过在央行和各商业银行间建立层级架构、联盟链模式、合作性记账的区块链系统,满足法定数字货币的记账需求。② 具体而言,在中国央行设想下法定数字货币体系的核心要素,"基于云计算的可信服务管理模块"要点为"一币、两库、三中心",将法定数字货币私有云作为一底层基础设施,在整体上支撑法定数字货币的运行。

其中,"一币"是指法定数字货币的形态,即"币"本身具备的设计要素、数据结构。"两库"是指法定数字货币的存放库,其由发行库和机构库共同组成。其中,发行库是指央行法定数字货币发行基金的数据库,机构库则指商业银行等代理机构存放法定数字货币的数据库。"三中心"分别为认证中心、登记中心与大数据分析中心,三者组成了法定数字货币的管理体系。在这三者中,认证中心的作用是集中管理法定数字货币机构及用户身份信息。登记中心的作用是记录法定数字货币及其对应的用户身份,并且要将法定数字货币流水登记在案,包括产生、流通、清点核对及消亡的全过程。大数据中心通过数据收集和市场行为分析,统筹系统的整体运行。

第二,发行。在发行方式上,央行的法定数字货币可能采用的机制与现有的人民币发行体制相类似,以降低人民银行中心系统的发行负担。而且,作为一种间接发行的体制,这样能够更好

---

① 《中国人民银行数字货币研讨会在京召开》,中国人民银行网站,http://www.pbc.gov.cn/goutongjiaoliu/113456/113469/3008070/index.html。
② 范一飞:《中国法定数字货币的理论依据和架构选择》,《中国金融》2016年第17期。

地兼容现有货币发行体系，有助于更好地完成从现金到法定数字货币的过渡，同时也有益于实现由央行控制数字货币发行量的目标。

第三，流通。法定数字货币账户体系是法定数字货币的流通基础。目前有两种设想：其一，每个一般用户都将拥有一个开设在中央银行的主账户，该主账户与用户的其他银行账户相关联，以存储法定数字货币。其二，用户将自己名下的一个商业银行账户指定为主账户，并将表示法定数字货币的字段增设在该主账户之下。总之，虽然在理论上法定数字货币与电子货币、银行存款的性质并不相同，但是三者之间可以相互转化，无论使用哪种设想，用户都可以在其主账户中直接使用法定数字货币进行支付。[①]

三 法定数字货币对货币系统和金融系统的影响

法定数字货币的出现会给社会带来新的机遇和挑战。世界各国的许多经济和金融领域专家学者，还有各国的中央银行都在对此展开研究。虽然法定数字货币仍然处在理论构想阶段，但其必将对货币系统和金融系统产生巨大的影响。

第一，法定数字货币可使支付更高效，使支付更可靠。法定数字货币可以通过在支付指令中搭载附加信息的方式，实现更加复杂的、附加更多信息的支付交易。法定数字货币能够即时完成支付的特点，整合并简化了清算和结算流程，极大地提高了效率，降低了成本和多环节、多对手方造成的风险。[②] 不可忽视的是，法定数字货币对支付工具革命性的意义还在于智能性，当其

[①] 姚前、汤莹玮：《关于央行法定数字货币的若干思考》，《金融研究》2017年第7期。
[②] Ben S. C. Fung & Hanna Halaburda, "Central Bank Digital Currencies: A Framework for Assessing Why and How", Bank of Canada Staff Discussion Paper, 2016.

与智能合约等新兴技术结合后,则具备一定条件来实现支付过程本身的智能化与灵活化,进而促进更多功能的开发与实现。

第二,法定数字货币可使银行业在根本上被改变。银行为汇兑和支付而经营活期存款业务,银行将收取的存款用于放贷,存在产生挤兑危机的潜在风险。有学者提出,应当分割银行的业务,仅允许银行经营定期储蓄和放贷业务,使银行成为"狭义银行"(Narrow Bank),从而在根本上消除挤兑风险,以实现银行业风险的最小化。法定数字货币发行后,法定数字货币成为用户通常的支付工具,在这样的情景之下,银行可能不需要再提供用于支付的活期存款业务,使得真正意义上的狭义银行得到实现,极大地降低银行业的系统性风险,甚至消除某些风险。[①]

第三,法定数字货币将极大地影响货币政策。货币当局可借助法定数字货币的特性来更加准确灵活地运用货币政策工具,达到全面检测和评估金融风险的目的。法定数字货币还可以被用于设置负利率,实现突破名义利率的零点制约,从而拓宽货币政策的实施空间。与之相对应的是,法定数字货币出现后致使银行转为狭义银行,但高能货币向狭义货币供应转化的货币乘数会随之明显下降,将使得货币政策变得更为敏感,增加了货币流通速度和利率的预测难度。这将给中央银行对货币政策有效性的把握带来新挑战。

第三节 法定数字货币的监管

中国已经初步具备发行法定数字货币的技术条件。但由于法

[①] 柳川範之、山岡浩巳:『情報技術革新・データ革命と中央銀行デジタル通貨』,7、14頁,日本銀行ワーキングペーパーシリーズ,2019。Also see John Barrdear & Michael Kumhof, "The Macroeconomics of Central Bank Issued Digital Currencies", Bank of England Staff Working Paper, 2016, pp. 11, 63.

定数字货币的法律特征较为特殊,中国现行货币法律制度尚且不具备成熟条件来对法定数字货币作出回应。具体而言,这里的主要问题在于中国现行法中,不论是条文规定还是通说解释,对于"货币"的范畴界定过窄,没有为法定数字货币留下容身空间。

一 现行法中法定货币的定位与性质

人民币是中国的法定货币,《中国人民银行法》《人民币管理条例》等法律法规明确了人民币的法律定位和性质,遵循了货币的国家理论,赋予人民币无限法偿性。在《人民币管理条例》第二条第1款中规定,该条例中的人民币是指央行依法发行的货币,包括纸币和硬币。在《中国人民银行法》第十六条中规定,人民币是我国法定货币,不得拒收以人民币支付的我国境内的一切公共的和私人的债务。在讨论人民币于交易流通中的性质之前,需明确货币在民法上的定位,属于何种客体,货币持有人对货币享有何种民事权利。现行法上虽未对货币的流通交易性质予以规定,但传统理论与交易实践得出的结论几乎一致。相对而言,属于普遍共识的观点是,货币属于特殊的动产,是种类物、可消耗物,[1] 适用"占有即所有"的规则,原则上只可对货币成立所有权:只要占有货币即可被推定为货币的所有人,即便获得货币的方法有瑕疵,也不能影响货币所有权的确定,只能由其他法律关系对此瑕疵进行调整。丧失对货币的占有即丧失对货币的所有权,原所有人对此无法主张所有物返还请求权等物上请求权,而仅能主张不当得利请求权等债权。

货币"占有即所有"规则确保了持有者使用货币支付的最终

---

[1] 王利明:《民法》(第6版),中国人民大学出版社2015年版。

性（finality），并据此进而保证了货币的持有人的绝对支付能力。货币持有人在支付时交付货币即确定了最终性，即便该支付的原因关系存在瑕疵，但该支付的效力独立于原因关系，不受任何减损。

二 法定数字货币法律性质的现实困境

在法定数字货币准备发行的背景下，其与现有法定货币体系的关系亟待厘清。中国现行法和理论通说观点主要认为货币财产权是特殊物权，具备法偿性和绝对支付力。① 但对于法定数字货币而言，其既难以被当作物权客体，也难以具备法偿性。② 故而，法定数字货币的概念，与目前通行的货币法律性质有关理论和立法实践存在明显的冲突，致使其进入法定货币的体系存在困难。

（一）现行法未给法定数字货币留以容身空间

第一，在现行法体系下，法定数字货币难以成为物权的客体。法定数字货币并非以物理形态存在，不具备物理实体，而我国民法上的对物的界定原则上限定为有体物，无形财产若要构成物权客体需要法律的专门规定。③ 在没有法律明文规定的情形下，法定数字货币仍不属于动产，不能成为物权客体。

实际上，中国现行法中仅有《民法总则》规定的网络虚拟财

---

① Georg Friedrich Knapp, Staatliche Theorieds Geldes, Leipzig: Duncker & Humblot, 1905；张庆麟：《论货币的法律概念及其法律属性》，《经济法论丛》2003 年第 2 期；刘少军编著：《金融法学》，清华大学出版社 2014 年版，第 109 页。在英国、日本等国，纸币具有无限法偿能力，而硬币仅具有有限法偿能力，即对一定金额内的债务具备法偿性。参见［英］查理斯·普罗克特《曼恩论货币法律问题》，郭华春译，法律出版社 2015 年版，第 14—22 页。
② 参见杨东、陈哲立《法定数字货币的定位与性质研究》，《中国人民大学学报》2020 年第 3 期。
③ 王利明：《再论物权的概念》，《社会科学研究》2006 年第 5 期。

产为数字形式的财产提供了有关的概念，且其仅提供了网络虚拟财产的概念性规定，不仅没有界定边界，也没有就法律规则作出特殊规定。在学界，目前对于网络虚拟财产的内涵和外延也众说纷纭，尚未达成共识。① 最初，对于网络虚拟财产的研究集中在网络游戏中的虚拟装备，② 随着网络虚拟财产新问题的不断出现，后来逐渐拓展了研究领域，包括网络服务供应商所发行或提供的各项具有财产价值的数据集合。然而，法定数字货币是由央行发行的，中央银行作为国家机关，性质与各类网络服务供应商不同。法定数字货币究竟是否应当被解释为网络虚拟财产，这一问题仍在争论之中。虚拟财产的权利内容也和"纯粹"的物权理论难以融合。目前对网络虚拟财产的权利内容的学说争论主要集中为债权说和物权说，前者认为网络虚拟财产持有人对发行网络虚拟财产的网络运营商享有债权，后者则认为，网络虚拟财产持有人对网络虚拟财产享有所有权。③ 但无法否认的是，网络虚拟财产持有人的权利实现，完全依赖于网络服务提供商，持有人缺乏对其网络虚拟财产的"支配性"。④ 然而，法定数字货币必须要具备这一"支配性"才能成为市场上通用的交易媒介，否则持有人使用其进行支付的自由将会受到限制。由此可见，法定数字货币并不适合被解释为网络虚拟财产的一种。

第二，传统意义上，法定数字货币暂时难以具备法偿性。在生活中实际使用法定数字货币需要有电子账户和相应终端设备。

---

① 申晨：《虚拟财产规则的路径重构》，《法学家》2016 年第 1 期。
② 刘军霞：《首例虚拟财产纠纷案引发的法律思考——兼论虚拟财产的保护》，《河北法学》2004 年第 11 期。
③ 杨立新：《民法总则规定网络虚拟财产的含义及重要价值》，《东方法学》2017 年第 3 期。
④ 王雷：《网络虚拟财产权债权说之坚持——兼论网络虚拟财产在中国民法典中的体系位置》，《江汉论坛》2017 年第 1 期。

但在现有技术条件下，仍存设备普及不完全、网络状况不稳定等各种现实条件的桎梏，尚且无法实现像现钞货币一样在任何情况下都能支付的目标。法偿性是法定货币所固有的属性，也标志着法定货币区别于外国货币以及其他经济学意义上的货币。法定数字货币难以具备法偿性则代表中国现行法中关于人民币法偿性的规定无法直接适用于法定数字货币。这意味着起码在现今的阶段，法定数字货币不能完全取代现钞货币。

（二）货币国家理论的固有缺陷

现行法没有给法定数字货币留下空间，并使之与法定货币体系存在冲突的根本原因在于，指导现行法的货币国家理论对法定货币的定义方式较为僵化。若仅将法定货币视为由国家法律赋予法偿性的特殊动产，法定数字货币自然无法与既有体系衔接协调。

货币国家理论认为，法定货币是由立法机关或其授权机关创造的，应由法律赋予法定货币作为流通手段的名义价值，并应当将这一价值作为货币流通、履行货币职能的保障。该名义价值和货币制造材料的价值、事实购买力、外币兑换时的外在价值之间都没有关联。① 但实际上，并不是法律赋予的名义价值对法定货币能否恰当履行货币职能起到决定性影响，实质上起到影响的是法定货币的实际购买力，也就是其被市场所接受的程度。由此可见，法偿性并不能直接保障法定货币的货币职能，将法偿性视为货币的法律本质和定义要件，与货币流通的现实情况不相符。货币的国家理论无法解释经济运行现实中货币流通的现象，更是在接纳法定数字货币时陷入理论困境。鉴于此，传统的货币国家理论应当被打破，需要寻找关于法定货币性质的新解释。

---

① Charles Proctor, *Mann on the Legal Aspect of Money*, Oxford: Oxford University Press, 2012, p. 21.

（三）法定数字货币应被现有法定货币体系接纳

1. 法定数字货币和现有法定货币的关系

数字货币是信息技术背景下在货币领域的变革。在货币形态的演进史上，铸币、纸币等新形态的货币发明都是由民间机构抢先推出的。在民间机构进行货币形态创新之后，国家再介入并以法律的形式对此予以确定。数字货币也在这一历史惯例之下，法定数字货币的发行也将追随电子货币和数字货币的发明步伐。目前，正处于电子货币和数字货币出现而法定数字货币刚刚萌芽的混乱时期。①

因此，为了顺应历史发展规律并适应现实需要，有必要在加快发行法定数字货币进程的同时，建立起有关法定数字货币的货币法制度，厘清法定数字货币与现有法定货币之间的关系。

法定数字货币由中央银行直接发行，是现有法定货币的代替物，其主要用途是支付，被视作法定货币的未来形态。在经济学意义上，法定数字货币与既有的法定货币等价，有相同的计价单位，并且可以自由兑换、相互转化。② 交易在某一个法域中进行，即应以该法域的法定货币计价。③ 货币唯名论原则的前提和基础就是实体法中关于计价单位的规定。货币唯名论原则要求，如果

---

① 周陈曦、曹军新：《数字货币的历史逻辑与国家货币发行权的掌控——基于央行货币发行职能的视角》，《经济社会体制比较》2017 年第 1 期。

② [英] 查理斯·普罗克特：《曼恩论货币法律问题》，郭华春译，法律出版社 2015 年版。

③ 尽管在国际交易中这一职能已经被极大地弱化，国际外汇交易中，绝大部分都是将外汇如同证券和商品一样进行买卖交易，而仅有少部分是真正地为了进行国际支付，因而国际贸易的计价开始依赖 SDR（特别提款权）等新型方式。但是，在国内法上，法定货币仍然应当享有特殊的计价单位地位。Kazuaki Sono, Hideki Kanda, *In Search of Order in the World Monetary System: State Intervention after the Decline of the Lex Monetae*, in *International Monetary and Financial Law: The Global Crisis*, Giovanoli M. & Devos Deds., Britain: Oxford University Press, 2010.

一债务的清偿由法定货币进行计价,则应当且只应当偿付债务的名义金额,不受货币体系之外的其他影响,包括货币在债务承担和支付期间出现的价值变动等因素。在法定数字货币的背景下,货币唯名论原则仍应继续适用,法定数字货币需要与既有法定货币计价单位相同,这也意味着两者在清偿金钱债务时产生的效果也相同。

最为重要的是,法定数字货币属于高能货币,其同样能像既有法定货币一样派生出数倍于自身的存款货币。[①] 出于这一考虑,在目前阶段的各研究者们均主张每个人只能持有一个法定数字货币账户,且法定数字货币账户的性质与金融机构存款账户或电子货币的虚拟账户都不同。保管在这种特殊账户内的法定数字货币不能产生利息或者用于放贷,其所表现的金融性质类似于既有现金形态的法定货币。

法定数字货币就是数字化的现金,除了存在形态外,其各项性质均与既有的法定货币相同。由此可得出的结论是,法定货币体系应当将法定数字货币作为现钞之外的新形态纳入,共同被货币法所规范。

2. 法定数字货币的性质解释

为实现法定货币形态种类的扩张,有必要对法定货币的法律性质进行再讨论。当代法定货币是信用货币,货币的持有者无法将法定货币直接兑换为任何实物财产。法定货币之债的标的是央行保持的货币的可获得性、功能性、购买力的货币系统建构行为,而非实物财产交付。具体而言,完整的制度框架包含了货币职能的要素,即货币的稳定购买力,清偿金钱债务的功能,还包

[①] [美]弗雷德里克·S.米什金:《货币金融学》,刘新智、史雷译,清华大学出版社2009年版,第300页。

含了保证公众可将该债权用作交换媒介和价值贮藏的手段。在金融和财务领域，央行所发行的货币可被视作央行的负债（liability），而货币的制度理论则更直接地将货币视为中央银行的债务（obligation），也就是对中央银行的债权（credit or claim）。

货币的制度理论提出了关于货币的全新定义，在这一定义下，货币是持有人对央行直接或间接享有的债权；是存在交换、贮藏价值的债权；这一债权是央行通过保持可获得性、功能性和购买力的方式来产生和管理的。① 这一理论要求中央银行应当保持市场价格稳定，维持货币的购买力。此时，中央银行的货币政策就不再局限为政府手中的工具，而成为货币的必要元素之一。②

在银行货币不断发展，现金使用频率日益下降的背景下，制度理论显得越来越重要。前文中也已解释了法定数字货币难以具备法偿性，且不属于动产，货币的国家理论无法满足制度理论的要求。但这一理论并非毫无价值，其仍然可以用于解释法定数字货币的本质。首先，法定数字货币可被定义为中央银行发行的一种特殊的信息数据集合，这一数据集合可以用来代表持有者对央行直接享有的债权。其次，法定数字货币的法律制度应保证其能够履行货币职能，中心目标为维持物价稳定和货币的购买力。最后，法定数字货币可以被各个社会主体转让。③

在拓宽法定货币的定义后，法定货币体系自然能够接纳法定

---

① ［英］查理斯·普罗克特：《曼恩论货币法律问题》，郭华春译，法律出版社2015年版，第26页。

② Antonio Sáinz De Vicuna, "An Institutional Theory of Money", Giovanoli, M. & Devos, D. eds., *International Monetary and Financial Law: The Global Crisis*, Britain: Oxford University Press, 2010.

③ 但是，以购买力维持行为为标的的债权是否可以被转让，仍需要理论上的进一步研究。

数字货币，使之在法律意义上成为法定货币的一种新形态。这一形态是以数字形式存在于网络空间中的，而非物理形态。将法定数字货币解释为对央行的债权能保证其持有者享有绝对的支付权，同时也获得了该法定数字货币所对应的央行债权，除非被系统管理机构认定为假币，该主体做出的支付行为就应当有效。

（四）法定数字货币的地位因由立法予以确定

在解决了理论困境之后，首要的问题是应对相应的立法作出必要的调整，以适应法定数字货币的现实需要。现行《中国人民银行法》《人民币管理条例》等相关法律法规中有关人民币的规定，尤其是协调不同形式的法定货币——现钞货币和法定数字货币——之间关系的规定需要修改和完善。法定数字货币属于基础货币、高能货币，在金融上或货币政策上与现钞货币并无二致，但其具体的发行和流通过程之间存有很大区别。因而法律也需要对关于法定货币的定义、性质与定位问题的规定做出适当调整。

第一，更改法定货币的定义形式。目前，在现有法律《中国人民银行法》第十六条、《人民币管理条例》第二条第1款中，将法定货币限定在实物范畴内，仅包含了纸币和硬币这两种货币样态，而且明确赋予其法偿性。为了实现将法定数字货币纳入法定货币范畴的目标，笔者建议明确规定人民币是法律框架之下中国人民银行的负债，列明其直接形式包括纸币、硬币、法定数字货币三种，将法定数字货币纳入法律调整的范围。

第二，缓和适用人民币法偿性的相关规定。在具体操作上，不应强制要求市场主体在一般零售交易中必须接受法定数字货币作为支付手段。法偿性并非法定货币能够履行货币职能的决定性因素，因此也没有必要将法偿性当作法定货币的必要属性，即便法定数字货币不具备法偿性，也不影响其作为法定货币的性质。当然，国家发行法定数字货币后，关于是否需要要求政府部门、金融机构必须接受法定数字货币清偿债务等问题，可以再进一步进行研究。

第三，完善法定货币相关的制度框架，其具体包括明确人民银行在法定数字货币系统中的义务，来确保法定数字货币适当履行货币职能。人民银行是法定数字货币的发行主体，其最为核心的义务是稳定包括法定数字货币在内的人民币的实际币值，即维持其购买力。在法定数字货币体系下，人民银行还应当负责在技术上维护法定数字货币系统，并且需要在货币权利人因自身原因之外的状况而遭受货币财产损失时进行赔偿。不可忽视的是，人民银行还应负责保护法定数字货币持有人的隐私。简言之，中央银行和代理发行的商业银行的义务在于保证法定数字货币的使用畅通，协助用户顺畅地完成支付。

第四，维持有关计价单位问题的规定。法定数字货币与既有的法定货币应当采用相同的计价单位，以保证两者组成的法定货币体系的单一性。

除了上述关于货币法立法的修改和调整之外，还应当从法定数字货币发行、流通和管理的现实需求出发，调整现行法的规定。在现行法律法规中，预设的前提是以传统现钞货币为调整对象，并根据传统现钞货币的特性制定了相应的法律制度。在这基础上产生的法律规范不能适应法定数字货币战略的需要，[1] 因此也要对配套制度的具体设计进行调整，但这些调整应当主要为技术性调整，而不涉及法定数字货币的根本问题。主要问题包括：第一，完善法定数字货币发行的规定。法定数字货币的成立需要借助相应的电子信息系统，规定法定数字货

---

[1] 刘向民:《央行发行数字货币的法律问题》，《中国金融》2016年第17期。

币的数字化发行流程，可以完善法定数字货币的发行依据。第二，明确商业银行和支付机构的新地位。在法定数字货币体系中，商业银行和支付机构被赋予了经营权利和从央行获得必要费用的权利，此时也要求商业银行和支付机构承担协助维护法定数字货币系统的义务，来确保法定数字货币与商业银行存款之间相互转换的无障碍性。① 第三，调整反假币等问题的法律条文。在法定数字货币的新情况下，现行法律法规和有关司法解释中对于假币问题的规定都无法适用于法定数字货币，例如"伪造""变造"等概念和"收缴""加盖'假币'字样"等表述，都是针对现钞货币所产生的规范，明显无法对数字形态的法定数字货币产生任何规制作用。因此，需要在法律条文中界定法定数字货币反假币问题，对法定数字货币条件下假币的概念和相应的处理流程作出规定。

第四节　全球跨境支付体系重塑路径选择

金融市场基础设施中可能也将运用基于区块链技术的数字货币。很多国家的中央银行都对近年来兴起的数字货币表现出了兴趣，尤其是对作为支付手段的数字货币，其为零售支付领域中的一种非银行性创新。② 在数字经济时代，过去最常用的零售支付手段——现金，可能会显得落后。在对于现金弊端的研究中，学者们发现用于给付的纸币的新旧或整洁程度，甚至都会或多或少

---

① 刘少军：《法定数字货币的法理与权义分配研究》，《中国政法大学学报》2018年第3期。
② BIS, Digital Currencies (Nov. 2015), p. 1.

地影响交易相对方发生不当行为的概率。① 与此同时，各种第三方机构，几乎完全是非银行机构，它们积极开发和运营数字货币及区块链机制。

用于描述缺乏物理结构的"货币"的语言并不存在明确的共识。② 例如，在目前的文献中，"电子货币"（electronic money，e-money）、"数字货币"（digital money，digital currency）、"数字货币"（crypto-currency）和"虚拟货币"（virtual currency）等概念经常被使用，且往往有不同的解释。③ 有时这些术语概念可以互换使用，④ 虽然术语和概念各有不同，但在大部分语境中，它们仍指不同形式的"货币"，这取决于对非物理型货币工具分类的标准。在最广义的惯常理解之下，"数字货币"被解释为"一种以数字形式呈现并具有一定货币特征的资产"⑤。

笔者倾向于采用 Barrdear 和 Kumhof 提出的定义，⑥ 该定义也与英格兰银行（英国的中央银行）⑦ 和比利时国家银行（比利时的中央银行）⑧ 等的定义类似。其分类标准主要是固定货币工具

---

① Qing Yang et al., "Diverging Effects of Clean Versus Dirty Money on Attitudes, Values, and Interpersonal Behavior", *Journal of Personality & Social Psychology*, Vol. 104, No. 3, 2013.

② Gabriele Camera, "A Perspective on Electronic Alternatives to Traditional Currencies", *Sveriges Riks Bank Economic Review*, Jan. 23, 2017.

③ A. Stevens, "Digital Currencies: Threats and Opportunities for Monetary Policy", *NBB Economic Review*, June, 2017.

④ Ben S. C. Fung & Hanna Halaburda, "Central Bank Digital Currencies: A Framework for Assessing Why and How", Bank of Canada Staff Discussion Paper, November, 2016.

⑤ BIS, Digital Currencies (Nov. 2015).

⑥ John Barrdear & Michael Kumhof, "The Macroeconomics of Central Bank Issued Digital Currencies", Bank of England Working Paper, July 18, 2016.

⑦ "Digital Currencies-Bank of England Research (updated 2 Jan. 2018)", Retrieved March 11, 2018, from https://www.bankofengland.co.uk/research/digital-currencies.

⑧ Ben S. C. Fung & Hanna Halaburda, "Central Bank Digital Currencies: A Framework for Assessing Why and How", Bank of Canada Staff Discussion Paper, November, 2016.

的技术。此时,"电子货币"被较普遍地定义为可用于支付的储存在电子设备中的货币价值,也就是基于计算机技术的任何无形资金。① 注意这个定义比欧盟立法中规定的"电子货币"的法律定义更广泛。② "数字货币"这一术语,指代具有区块链技术和分散式支付系统的任何电子货币形式的货币,是数字货币的单独子类,其特征被区块链技术应用的共识机制所决定。③

目前,数字货币在以电子方式获取资金方面尚且缺少创新,仅有对新的记账单位和货币供应规则的提倡,另外尤为重要的是现有的基于区块链的数字货币对于货币以及交易的电子化记录之作用。特别是,区块链提出了分布式账本和新的支付系统。相比之下,现有的电子支付系统是分层且集中的,中央银行通常位于其中心。非金融机构通过对特定金融机构提出付款指令来进入该系统。为了确保支付系统的稳定,参与其中的银行受到监管以及资本、杠杆和流动性要求的限制。尽管确实有必要确保金融稳定,但这些相关规定也代表了进入的门槛。这些门槛从而授予银行定价权,包括作为经济主要交易媒介的负债定价权。④

相对而言,中央银行发行的数字货币比私人发行的数字货币更需要特殊化。中央银行发行的数字货币用于为中央银行的资产负债表进行通用、电子、全天候的以本国货币计价和计息。由于

---

① John Barrdear & Michael Kumhof, "The Macroeconomics of Central Bank Issued Digital Currencies", Bank of England Working Paper, July 18, 2016.
② 欧盟法律将"电子货币"定义为"以电子方式包括以磁性方式存储的货币价值,代表发行人的债权,以进行支付交易为目的基于应收资金为基础而发行,并由电子货币发行人以外的自然人或法人接收"。Electronic Money-the European Central Bank, Retrieved November 30, 2018, from http://www.ecb.europa.eu/stats/money_credit_banking/electronic_money/html/index.en.html.
③ John Barrdear & Michael Kumhof, *The Macroeconomics of Central Bank Issued Digital Currencies*, Bank of England Working Paper, July 18, 2016.
④ John Barrdear & Michael Kumhof, *The Macroeconomics of Central Bank Issued Digital Currencies*, Bank of England Working Paper, July 18, 2016.

中央银行发行的数字货币的属性,其并不依赖于现金法币,故而现有法币体系能与之并行不悖。① 中央银行发行的数字货币不一定依赖于区块链技术,各国实现数字货币有各自的技术方案,② 本书设想的是完美状态下的数字货币,即不可"双花"③、不可伪造、系统无关、匿名、公平、安全,可传递、追踪、编程(附加用户自定义的可执行脚本,助力于智能化数字经济)的数字货币。④

法定数字货币是基于国家信用,通常由央行发行的数字货币,具有主权性和法偿性。法定数字货币不是简单的法定货币数字化,而是独立存在的、代表法定货币价值的数字单元,它本身就是法定货币。

数字货币本身不是一项技术,而是金融科技应用的产物,⑤ 但其将对支付清算尤其是跨境支付产生最为深远的影响,而法定数字货币由国家信用背书决定了其具有其他非法定数字货币所不可比拟的支付能力。另外,法定数字货币在跨境支付领域具有技术革新优势,其传输模式为点对点,为改善跨境支付时长和费用问题带来便利。

---

① John Barrdear & Michael Kumhof, *The Macroeconomics of Central Bank Issued Digital Currencies*, Bank of England Working Paper, July 18, 2016.
② 中国发行数字货币可以参见徐忠、汤莹玮和林雪《央行数字货币理论探讨》,《中国金融》2016 年第 17 期。
③ 双重支付,又称为双花支付,是指同一笔钱花了两次甚至是多次。不同于实物货币,由于比特币是数字货币,本身就是一些代码,所以具有可复制性,而且由于比特币网络的开放性,任何人都可以将交易自由传播到比特币网络上,所以不诚实的节点就可能会做出双花支付,不过由于区块链本身所提供的共识机制是完全可以阻止这种情况的出现的,但是如果有人控制了比特币网络中的大量算力,那么双花支付就可能成功。
④ 理想数字货币的性质特点可参见姚前、汤莹玮《关于央行法定数字货币的若干思考》,《金融研究》2017 年第 7 期。
⑤ 目前最为成功的数字货币——比特币基于区块链技术,但并非所有的数字货币都必须依赖于区块链技术。

一 法定数字货币应用于跨境支付的优势

（一）作为智能化支付工具，降低支付成本

传统的非现金支付依赖票据、银行卡等工具，流程繁复，需要历经交易、清算、结算过程，并且依靠多个银行机构和其他中介机构才能协同完成，具有高成本、低效率、安全风险等不足。而法定数字货币作为一种更加智能化的新型支付工具，利用区块链或其他分布式账本技术，在支付的同时便完成货币价值的转移和记账，不再需要清算和结算流程，极大地降低了多环节、多对手方产生的成本与风险，提高了支付效率。

此外，由于非授权交易的广泛存在以及交易行为本身的复杂性，过分忠实于执行最初支付指令的传统程式化支付工具并不很好地适应现实需要，而且还造成了一定的社会问题与法律问题。而法定数字货币与智能合约等新兴技术结合，可以使得支付过程本身更加智能和灵活，可助于促进更多功能的开发与实现。

（二）降低对支付服务组织的依赖

法定数字货币借助先进技术手段可以实现不依赖中介的点对点交易，将原有的包含付款人、收款人与支付中介在内的三方支付模式变为两方支付模式，增强了交易双方支付行为的自主性和金融市场资金的流动性。[1]

虽然法定数字货币不必依赖中介式支付服务组织，但其作为支付工具仍需要特定的支付服务组织提供管理服务。在跨境支付的场合，尤其是全球范围内他国央行未广泛发行法定数字货币的情况下，支付服务组织亦仍有重要价值。例如在法定数字货币与

---

[1] 姚前、汤莹玮：《关于央行法定数字货币的若干思考》，《金融研究》2017年第7期。

实物货币共存的情况下,需要大量提供兑换业务的支付服务组织。

(三)推动支付基础设施及配套制度变革

在法定数字货币应用场景下,不存在清算迟延与结算风险,不需要集中登记,推动了传统的支付基础设施及配套制度的变革。

围绕法定数字货币构建的支付基础设施可以概括为"一币两库三中心"。其中,"一币"指法定数字货币本身的设计要素和数据结构,"两库"指法定数字货币的发行库和机构库,"三中心"包括认证中心、登记中心与大数据分析中心。[①] 法定数字货币大规模推广后必然会改变原有的货币运行机制,短期内可能引起金融市场波动,因此需要监管制度的革新,即构建技术驱动型监管。技术驱动型监管的核心是利用技术实现对监管数据的触达、辨别和获取,由此可以实现对整体市场的监管,防止市场被操控,稳定金融商品价格。

二 重塑全球跨境支付体系的路径

现有全球跨境支付体系牢牢把握于以美国为首的西方国家手中,以SWIFT(环球同业银行金融电讯协会)和CHIPS(纽约清算所银行同业支付系统)为核心系统,发展中国家难有话语权,甚至成为美国制裁伊朗的工具。而且由于竞争不足,服务提供商也缺乏动力去提升技术和服务水平。数字货币的出现为重塑全球跨境支付体系带来了机遇,基于法定数字货币重建全球跨境支付体系可以通过以下三种路径。

第一种是"中心化"体系。该体系由国际货币基金组织(IMF)主导,所有成员国参与。IMF既可以选择为特别提款权

---

① 杨东、黄尹旭:《ICO本质及监管机制变革》,《证券法苑》2017年第5期。

（SDR）加上数字货币的功能，并建立基于数字 SDR 的跨境支付体系；也可以选择在其平台上直接为成员国搭建从一国货币到另一国货币的跨境支付通道。

第二种是"分布式"体系。该体系由金融实力雄厚的国家基于本国法定数字货币构建，而其他国家可以根据自身利益考量自愿加入这些体系。该路径尤其适合构建区域性的跨境支付系统。

第三种是上述两种体系共存，即国际货币基金组织（IMF）主导的体系和当前主要国家主导货币金融的体系交互存在，以满足全球、区域和双边等不同层次的跨境支付需求。

上述三种路径中，第一种具有完备性与高效性的优点；第二种具有公平性与竞争性的优点；第三种兼具二者优点，有利于构建一个开放、包容的全球跨境支付体系。

附　件

主要数字经济成果

（一）著作

1. 杨东、马扬：《与领导干部谈数字货币》，中共中央党校出版社 2020 年版。

2. 杨东、林侃、臧俊恒：《中国金融科技安全教程》，人民出版社 2020 年版。

3. 杨东：《Blockchain and Coken Economics：A New Economic Era》（中文译名《区块链与共票经济：新经济时代》），Author House2019 年版。

4. 杨东：《区块链＋监管＝法链》，人民出版社 2018 年版。

5. 杨东：《互联网金融风险与安全治理》，机械工业出版社 2016 年版。

6. 杨东：《链金有法：区块链商业实践与法律指南》，北京航空航天大学出版社 2017 年版。

7. 杨东：《互联网＋金融＝众筹金融》，人民出版社 2015 年版。

8. 杨东：《金融服务统合法论》，法律出版社 2014 年版，获第七届高等学校科学研究优秀成果奖（人文社会科学）三等奖。

（二）论文

1. 杨东、王睿：《论流量传导行为对数字经济平台市场力量的影响》，《财经法学》2021年第4期。

2. 王陈慧子、杨东：《从比特币定性看数字货币的价值维度》，《学习与探索》2021年第6期。

3. 杨东、臧俊恒：《霸气滋戾气：超级平台扼杀了什么》，《半月谈内部版》2021年第4期。

4. 杨东：《"最小够用"原则是数据开发使用的前提》，《人民邮电》2021年7月6日第8版。

5. 杨东、周鑫：《数字经济反垄断国际最新发展与理论重构》，《中国应用法学》2021年第3期。

6. 杨东、徐信予：《数字货币的反洗钱问题研究》，《人民检察》2021年第9期。

7. 杨东：《量子技术是金融科技的终极形态吗？》，《人民论坛·学术前沿》2021年第7期。

8. 戚聿东、杨东、李勇坚、陈永伟、崔书锋、金善明、刘航：《平台经济领域监管问题研讨》，《国际经济评论》2021年第3期。

9. 杨东、臧俊恒：《推动平台经济健康安全发展需创新监管方式》，《国家治理》2021年第15期。

10. 杨东、黄尹旭：《〈反垄断法〉设置数字经济专章研究》，《竞争政策研究》2021年第2期。

11. 杨东：《〈反垄断法〉修改可设数字经济专章》，《经济参考报》2021年3月16日第8版。

12. 杨东、陈怡然：《数字货币发展的中国机遇与中国方案——基于党的十九届五中全会的政策解读》,《中国信息安全》2021 年第 3 期。

13. 杨东、臧俊恒:《数字平台的反垄断规制》,《武汉大学学报》(哲学社会科学版) 2021 年第 2 期。

14. 杨东:《数字经济的三维结构与〈反垄断法〉重构》,《探索与争鸣》2021 年第 2 期。

15. 杨东、周鑫:《设立"看门人"制度 规制数字流量垄断——欧盟〈数字市场法(草案)〉对我国反垄断法修订的启示》,《中国市场监管研究》2021 年第 2 期。

16. 杨东、陈怡然:《网络不正当竞争条款的解读与适用》,《人民法院报》2021 年 2 月 11 日第 5 版。

17. 徐信予、杨东:《平台政府:数据开放共享的"治理红利"》,《行政管理改革》2021 年第 2 期。

18. 杨东、顾雷:《数字经济时代金融消费者信息保护的核心要素》,《清华金融评论》2021 年第 2 期。

19. 杨东:《构建反垄断法新规则体系 做大做强数字经济产业》,《中国经济评论》2021 年第 1 期。

20. 杨东、刘炼箴:《数字经济时代反垄断法重构的有益尝试——评〈关于平台经济领域的反垄断指南(征求意见稿)〉》,《中国信息安全》2020 年第 12 期。

21. 杨东:《网络交易监管应坚持包容审慎》,《中国品牌》2020 年第 12 期。

22. 杨东:《数据要素市场化重塑政府治理模式》,《人民论坛》2020 年第 34 期。

23. 杨东、郑清洋:《从 TikTok 事件看数字人民币的路径选择:从流量入口到金融优势的转化》,《新疆师范大学学报(哲学社会科学版)》2021 年第 4 期。

24. 杨东：《警惕数字平台"赢家通吃"》，《人民政协报》2020年11月26日第7版。

25. 杨东、臧俊恒：《数据生产要素的竞争规制困境与突破》，《国家检察官学院学报》2020年第6期。

26. 杨东、陈哲立：《法定数字货币的定位与性质研究》，《社会科学文摘》2020年第10期。

27. 杨东：《民间借贷利率司法保护应疏堵并用》，《经济参考报》2020年10月20日第8版。

28. 杨东、陈哲立：《数字资产发行与交易的穿透式分层监管》，《学习与探索》2020年第10期。

29. 杨东：《后疫情时代数字经济理论和规制体系的重构》，《人民论坛》2020年第17期。

30. 张翔、杨东：《我国跨境企业数据合规治理之变革路径——基于TikTok事件》，《中国信息安全》2020年第8期。

31. 杨东：《以区块链技术解决金融领域"灯下黑"问题》，《国家治理周刊》2020年第24期。

32. 杨东：《以民法典为契机构建数字经济竞争规则》，《经济参考报》2020年6月16日第8版。

33. 杨东：《数字经济平台在抗疫中发挥重大作用》，《人民周刊》2020年第11期。

34. 杨东：《论反垄断法的重构：应对数字经济的挑战》，《中国法学》2020年第3期。

35. 杨东、顾雷：《数字经济时代信息安全与保护的嬗变与修正》，《清华金融评论》2020年第6期。

36. 杨东、陈哲立：《法定数字货币的定位与性质研究》，《中国人民大学学报》2020年第3期。

37. 斯雪明、刘晓蕾、王飞跃、杨东、张述存：《区块链与区域创新发展》,《区域经济评论》2020 年第 3 期。

38. 刘炼箴、杨东:《区块链嵌入政府管理方式变革研究》,《行政管理改革》2020 年第 4 期。

39. 杨东、俞晨晖:《发挥数字普惠金融在"抗疫"中的作用》,《中国金融》2020 年第 7 期。

40. 杨东:《发挥数字经济优势战疫情 推动经济社会正常有序》,《中国外资》2020 年第 6 期。

41. 杨东、林禹岐:《数字经济平台竞争背景下"二选一"行为的理论廓清》,《河南财经政法大学学报》2020 年第 2 期。

42. 杨东、张昕炎:《数据竞争的国际执法案例与启示》,《检察风云》2020 年第 3 期。

43. 杨东、徐信予:《区块链与法院工作创新——构建数据共享的司法信用体系》,《法律适用》2020 年第 1 期。

44. 杨东:《区块链:数字文明的"钥匙"》,《知识就是力量》2020 年第 1 期。

45. 杨东、李子硕:《引导区块链行业合法合规发展》,《中国金融》2019 年第 23 期。

46. 杨东:《Libra:数字货币型跨境支付清算模式与治理》,《东方法学》2019 年第 6 期。

47. 杨东、俞晨晖:《区块链技术在政府治理、社会治理和党的建设中的应用》,《国家治理》2019 年第 43 期。

48. 杨东、马扬:《天秤币(Libra)对我国数字货币监管的挑战及其应对》,《探索与争鸣》2019 年第 11 期。

49. 杨东:《以理论突破推动区块链核心技术自主创新》,《红旗文稿》2019 年第 21 期。

50. 杨东、蔡仁杰:《开放银行:从数据孤岛到数据共享社会》,《金融博览》2019 年第 11 期。

51. 杨东、顾雷：《开放银行的理念创新及监管价值取向》，《清华金融评论》2019 年第 11 期。

52. 杨东：《"二选一"是否垄断不可一概而论》，《经济参考报》2019 年 10 月 28 日第 7 版。

53. 杨东、程向文：《以消费者为中心的开放银行数据共享机制研究》，《金融监管研究》2019 年第 10 期。

54. 杨东、李子硕：《审慎对待数据垄断》，《中国国情国力》2019 年第 8 期。

55. 杨东：《数据争夺是新一轮国际竞争核心》，《中国金融》2019 年第 15 期。

56. 杨东、马扬：《数字货币监管溢流的协同规制》，《证券法苑》2019 年第 2 期。

57. 杨东：《对超级平台数据垄断不能无动于衷》，《经济参考报》2019 年 6 月 26 日第 8 版。

58. 杨东、龙航天：《开放银行的国际监管启示》，《中国金融》2019 年第 10 期。

59. 张萤夕、杨东：《"法链"的本质是公正与效率》，《中国社会科学报》2019 年 5 月 15 日第 5 版。

60. 杨东、龙航天：《数字经济重构经济发展新格局》，《金融博览》2019 年第 2 期。

61. 杨东：《"共票"：区块链治理新维度》，《东方法学》2019 年第 3 期。

62. 杨东：《共票经济学："票改"的意义》，《金融时报》2018 年 8 月 27 日第 12 版。

63. 杨东：《区块链如何推动金融科技监管的变革》，《人民论坛》2018 年第 12 期。

64. 杨东、牛喜堃：《共享经济的法律风险与防范》，《清华金融评论》2018 年第 6 期。

65. 杨东：《监管科技：金融科技的监管挑战与维度建构》，《中国社会科学》2018 年第 5 期。

66. 杨东、任俊强：《数字经济发展的中国方案》，《信息安全与通信保密》2017 年第 12 期。

67. 杨东：《防范金融科技带来的金融风险》，《红旗文稿》2017 年第 16 期。

（三）课题

1. 阐释党的十九届五中全会精神国家社科基金重大项目"促进平台经济、共享经济健康发展研究"。

2. 北京市社会科学基金研究阐释党的十九届五中全会精神重大项目"发展数字经济、打造具有国际竞争力的数字产业集群研究"。

3. 主持科技部国家重点研发项目"电子公证支撑体系架构与公证信息电子化保全交换鉴定技术"子课题"公共法律服务智能平台原型系统及应用示范"。

4. 首个国家级监管科技（RegTech）课题：国家社科基金课题"技术驱动型金融监管的法律问题研究"。

5. 国家自然科学基金委员会与英国经济和社会研究理事会合作研究项目"中国非正规金融的风险、潜力及变革"子课题"互联网金融创新模式与风险治理研究"。

6. 中国人民银行"开放银行金融服务生态体系研究"。

7. 商务部重大项目"跨境支付应用及安全策略"。

8. 国家社会科学基金重大项目"互联网安全主要问题立法研究"子课题"互联网金融安全研究"。

9. 国家社会科学基金后期资助项目"金融消费者保护统合法论"。

10. 国家社会科学基金后期资助项目"金融服务统合法"（项目成果获第七届高等学校科学研究优秀成果奖（人文社会科学）三等奖）。

11. 司法部国家法治与法学理论研究项目"股权众筹法律问题研究"。

12. 教育部"教育风险管理研究报告"。

13. 中央政法委"互联网金融风险防范研究报告"。

14. 中国人民银行支付结算司"支付体系法律问题研究"。

15. 中国人民银行征信中心"个人信息保护研究"。

16. 国家发改委"纵向垄断协议研究报告"。

17. 中关村科技园区管理委员会对外合作课题"众筹行业发展研究报告"。

18. 北京市金融工作局"涉众型经济案件预警机制问题研究"。

（四）会议

1. 2010年11月25日，在中国人民大学法学院成功举办精英法律论坛，暨第十一届人大反垄断法高峰论坛——法律视野下的3Q之争。

2. 2011年5月8日，中国人民大学法学院（经济法学研究中心、竞争法研究所）、中国人民大学产业经济与竞争政策研究中心、北京德恒律师事务所在中国人民大学法学院共同举办了"互联网行业公平竞争与网络用户权益保护研讨会暨第十三届人大反垄断法高峰论坛"。

3. 2012年4月15日，中国人民大学法学院（经济法学研究中心、竞争法研究所、亚太法学研究院）、中国人民大学产业经济与竞争政策研究中心成功第十四届人大反垄断法高峰论坛："知识创新与垄断规制：互联网行业的规范发展"。

4. 2013年3月5日，中国人民大学法学院（经济法学研究中心、竞争法研究所、亚太法学研究院）、中国人民大学产业经济与竞争政策研究中心举办第16届人大反垄断法高峰论坛"纵向垄断协议规制理论与案例研讨会"。

5. 2014年5月24日，中国人民大学法学院中韩市场暨规制法研究中心（MRLC）举办主题为"全球IT产业重组走势与中韩规制应对—以反垄断和知识产权为中心"的国际学术会议，取得圆满成功。

6. 2016年3月27日，中国人民大学经济法学研究中心、中韩市场暨规制法研究中心（MRLC）和竞争法研究所举办第25届人大反垄断法高峰论坛暨第2届中韩市场暨规制法研究中心论坛"竞争政策背景下的标准必要专利问题"专题研讨会。

7. 2019年3月15日，主办"第六届金融315高峰论坛"，聚焦个人信息与个人隐私保护、数据安全治理、金融科技与监管科技等议题。已经连续举办6届，成为中国最有影响力的315论坛之一。

8. 2019年5月22日，中国人民大学法学院未来法治研究院数字经济竞争法研究中心、竞争法研究所、金融科技与互联网安全研究中心举办"数字经济背景下的数据竞争问题研讨会"，并发布国内首份数据垄断研究报告。

19. 2019年5月28日，主办贵阳数博会"数据的确权、开放、共享、赋能——数据经济的制度构建"论坛。

20. 2019年8月31日，中国信息界发展研究院在人民大学法学院召开"发展与规范——《电子商务法》颁布一周年行业研讨会"，并邀请相关政府部门、企事业单位和电子商务业界和法律界的代表等深入讨论《中华人民共和国电子商务法》贯彻实施过程中的心得体会，为进一步推动《电子商务法》的完善和落地实践工作提供支持。

21. 2019年9月28日，中国经济体制改革研究会（产业政策与竞争政策专业委员会）联合阿里研究院、腾讯研究院、百度研究院等共同发起成立"中国互联网竞争政策与产业发展学术论坛"，并成功举办"中国互联网竞争政策与产业发展学术论坛成立仪式暨第一次学术论坛"。

22. 2019年10月28日，中国人民大学法学院未来法治研究院数字经济竞争法研究中心、竞争法研究所、中国人民大学法学院亚太法学研究院举办"反垄断法修改立法目的条款研究重要课题汇报会"。

23. 2020年1月5日，中央党校政法部、中国人民大学竞争法研究所在中央党校共同主办"数据竞争国际执法案例与启示研讨会"。

24. 2020年11月1日，由中国人民大学法学院、国家市场监督管理总局中国人民大学法治研究基地、中国人民大学未来法治研究院、中国人民大学区块链研究院、中国人民大学金融科技与互联网安全研究中心、中国人民大学国家发展与战略研究院主办《网络交易监督管理办法》修订研讨会"。

25. 2021年1月19日，中国世界贸易组织研究会竞争政策与法律专业委员会、国家市场监督管理总局中国人民大学市场监督法治研究基地、中国人民大学法学院未来法治研究院、中国人民大学区块链研究院，联合举办了"数字经济研究联盟第三十次会议暨落实强化反垄断和防止资本无序扩张研讨会"。

26. 2021年2月19日，长安街读书会、中国世界贸易组织研究会竞争政策与法律专业委员会互联网实验室（ChinaLabs）、中国经济体制改革研究会产业政策与竞争政策专委会、国家市场监督管理总局中国人民大学市场监管法治研究基地、中国人民大学竞争法研究所、中国人民大学法学院未来法治研究院、中国人民大学区块链研究院共同举办"第六十四次长安街大讲堂：把握平台经济发展规律和特点，强化平台经济反垄断监管研讨会"。

27. 2021年4月1日，中国社会科学院世界经济与政治研究所/国家全球战略智库《国际经济评论》编辑部、中国世界经济学会联合组织召开了"平台经济领域监管问题研讨会"。

28. 2021年5月30日，北京市社会科学基金研究阐释党的十九届五中全会精神重大项目"发展数字经济、打造具有国际竞争力的数字产业集群研究暨研究阐释党的十九届五中全会精神国家社科基金重大项目'在法治轨道上促进平台经济、共享经济健康发展研究'开题论证汇报会"。

29. 2021年6月17日，中国网络空间安全协会网络治理与国际合作委员会、互联网实验室、北邮互联网治理与法律研究中心、中国人民大学竞争法研究所共同举办"头部互联网企业发展与规范研讨会"。

30. 2021年7月24日，中国世界贸易组织研究会竞争政策与法律专业委员会、中国人民大学竞争法研究所、中国人民大学区块链研究院、中国人民大学国发院金融科技与互联网安全研究中心、中国人民大学法学院未来法治研究院主办"美国平台经济领域反垄断动向分析研讨会"。

31. 2021年7月28日，中国人民大学竞争法研究所、长安街读书会、国家市场监督管理总局中国人民大学市场监管法治研究基地、中国人民大学区块链研究院、中国人民大学国发院金融科技与互联网安全研究中心、中国人民大学法学院未来法治研究院、浙江工商大学法学院主办"研究阐释党的十九届五中全会精神国家社科基金重大项目暨促进平台经济、共享经济健康发展研究开题论证会"。

32. 2021年7月28日，中国人民大学竞争法研究所、长安街读书会、国家市场监督管理总局中国人民大学市场监管法治研究基地、中国人民大学区块链研究院、中国人民大学国发院金融科技与互联网安全研究中心、中国人民大学法学院未来法治研究院、浙江工商大学法学院主办"互联网行业屏蔽封杀与开放专题研讨会"。

参考文献

邓小南：《祖宗之法北宋前期政治述略》，生活·读书·新知三联书店2014年版。

翟东升：《货币、权力与人》，中国社会科学出版社2019年版。

温铁军：《解构现代化：温铁军讲演录》，东方出版社2020年版。

杨东：《区块链＋监管＝法链》，人民出版社2018年版。

丁轶：《反科层制治理：国家治理的中国经验》，《学术界》2016年第11期。

方福前：《寻找供给侧结构性改革的理论源头》，《中国社会科学》2017年第7期。

傅允生：《西汉盐铁会议与本末之争再认识》，《浙江社会科学》2000年第5期。

傅允生：《制度变迁与经济发展：王安石青苗法与免役法再评价》，《中国经济史研究》2004年第2期。

傅允生：《制度转型、激励成本与税收超增长》，《经济学家》2004年第5期。

傅允生：《资源禀赋与专业化产业区生成》，《经济学家》2005年第1期。

郭庆：《论中国工业化进程中资本对劳动的排斥》，《农村经济与社会》1990年第3期。

黄文：《中国法理研究方法的"十化"》，《法学》2020年第4期。

李敏：《数字货币的属性界定：法律和会计交叉研究的视角》，《法学评论》2021年第2期。

刘炳辉：《超级郡县国家：人口大流动与治理现代化》，《文化纵横》2018年第2期。

刘炳辉：《大流动社会：本质、特征与挑战——当代中国国家治理体系的社会基础变革》，《领导科学论坛》2016年第17期。

刘炳辉：《高流动性与低组织化——中国社会危机治理的双重挑战》，《文化纵横》2020年第2期。

刘炳辉、郭晓琳：《当代中国国家治理的基础单元辨析》，《中州学刊》2018年第3期。

卢现祥：《转变制度供给方式，降低制度性交易成本》，《学术界》2017年第10期。

骆祖春、赵奉军：《美国土地财政的背景、经历与治理》，《学海》2012年第6期。

彭诚信：《数据利用的根本矛盾何以消除》，《探索与争鸣》2020年第2期。

强世功：《双重社会转型时代的国家治理难题》，《文化纵横》2020年第2期。

任路：《家户国家：中国国家纵横治理结构的传统及其内在机制》，《东南学术》2019年第1期。

时延安、王熠珏：《比特币洗钱犯罪的刑事治理》，《国家监察官学院学报》2019年第2期。

史际春：《政府与市场关系的法治思考》，《中共中央党校学报》2014年第6期。

唐皇凤、王豪：《可控的韧性治理：新时代基层治理现代化的模式选择》，《探索与争鸣》2019年第12期。

王惠民：《身份生产——人工智能时代的劳动形式》，《文化纵横》2020年第1期。

王龙飞：《基层治理的本土资源：基于干部人事制度的研究》，《东南学术》2019年第3期。

王绍光：《治理研究：正本清源》，《开放时代》2018年第2期。

王曾瑜：《王安石变法简论》，《中国社会科学》1980年第3期。

吴毅：《小镇喧嚣》，《当代广西》2018年第11期。

肖凯：《金融科技创新背后的反洗钱风险》，《检察风云》2020年第16期。

谢富胜、吴越、王生升：《平台经济全球化的政治经济学分析》，《中国社会科学》2019年第12期。

杨东：《Libra：数字货币型跨境支付清算模式与治理》，《东方法学》2019年第3期。

杨东：《"共票"：区块链治理新维度》，《东方法学》2019年第3期。

杨延超：《论数字货币的法律属性》，《中国社会科学》2020年第8期。

臧俊恒：《税收法定主义嵌入国家治理》，《研究生法学》2016年第1期。

翟东升：《中国为什么有前途》，《中外管理》2019年第7期。

张康之：《走向合作制组织：组织模式的重构》，《中国社会科学》2020年第1期。

周黎安：《一场空前的市场化改革正悄然展开》，《文化纵横》2020年4月。

周黎安：《政府治理的变革、转型与未来展望》，《人民法治》2019年第7期。

周雪光：《国家治理规模及其负荷成本的思考》，《吉林大学社会科学学报》2013 年第 1 期。

Bech, Morten L. and Rodney Garratt, "Central Bank Cryptocurrencies", *BIS Quarterly Review*, September 2017.

Board, Financial Stability, "Addressing the Regulatory, Supervisory and Oversight Challenges Raised by 'Global Stablecoin' Arrangements", Consultative Document, 2020.

Bullmann, Dirk, Jonas Klemm, and Andrea Pinna, "In Search for Stability in Crypto-assets: Are Stablecoins the Solution?", ECB Occasional Paper, 230, 2019.

Kahn, Charles M. "How are Payment Accounts Special", Payments Innovation Symposium Federal Reserve Bank of Chicago, 2016.

后记　走向数字时代世界市场体系的中心

中国的数字经济并非水到渠成，如何妥善应对Libra①等国际性数字经济威胁，并将其转化为机遇，成为中国数字经济发展亟须面对的问题。根据Libra白皮书的最新内容，其目标对于中国数字经济的发展有着较大的威胁风险，一旦其建立"金融基础设施"的目标能够实现，那么世界货币支付体系将会迎来翻天覆地的变化与重构，Libra将会通过Facebook的27亿用户为其做信用背书并成为其直接用户，进一步加深世界金融服务行业的数字化，在一定程度上Libra将取代任何一个国家的法币而成为世界货币，而许多金融市场基础设施尚不完善的国家的货币主权将直接受到该数字货币的挑战。我们应当认识到以美国Facebook公司为代表的数据寡头所带来的威胁，是关乎民族复兴，关乎每一个人的时代主题。

数字经济领域，数据乃至流量的争夺成为国际竞争的新"战场"，中美双方在此次贸易摩擦中针对数据的竞争也是如此。传

---

① 2019年6月18日，美国社交网络公司Facebook正式公布数字货币项目Libra的白皮书。在Libra白皮书中，将Libra的使命描述为"建立一套简单的、无国界的货币和为数十亿人服务的金融基础设施"，倡议建立一个"全球货币和金融基础设施作为公共产品以便于设计和管理"的生态系统。

后记

统经济格局中，石油等能源是各国竞争的核心，并诱发了第二次世界大战、海湾战争等惨剧。如今争夺数据成为国家竞争的核心之一，在当前的国际格局中，和平竞争模式下中国如何实现民族伟大复兴需要我们致力于生产力的迭代式创新。大洋彼岸的Facebook发币，通过区块链技术进一步建立新一代的国际经济循环生态系统，就是和平的争夺数据的战略，可以不战而屈人之兵。国家的最高利益随着时代的变革而变革，如何优先取得未来核心战略资源，需要关注与思考。这种竞争不仅是为了在国内获得更多的数据资源，更是为了在全球数据资源和战略资源的争夺战中拔得头筹。正如工业革命时期拥有更多的武器弹药就能在国际上掌握更多的话语权，进入数字时代的今天，谁能够构建数字生态体系谁就相当于占领了世界数据领域的制高点。目前，Facebook已经与美国政界达成共识并全面启动Libra的推行，必然对中国第三方支付机构，如支付宝、微信支付产生巨大冲击。而如何在新的世界格局下，不断从胜利走向胜利，成为我们必须反思的现实课题。

"法与时转则治，治与世宜则有功。"[①] 数据开放共享需要一个全新的制度逻辑起点：要在一个开放性的全球化市场体系中考察政府与市场在数据开放共享过程中存在的关系。一个国家，一个政府，某种意义上就是一个超级大企业，[②] 为了在全球市场上获取超额利润，超级大企业内部的非市场化往往是一种必然。近十年来，由数据争夺引起的平台纠纷屡见不鲜，从早期的"3Q大战"、菜鸟顺丰数据纠纷，到如今的平台二选一、"头腾大战"、微信与飞书纠纷，这些案例的背后所涉及的都是数据的开

---

① 《韩非子·心度》，高华平、王齐洲、张汐译注，中华书局2015年版，第759页。
② 翟东升：《中国为什么有前途：对外经济关系的战略潜能》，机械工业出版社2019年版，第290页。

放与拒绝使用问题,①这也让我们反思,这些纠纷除了损害消费者的利益,加剧国内数字经济市场的内卷外真的有必要吗?一国内部有选择、有分寸地搞些政府管制或开放,假如由于这种管制或开放而获得了对外经济博弈中的优势,由此产生的外部超额利润可能足够弥补内部效率损失,那么在这一情境下的非市场化就是有益的。制度变革并非一劳永逸,当前我们看到的治理困境,既是原有体制机制的僵化,也是治理模式再生的萌芽。

如果说制度因有其历史性而具有传承延续,那么制度终究要适应现实的社会生活和治理结构需要。②当我们明确了数据市场将以开放共享作为繁荣起点之后,我们就能对数字时代世界市场体系的演进脉络有一个更为清晰的认识:如果数据的流动可以成为国家和政府的经济支柱,"数据财政"甚至存在取代土地财政的潜力。不必以合村并居换取土地指标,或向国民征税,反而无偿地向国民提供各种公共产品,那么这个国家的经济将繁荣到何种地步?这个国家的国民将幸福到何种地步?只要稍稍思考这一提法背后的宏伟图景,我们必将斩断一切阻碍数据流动的成见与阻挠,义无反顾地走向数字时代世界市场体系的中心。

作 者

于中国人民大学红三楼

2021年3月11日

---

① 杨东:《论反垄断法的重构:应对数字经济的挑战》,《中国法学》2020年第3期。
② 刘炳辉:《超级郡县国家:人口大流动与治理现代化》,《文化纵横》2018年第2期。